ZHIYE NENGLI PINGJIA

职业能力评价

理论与实践

LILUN YU SHIJIAN

皮洪琴 李福东 曾旭华 著

中国劳动社会保障出版社

图书在版编目（CIP）数据

职业能力评价理论与实践/皮洪琴，李福东，曾旭华著. —北京：中国劳动社会保障出版社，2014

ISBN 978-7-5167-1539-0

Ⅰ.①职… Ⅱ.①皮…②李…③曾… Ⅲ.①职业教育-能力培养-评价-研究-中国 Ⅳ.①G719.2

中国版本图书馆 CIP 数据核字（2014）第 274116 号

中国劳动社会保障出版社出版发行

（北京市惠新东街 1 号　邮政编码：100029）

*

北京京华虎彩印刷有限公司印刷装订　　新华书店经销

787 毫米×1092 毫米　16 开本　21 印张　348 千字

2014 年 11 月第 1 版　　2015 年 3 月第 2 次印刷

定价：45.00 元

读者服务部电话：（010）64929211/64921644/84643933

发行部电话：（010）64961894

出版社网址：http://www.class.com.cn

本书系全国教育科学“十一五”规划教育部重点课题“高职院校学生职业能力评价体系的研究”（课题批准号：DJA100320）的研究成果。

前言

QIANYAN

本书是在全国教育科学“十一五”规划教育部重点课题《高职院校学生职业能力评价体系的研究》（课题批准号：DJA100320）成果的基础上编写而成的专著。本课题于2010年立项，2014年完成结题鉴定。课题针对职业能力的评价问题，在调研和分析国内外职业能力评价相关理论和成果的基础上，立足于我国职业教育背景和人才培养目标，从职业教育、企业员工培训及校企合作等视角对人才成长规律、能力培养、能力评价开展全方位思考和探索。以职业发展理论和综合职业能力观为基础，对职业能力标准、职业能力现实载体和职业能力判断方法开展系统的理论研究与实践应用，初步构建了开放性、动态性、发展性的职业能力评价体系。

长沙电力职业技术学院院长、国网湖南电力培训中心主任皮洪琴教授担任本课题负责人，带领李福东、曾旭华等一批从事职业教育和企业培训的骨干力量，以严谨的治学态度、积极的实践精神，开展了历时四年的研究，使本课题的任务得以圆满完成。相关研究成果先后在全国职业技术教育、人力资源开发、职业能力建设等相关领域的学术核心刊物发表论文多篇，多项成果获得教育改革发展成果奖励。课题研究成果在职业教育领域引起广泛反响，多名职教专家给予了高度评价。

在本课题研究和应用中，国网湖南省电力公司、大唐集团湖南分公司、中能建湖南省火电建设公司、广东国华粤电台山发电有限公司、中广核大亚湾核电运营管理有限责任公司、中国建设银行湖南省分行等30多家企事业单位，以及由长沙电力职业技术学院（国网湖南电力培训中心）牵头组织，中南大学、湖南师范大学、湖南科技大学、长沙航空职业技术学院、中山职业技术学院、江西电力职业技术学院、武汉电力职业技术学院等多所高校参与了职业能力评价体系设计和实践应用，并开展了深度访谈，专家们提出了大量建设性意见，确保了课题的实施效果。

在研究过程中，课题组坚持理论研究和实证分析并举，定性研究与定量研究相结合。对国内外研究成果进行理性总结和分析，在批评继承的基础上实现发展和创新。通过问卷调查、深度访谈、科学测量和评估改进等方式开展实证研究，使课题的成果兼顾科学性和实用性。开展多类型、多层次的专家访谈是本课题研究方法上的一个亮点，先后邀请来自教育领域、不同行业企业的专家探讨课题研究中的焦点和难点，汇聚集体智慧，激活研究思维，确保了课题研究朝着正确的方向推进并取得预期目标和效果。可以说，本课题成果既是课题组成员心血的结晶，也是各方面人士共同关心和支持的结果。特别要提到的是，本课题自始至终得到教育部职业技术教育中心邓泽民、北京师范大学职业教育与成人教育研究所赵志群、湖南省教育科学规划办杨敏、湖南省教育科学研究院欧阳河等职教专家的大力支持。在此，对关心、指导和支持本课题的各位领导、专家、学者和同行致以诚挚的谢意。

本书是对课题开展的职业能力评价理论和实践研究进行全面总结，包括职业能力评价背景、典型模式和技术方法，职业能力模型构建，职业能力评价方案的设计，职业能力评价应用分析及职业能力的培养方法和路径。课题组皮洪琴、李福东、曾旭华等成员承担本书编写工作，皮洪琴负责全书的统稿和审核。第一章、第二章、第三章由李福东编写，第四章由曾旭华、李福东、付蕾、袁东麟、卢晖、汤昕共同编写，第五章由皮洪琴、李彬共同编写，第六章由李福东编写，第七章由曾旭华、李福东、李彬共同编写。在课题实施和专著编写过程中，陶明、龚敏、吴智储、黄俊鹏、王宇、涂万祥、李爱国、贺令辉、李高明、符彦嘉、徐站桂、张成林、朱华、欧阳建友、宁薇薇、唐海波等课题组成员及相关人员多次参与讨论，提出了很多中肯意见。湖南大众传媒职业技术学院黄旭东为本书设计的漫画插图，增强了本书的可读性和生动性。在编写和出版过程中还得到了中国劳动社会保障出版社大力支持，在此一并表示衷心感谢。

在国家大力发展职业教育政策的背景下，我们希望通过本课题研究和专著出版，为职业院校学生能力培养、企业人才开发、职教业者应用研究、职业人员持续发展，在顶层设计、模式构建、路径规划和方式方法的创新等方面，提供科学的理论支撑和有效的应用范式，助力现代职业教育体系的构建和人才强企战略的实施，释放创新型国家建设的人才红利。

序
XU

职业教育是国民教育体系和人力资源开发的重要组成部分，是广大青年打开通往成功成才大门的重要途径，肩负着培养多样化人才、传承技术技能、促进就业创业的重要职责。改革开放以来，我国职业教育取得了长足发展，培养了大规模的技能人才，为经济发展、促进就业和改善民生做出了不可替代的贡献。

加快发展现代职业教育，是优化教育结构的重要举措，是基本实现教育现代化的内在要求。在构建以就业为导向、体现终身教育理念、面向人人的现代职业教育体系进程中，我们应更加重视提高职业技能和培养职业精神的高度融合，不仅要围绕技术进步、生产方式变革、社会公共服务要求和扶贫攻坚需要，培养大批怀有一技之长的劳动者，而且要让受教育者牢固树立敬业守信、精益求精等职业精神，让千千万万拥有较强动手和服务能力的人才进入劳动大军，使“中国制造”更多走向“优质制造”和“精品制造”，使中国服务塑造新优势、迈上新台阶。构建现代职业教育体系，要求把立德树人作为办学根本，把提高能力作为办学目标，这就需要在宏观设计和微观实施上更加重视人才培养质量的评估与反馈，实现教育教学过程的闭环管理和良性循环，才能真正提高技能人才的培养水平。

近年来，随着全球化、信息化进程的加速，企业的生存环境和人力资源管理要求正在发生深刻的变化。这些变化直接影响到市场、企业对员工素质评判的理念和标准，人们越来越意识到传统的以工作分析（岗位）为基础的人力资源管理模式难以为组织的持续、稳定发展提供充分保障。企业更加重视对人才资源的动态管理，更加关注员工岗位胜任能力的培养和评估，实现人才优化配置，以创造人力资源的最大效益。职业培训在企业人力资源建设中的地位日益提升，培训体系贯穿劳动者从学习到工作的各个阶段，更加关注劳动者多样化、差异化的需求，培训模式和培训方法也在不断创新和完善。

2014 年 6 月，中国政府正式颁发了《国务院关于加快发展现代职业教育的决定》（国发〔2014〕19 号），为加快发展现代职业教育提供了行动指南，文件明确提出，要“完善职业教育质量评价制度，定期开展职业院校办学水平和专业教学情况评估”“注重发挥行业、用人单位作用，积极支持第三方机构开展评估”。科学有效的职业能力评价，已成为发展现代职业教育，开展现代职业培训共同关注的一个课题，也是实现职业人才培养目标、促进个人职业生涯发展必须解决的一个难题。

职业能力评价，是通过一种或多种途径取得职业活动绩效的证据，并把这些证据对照特定职业能力标准，来判断职业能力水平的过程。确定能力标准、收集能力表现的证据和根据能力标准做出判断是职业能力评价的三个核心环节。

能力标准本质是对能力内涵的理解和界定。典型的能力模型包括关键能力模型、胜任力素质模型、PISA 能力模型、多元智能理论模型和 KOMET 二维能力模型。职业能力评价的第二个环节是找到能体现能力的某种形式的证据，并确定证据的数据和收集途径。职业能力的证据主要包含基于行为样本的证据、基于真实工作任务执行的证据和基于已有绩效的证据。实现职业能力评价的第三个环节就是如何根据能力证据和能力标准对职业能力等级进行评判，这就是职业能力的判断方法问题。职业能力的判断方法可分为宏观和微观两个层面。宏观层面主要涉及国外有关职业能力评价的制度体系和政策保障。微观层面主要是职业能力评价的实施方案、组织和技术环节，这也是当前职业能力评价方面应当重点关注和解决的问题。

职业能力只能在工作情境中通过实践获得。因此，严格来说，职业能力评价也必须在真实的工作环境中通过实践进行。与知识考试和技能考核相比，职业能力的证明和鉴定是非常困难的。要想了解一个人是否能够应对困难情境并解决从未遇到过的综合性专业问题，只能通过观察，而观察法恰恰是一种无法准确鉴定社会现实的研究方法。因此，我们不可能通过观察法对能力进行精确鉴定，而只能对其进行评价。

与德国、美国等职业教育发达国家相比，我国在职业能力评价的宏观制度体系和微观技术设计方面均存在较大的差距。开展科学的职业能力测评是完善人才培养质量评价体系的重要途径，需要立足我国职业教育实际情况，充分学习和借鉴国外的最新成果和先进经验，对职业能力评价的理论体系、方法措施、实践路径等方面加大研究、创新和应用力度，充分发挥能力评价对教育教学过程的有效监控作用、对人才培养质量的评估和反馈作用、对人才成长和职业发展的个性化指导作用。

皮洪琴教授主持全国教育科学“十一五”规划教育部重点课题“高职院校

学生职业能力评价体系的研究”，带领国内李福东、曾旭华等一批年轻的职业教育和企业培训精英，历时四年从事了“职业能力评价研究”这项富有挑战性的工作，《职业能力评价理论与实践》这本著作正是此项研究的主要成果。课题组成员都有长期从事职业教育和企业培训研究、教学和国内国际合作的经验，很多成员都有企业一线的工作经历。课题组充分依托校企一体的组织优势和资源优势，开展了广泛的调研，收集了大量的一手资料，从职业教育、企业培训及校企合作等视角对人才成长规律、能力培养、能力评价开展全方位思考和探索，系统开展职业能力评价相关的理论、技术与方法研究，得出了一系列重要的结论，实现了职业能力评价体系的创新和完善。同时，课题组还特别关注研究成果的实践应用，面向生产类、建设类、管理类、服务类四大类岗位，在多个企业培训机构和高职院校开展了较大规模的职业能力评价应用，取得了大量实测数据并开展了深入分析，形成了较完善的学生职业能力评价实施方案。

课题在研究和应用中强调的开放性、发展性、动态性职业能力评价思想及相应方法路径，不仅有利于职业院校完善人才培养质量评价，还对企业开展员工能力评价，优化人力资源管理具有重要的启示和借鉴作用。职业教育研究在遵循科学规律的基础上，还要兼顾社会环境、教育体制等客观因素的影响，力求实现科学性与实用性的最佳统一。本课题对职业能力评价的研究成果是阶段性的，还需要进一步拓展范围，深化应用，在求证中加深理解，在实践中获得创新和发展。

国家有关推动职业教育改革创新的政策和文件的出台，催生了职业教育发展的春天，本书的出版尤如春天里的一颗种子，必将在构建具有中国特色、世界水平的现代职业教育体系进程中，在培养数以亿计的高素质劳动者和技术技能人才的现代职业教育土壤里，生根发芽，开花结果！

中国职教学会常务理事

原湖南省教育科学研究院职成教育研究所所长

欧阳河

2014 年 6 月 18 日

目录

MULU

第一章 职业能力评价概述

第一节 职业能力评价的动力

职业教育促进人的全面发展，决定了职业院校的核心任务是发展学习者的综合职业能力。职业能力评价的研究和实践之所以引起越来越广泛的关注，其背后的主要推动力源于三个方面：现代职业教育理念的驱动、现代职业教育实践的需要、实现国际职业教育比较和借鉴的必要途径。

职业教育在产生和发展的历程中，其教育理念、教育目标和教育模式经历了不断的变迁和发展。职业、技术、人是影响职业教育发展的三元素，职业、技术、人的发展水平直接影响着职业教育的发展水平和呈现形态，同样影响着对职业能力的内涵理解。开展职业能力评价，可以准确获得职业教育的核心参数，提高职业教育体系设计和教育质量控制。帮助教师深入系统分析教学设计和实施中的问题，为教师提供教学法方面的直接技术支持。对能力的测评还可以获得大量关于职业教育质量的数据和认识，是开展国际职业教育比较和借鉴的前提。

一、现代职业教育理念的驱动

在农业社会、工业社会、知识社会不同阶段的变化和组合中，演绎出多姿多彩的职业教育形态。欧阳河先生在《职业教育基本问题研究》中，率先从国内外一百多年职业教育的发展轨迹中，理清了劳作教育、整合教育、学校本位职业教育、多元化职业教育、能力本位职业教育、终身职业教育等不同的职业教育思潮演变的脉络①，并结合学徒制、初等职业教育、中等职业教

① 欧阳河等. 职业教育基本问题研究［M］. 北京：教育科学出版社，2006.

育、高等职业教育和终身职业教育的不同发展阶段，对职业教育的本质、功能等基本问题进行了研究。

（一）劳作教育思潮

职业教育作为现代大工业生产的产物，其思想潮流紧随着工业革命的脚步而潮起潮落。19 世纪 70 年代发生的第二次工业革命为职业教育迎来了发展期，也使有关职业教育的思潮、理论达到了前所未有的高度，更使以开办劳作学校为主要特征的劳作教育思潮在西欧大地涌动，成为 19 世纪末到 20 世纪初重要的职业教育思潮。该思潮以德国教育家凯兴斯泰纳的劳作教育理论为核心，是社会本位主流思想在职业教育领域的突出反映。劳作教育从国家利益出发，肯定了职业教育的价值与职业教育的重要性，声明职业训练是“人的教育”的先决条件，主张消除普通教育与职业教育的对立，用职业教育改造传统基础教育，培养新时期国家需要的既忠诚又有用的公民。这一思想符合 20 世纪初西方政治与经济发展对教育对人的需要，因而迅速为西方国家所接收，并演变为欧美的“劳作学校运动”，成为 20 世纪初流行于西方世界的最强劲的职业教育思潮。

（二）整合教育思潮

以职业教育与自由教育为核心的职普整合教育思潮形成于第一次世界大战之后，流行于 20 世纪上半叶的美国本土。它是飞速发展的美国经济对人力需求发生巨变的产物。其代表人物是具有世界影响和声誉的美国实用主义哲学家、教育家约翰·杜威。杜威的“整合教育观”具有以下含义：第一，职业教育是一种教育。教育本身就是职业教育的目的，是一种主动的教育。第二，职业教育是教育的理想形态。第三，职业教育是面向未来的教育。它主张以未来的工业标准和要求来教育和训练学生。第四，职业教育具有基础性。第五，职业教育具有主体性。它所训练的未来的工人应具有适应不断变化的情况的能力。杜威的整合教育思想不仅对美国中等职业教育制度的形成产生了深远影响，对第二次世界大战以来世界教育的普通教育职业化、职业教育普通化的基本走向也具有决定作用。

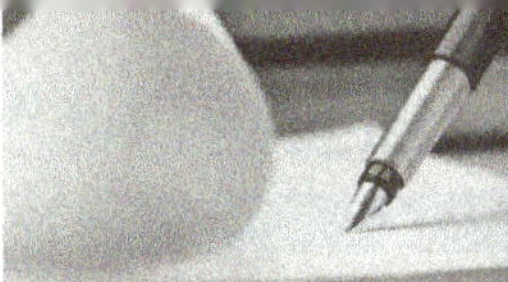

（三）学校本位职业教育思潮

学校本位职业教育思潮始于 20 世纪 50 年代初，以英国经济学家、非洲教育问题专家巴洛夫为代表。其主要观点包括：大力发展学校形态的职业教育；实行中等学校教育“课程职业化”；增加对学校职业教育的投资。这一思潮得到了联合国教科文组织和世界银行的大力支持和响应。世界银行 20 世纪 60—70 年代的教育投资重点大都放在职业教育和技术培训上，支持发展学校形态的职业教育和“多样化的学校课程计划”。

（四）多元化职业教育办学思潮

多元化职业教育办学思潮于 20 世纪 70 年代上升为主流思潮，该思潮以美国教育学家、非洲教育问题专家福斯特为代表。他认为，职业教育的发展必须以劳动力市场需求为出发点，职业教育的发展应走多元化的道路，提倡企业本位的职业教育与培训模式、合作的职教模式、社会本位的职教模式。

（五）能力本位职业教育思潮

能力本位职业教育思潮始于 20 世纪 60 年代，它以重视获得岗位操作能力为目标，提倡以能力为基础的职业教育体系。如图 1—1 所示。

图 1—1　能力本位的职业教育

能力本位职业教育思潮的核心是CBE（Competency Based Education，以能力为基础的职业教育教学思想和制度体系）理论，认为职业教育的主要任务是提供给受教育者从业能力，而不是知识水平。德国双元制、国际劳动组织开发的模块技能培训模式、澳大利亚职业与继续教育模式都是能力本位职教思潮的实践形式。

（六）终身职业教育思潮

终身职业教育思潮始于20世纪60—70年代，由联合国教科文组织直接推动，代表人物是曾任联合国教科文组织成人教育局局长的法国著名教育思想家和成人教育家保罗·朗格朗。在其代表作《终身教育引论》中集中阐述了终身教育思想。该观点得到许多东西方国家的赞同，被认为是“知识社会的根本原理”，并最终发展成为世界性的教育改革的主导理念和许多国家的教育决策及政府行为。

不同的职业教育思潮和理念就会催生不同的职业教育实践形态。在职业教育的实施形式上，最初的职业教育是面向某一工种或岗位，培养劳动者掌握特定实用技能为目的而开设的，具有明显的针对性（即学徒制），是本质上基于实用主义理念的技能培训。随着技术发展和生产组织模式的变革，职业教育者的关注点从单一技能逐步扩展到生产流程、企业组织模式、劳动协作等要素，因此职业教育的内涵和目标也不断丰富，注重培养学生的专业能力、方法能力和社会能力，从而实现了职业教育从技能导向到社会导向的转变。近年来，面临日益严峻的就业形势和产业结构转型升级压力，教育界开始从一个更宽广的视角来审视职业教育，即将学历教育、职业教育和继续教育等多种教育方式进行对比，分析各类教育方式的共性和个性，逐步形成了突出就业导向和以人为本，强调终身教育的现代职业教育理念，致力于职业教育向人本主义的回归。在新的职业教育理念下，职业教育需要实现两个主要培养目标：一是帮助学习者掌握从事某一职业的职业资格，获得基本的生存能力；二是帮助学生的职业成长和个性发展，使其具备职业发展能力。因此，职业教育的目的应该是实现人的全面发展。

职业教育促进人的全面发展，决定了职业院校的核心任务是发展学习者的综合职业能力。综合职业能力是人们在真实的工作情境中整体化地解决综合性问题的能力，是从事一个（或若干相近）职业所必需的本领，是在职业工作、社会活动和私人生活中科学的思维、对个人和社会负责的责任和能力。综合职业能力是科学的工作方法和学习方法的基础，也是人的综合素质的集中体现。

职业劳动是一种与现实工作情境相互作用的活动，而现实工作情境是千变万化的，具有很大的随机性和不可预知性，所以从事职业活动所需要的职业能力不仅需要普遍性的职业知识，更要依靠个体性的职业知识，即工作过程知识。工作过程知识只能在具体的工作过程中构建，并且无法通过传统考试来测试，这就给职业能力的考核提出了巨大的挑战。

二、现代职业教育实践的需要

与学历教育相比，职业教育活动的内容和目标均具有更明显的针对性和外显性，职业教育课程更突出对职业能力的培养。《教育部关于全面提高高等职业教育教学质量的若干意见》（教高〔2006〕16 号）中就明确提出“建立突出职业能力培养的课程标准，规范课程教学的基本要求，提高课程教学质量”。职业教育的能力目标导向就意味着职业教学过程可以从教学设计和实施过程两方面进行规范和有序化。对此，我们不得不来关注职业教育教学过程的典型范式——行动导向学习。姜大源先生认为，在职业教育领域，行动导向并不是一种教育理论，也不是具体的教学方法，而应该被理解为一种新的教育范式①。该范式产生的基础是 20 世纪 70 年代以来德国职业学校和职教企业教学实践的变化，同时，德国职业教育界对原有学科系统性教学和范例教学活动进行了批判性认识，从而形成了这一新的教育范式。其核心理念是根据完成某一职业工作活动所需要的行动及行动产生和维持所需要的环境条件与从业者的内在调节机制来设计、实施和评价职业教育的教学活动，在这种教学活动中，传统的学科知识的系统性和完整性不再是判断职业教育教学是否有效、是否适当的标准。

在德国“学校教育＋企业培训”的双元制职业教育特色环境下，按行动

① 姜大源. 当代德国职业教育主流教学思想研究——理论、实践与创新［M］. 北京：清华大学出版社，2007.

导向教育范式形成了多种行动导向教学方法。包括：七阶段协作—反思教学法、基于项目的引导文教学法、基于完整工作过程的职业教育教学活动设计。这些教学方法对我国职业学校教育实践极具指导和借鉴意义。典型的例子是按照实际职业环境中完成顾客订单的完整过程来设计和组织实施教学。在这种教学模式中，劳动者不再是构成工作过程的客观要素，而具有主导和设计工作过程的主体地位。按照这种标准，职业学习者必须具备了解、掌握和监控完整工作过程的能力，即培养完整的职业行动能力。图 1—2 所示为完整的职业行动过程循环和教学原则①。

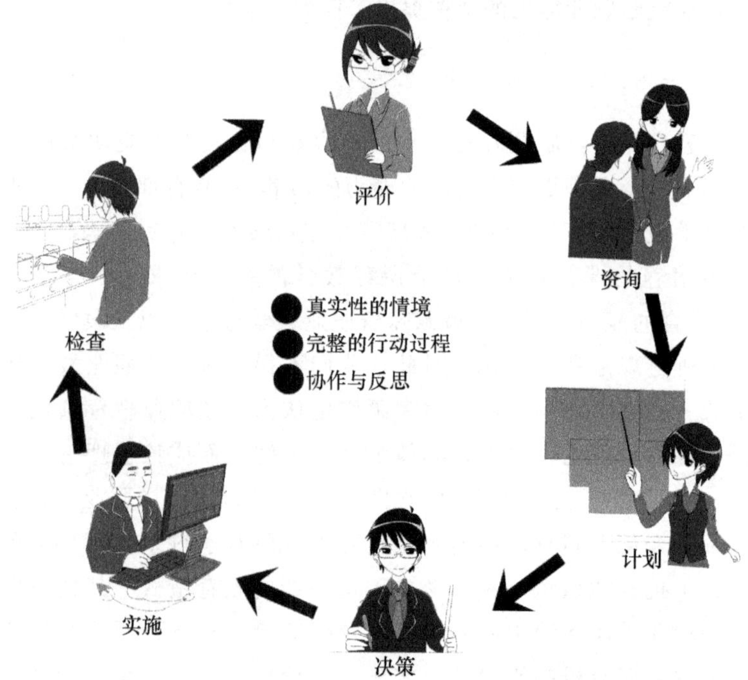

图 1—2　完整的职业行动过程循环和教学原则

以手工业企业中完成顾客订单的任务为例，从完整行动的角度可以将这一任务划分为接受订单、订单分析、订单设计、实施订单和订单评价几个关

① 刘邦祥. 试论职业教育中的行动导向教学 [J]. 职教论坛（教研），2006：4-8.

键步骤。如果在职业教育中实施这一任务，就可以按照图 1—2 中的教学原则来设计和组织。具体环节如下：

1. 咨询

深入全面分析订单要求，调查、收集并补充完成订单所要求的各种信息，确定完成订单所需的人力、资源和设备等，制订工作进度计划。

2. 计划

参照常规的工作步骤和程序制订具体的工作计划，同时考虑创造性地使用新的工具和工作方案的可能性。

3. 决策

在充分的民主讨论和谨慎论证的基础上，调整并选取更为合理可行的工作方案和进度计划。

4. 实施

在执行工作方案中突出员工的自主性，兼顾有序的组织和灵活的行动。在实施过程中，员工应能通过讨论和合作，有效解决遇到的困难。

5. 检查

在实施任务中，周密检查，随时关注各环节状况，有序进行检查和反馈，合理调整和优化行动。

6. 评价

在交付订单前，应对任务完成情况进行全面评估，包括产品的规格、质量是否符合要求、工作过程中积累了哪些经验、存在哪些不足，为以后的工作提供参考。

由上可知，按照行动导向的教育范式，可以实现职业教育教学设计和实施的有序化和规范，实现职业能力培养和现实工作环境的有效对接。近年来，我国高职院校在行动导向教学改革和实践中不断深化，积累了丰富的实践经验，这一教育范式的科学性和有效性也深入人心。但基于完整工作过程的教学设计中，检查和评价环节仅仅是任务实施者对具体任务的评估，而对于这种教学方法整体效果的评价手段还有待开发和完善，也就是说通过一系列完整工作任务教学后，受教育者的能力提升情况如何、哪些能力得到了提升、还存在哪些不足，这些关键问题需要通过一个有效的途径来找寻答案。

既然职业教育的目标是培养完整的职业能力，而行动导向教学又是源于现实的工作环境和完整的工作任务，那么实施职业能力测评则是检验和评估高职教学过程效果的一个科学途径，也是一个必然的手段。通过建立一个有充分理论基础且经实践检验的能力标准和测评方法，教育者可以根据这个标准来设计详细的教学过程，包括教学的内容体系、环境和设备、实施途径等。在实施教学的基础上，教育者可以根据能力测评方法对教学过程进行检查、反馈并不断改进。因此，面向职业学习者建立科学的能力标准体系和测评方法，是优化职业教育教学设计，提高教学实践效果的必然要求。

开展职业能力评价是实现职业教育质量动态评估和改进的重要途径。《国家中长期教育改革和发展规划纲要（2010—2020年）》指出，要“建立健全职业教育质量保障体系，吸收企业参加教育质量评估”。目前，职业教育质量评估的主要方式仍然是以课程考试为主，虽然实训环节的考核方式不断得到完善，并广泛开展职业技能资格鉴定，但这些传统的考试、鉴定方式，只能对学生的理论知识和标准化技能进行考查，其本质上考查的是学生的“静态”且“模式化”的能力，而不能对知识和技能以外的“动态”且“多样化”的能力进行有效的全面考查。而解决这一难题的最佳途径是开展职业能力评价，从建立学生能力标准出发，采用开放式、综合性、动态化的方式对职业能力进行评价，这种从理念到方法的全面创新，对提高职业教育质量评估的科学性、准确性，进而改进职业教育管理，提升职业教育整体质量具有非常重要的现实意义。如图1—3所示，形象描绘了标准化考试与开发测评的不同。

三、职业教育比较借鉴的路径

在我国职业教育由规模发展向质量提升的转型进程中，需要与发达国家开展职业教育领域的多层次、全方位的交流，在比较中找到自身的差距和不足，借鉴和吸收国外先进办学模式和经验，才能使我国职业教育迸发生机活力。开展职业技能竞赛是一种重要的相互交流和促进的途径。近年来，各类形式多样的技能竞赛在国内外广泛开展，并吸引了职业教育领域师生的积极参与。已有60多年历史，在国际上久负盛名的世界技能大赛，是世界各国和地区职业技能展示交流的平台，被称为职业技能界的“奥林匹克”竞赛，但我国在2011年才首次派出代表团，参加数控车床、焊接等六个项目的比赛。在国内，由教育部发起，联合多个部委和行业，从2009年开始举办的全国职

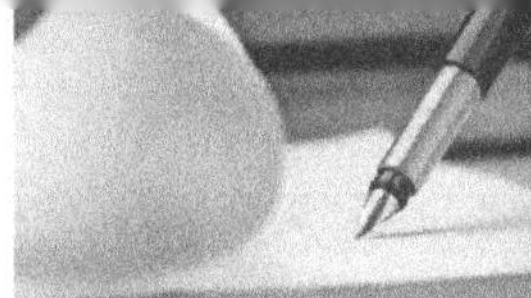

图 1—3　标准化考试与开发测评是不同的

业院校技能大赛，已经发展为专业覆盖面最广、参赛选手最多、社会影响最大的国家级职业院校技能赛事，成为中国职教界的年度盛会。在 2012 年的大赛中，涵盖中职和高职，共开设了 18 个专业大类，96 个分赛项。

不容忽视的是，各类竞赛本质上是一种“精英式”的活动，是少数技能“能手”的交流比拼。然而，实现职业教育的整体发展，我们需要关注所有学生的成长，了解他们的能力培养状况，以对学校办学能力和办学实效进行整体的评估。开展职业能力评价正好顺应了这一现实要求，通过建立具有普适性的职业能力标准和评价方案，有利于对相同或类似行业内的国内外职业院校办学水平进行横向评估和比较，在评价比较中学习先进的办学模式，借鉴国外的先进技术，加强国际交流，来推动中国职业培训和技能人才队伍建设。

第二节　职业能力评价的制度

我国在职业能力评价制度、方法体系建设、实践应用等方面才刚刚起步，在职业分类、职业标准的制定，职业技能评价的法律法规体系、制度体系、管理体系的建设上还有很多不完善的地方。因此，有必要在研究与借鉴世界先进国家正反两方面经验的基础上，结合我国的具体教育实践，做出科学、合理的设计和安排。

一、德国职业教育评价制度

（一）德国教育的基本结构

德国建立了十分完备的教育体系，包括基础教育、职业教育、高等教育和进修教育四大类。在德国的整个教育体系中，职业教育占据着重要地位，是学生升学就业的主要渠道；特别应该指出的是，德国职业教育的各个层次及职业教育与普通教育之间，是可以交叉和相互沟通的，形成了“H”形的结构网络（两竖代表职业教育和普通教育，一横表示相互沟通）；职业教育是每个职工的终身教育，即培训—就业—再培训—再就业，从而形成职业教育和普通教育平行发展，地位同等的良好格局，如图 1—4 所示；劳动就业部门既管理就业、失业救助，又管理培训工作；各行业协会、各同业工会、各州政府、各企业为实施《职业教育法》各司其职，中央政府实行宏观管理和协调组织工作①。

① 来继敏，许焕新．我国高等职业教育考核方法存在的问题及改革探讨——对德国职业教育考核模式的借鉴 [J]．中国成人教育，2010 (9)：91-92.

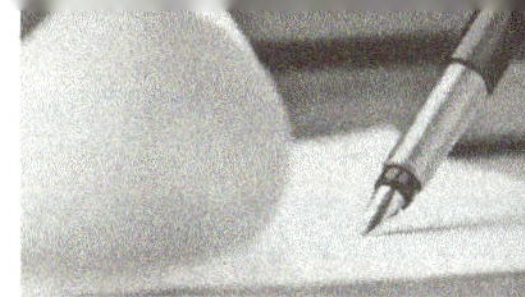

图 1—4 职业院校和本科大学应该获得同等认可

(二）德国职业技术教育“双元制”教育制度

“双元制”（也称双轨制）是德国职业教育实施最主要的特点，也是德国职业教育享誉世界，取得巨大成功的关键。“双元制”是同时在两个地点，有两个施教主体，也就是在企业和职业学校中进行教学而得名的。学员一般每周在企业里接受3～4天的实践教育，在职业学校里接受1～2天的理论教育。职业学校的教学任务主要是提供针对性的专业理论教学，以辅导和提高学员在企业中的实践培训成果，同时还对普通教育进行加深和补充。在“双元制”模式下，政府对职业教育进行宏观管理，学校、行业主管部门和生产单位组织实施，形成三重负责制。据统计，德国约有75%的初中毕业生直接进入企业中的培训机构接受职业技术培训，同时进入各类相应的职业学校学习基础知识。这种相互交叉、有机结合的管理体制，为职业教育的实施和完成提供了保证，有利于在教学过程中贯彻理论联系实际的原则，有利于培养出既懂理论又有动手能力的生产和管理人员。因此这种教育体系的特点是纵向可以逐步发展、横向彼此联系沟通。特别是职业教育和普通教育平行发展，从制度上保证了职业教育的生源质量，为接受职业教育的毕业生提供了公平的就业环境和客观的社会认可度。

（三）德国职业教育考试模式

考试、考核是检验职业教育质量的手段，考试和考核最大的特点是客观性和规范性，这一特点在一定程度上可以促进职业教育质量的不断提高。德国职业教育实行“教考分离”考试考核办法，在德国的《职业教育法》中，明确规定了各种职业培训的评估评价标准、考试考核标准及严格的实施程序。与我国职业教育考核模式不同的是，德国的职业学校或培训机构只负责教学和培训，而全部考试考核都由德国各州教育主管部门和工商协会组织进行，并建立了相应的监督机制。一个学生若毕业当年考试不合格，可来年再考，但最多允许补考两次，凡经三次考试不合格的学生，则认为是不适合从事该职业或工种的，终生不得再考该职业的资格证书，必须转学其他专业。这种严格的制度有效保证了考试考核标准的统一和效果的公正，提高了职业资格证书认定和授予的科学性，并客观公正评估了教学效果和培训质量，可以有效促进职业学校不断改进完善教育教学和培训过程，提高人才培养质量。

二、美国职业能力评价制度

美国职业能力评价体系主要包括国家技能标准制度（National Skill Standards Act，NSSA）、关键工作评价（Work Keys）体系、职业群（Career Clusters）体系、职场成功技能（Workplace Success Skills）体系和职业记录（Career Transcript）体系五种形式①，其中 NSSA 是最主要的形式。

（一）国家技能标准制度（NSSA）的内容与实施

1. NSSA 建立的背景与目的

1994 年之前的美国职业技能评价由各州、各行业按照各自的标准自行组织实施。该模式灵活多样，能较好地适应不同地区的特点和发展需要，但由于职业资格种类繁杂、体系庞大、标准各异，不利于劳动者技能素质的普遍

① 蓝欣. 美国职业能力评价制度研究及其启示 [J]. 吉林工程技术师范学院学报（教育研究版），2004，(20) 7：10-13.

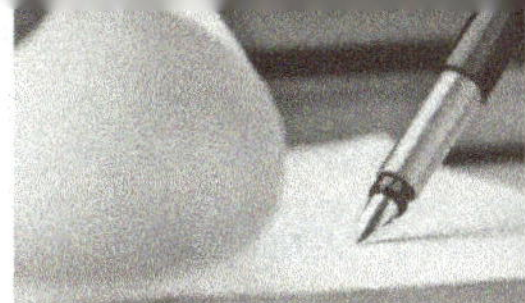

提高。另外，由于同岗同级的技术技能证书有多个发证单位，具体的能力标准也不同，这就导致各种职业预备教育的训练目标、课程设置、课程内容、技能标准也因所在州、行业的不同而有很大差异，不利于劳动者在不同州、不同行业之间的流动。针对以上问题，1994 年 3 月 31 日，美国国会颁发了国家技能标准制度（National Skill Standards Act），提出了开发与实施统一的国家技能标准、规范美国技能评价制度的要求，以解决技能评价工作中的混乱问题，最终从整体上提高劳动者职业能力水平。同时，成立国家技能标准推进委员会负责推进这项法律制度的实施。

美国国家技能标准推进委员会（NSSB）将技能标准（Skill Standards）解释为："技能标准是个人在工作岗位上履行工作职能时所必备的知识、技能的明确而具体的要求，是个人在某一职业群或某一产业领域中承担并较好地完成工作任务所必需的基本条件。"这里国家技能标准是全美业界共通的，用来衡量或评价劳动者在职业岗位上能否达到工作岗位要求的一个"尺度"。这个"尺度"客观地存在于工作岗位自身，而非通过人为的测量而设计。需要指出的是，NSSB 所开发制定的技能标准，并不是员工最低的从业标准，而是以普遍提高劳动者技能水平为目标制定的较高职业技能标准，此标准按不同层次、级别，由低级向高级呈金字塔结构，既可为教育与培训服务，又能为员工选拔提供依据。

2. 实施国家技能标准的组织机构

直接负责国家技能标准的组织与实施工作的机构是国家技能标准推进委员会（NSSB），该委员会在全国又设立了五个称为"自主联合体（Voluntary Partnership）"的相互协作的产业联合组织，这五个自主联合体除了负责开发各自的技能标准外，还负有协调各有关方面在其职业领域中达成对标准的认同和理解，制定技能认证方案，实施技能认证等职责。

3. 国家职业技能标准的内容

国家职业技能标准由基础标准、专业标准和特别标准三部分内容构成，它们各自的具体内容见表 1—1，其中专业标准的内容开发最为完善。

（二）职业群（Career Clusters）体系

美国教育界通过调查研究发现，很多青年人在进入大学时，没有获得任何

表 1—1　　国家职业技能标准的构成

名称	概要
基础标准 (Core Skill Standards)	是某一产业领域中，生产一线所有工作都要求的共同的必需的知识、技能与能力。达到基础标准的人说明已具有了在该产业领域中求职所需要的基本条件
专业标准 (Concertration Skill Standards)	是生产一线中负有一定职责的某一类岗位或工作要求员工必须具有的知识、技能与能力。达到专业标准的人说明具有了生产一线中该类型工作岗位的专门知识、技能
特别标准 (Speciality Skill Standards)	是某特定工作、特定公司或特定产业对从业人员的特定知识、技能、能力的特别要求，是未被基础标准和专业标准涵盖的部分，是对从事专项工作人员的知识、技能与能力的特别规定

有关职业的认识与理解，而造成大学学习的盲目性，在大学毕业走向社会时，缺乏明确科学的专业定向，这与美国经济发展要求求职者接受更正规、更好、更高水平的教育训练不相适应，为此美国联邦教育部的职业与成人教育局和联邦劳动部共同合作开发了职业群体系。

很显然，职业群体系的主要目的是帮助高中生在进入大学等高中后教育之前，针对自己的职业愿望，系统了解期望就职的职业群对人力资源的要求，有针对性地选择专业教育的形式和内容，获得必要的知识与技能，从而完成科学而及时的职业生涯规划，获得更好的职业发展。按照职业群体系，学生在高中学习期间必须修得 3 学分的职业课程（职业群依据其职业基准而开发的职业课程），并经职业群的评价与认证后，颁发职业基准认证书。该体系与国家职业技能标准制度不同，它是为高中生、大学生的职业准备服务的，而 NSSA 是以生产一线的劳动者或准备进入生产一线的人员为测评对象的，而且 NSSA 所涉及的职业领域是传统的技能型职业领域，而职业群体系则是智能型职业领域。

（三）关键工作（Workkeys）评价体系

对用人单位而言，求职者不仅需要掌握某一岗位的核心技能，还需具备作为一个职业人的基本素质和能力。关键工作评价系统则是通过“读解能力”“数学运用能力”“常用技术运用能力”“团队意识”“图表理解能力”“观察

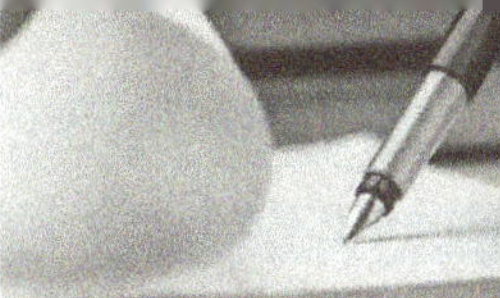

力”“倾听能力”“写作能力”等一般能力的测量与评价，对求职者的一般职业能力做出评价的，帮助劳动者了解履行某一工作职责所必备的技能及其水平，从而发现自己的差距，接受有针对性的职业培训。最初这一体系是为了解学校中所学知识、技能与企业对劳动者的实际能力要求之间的关系，判定不能升入大学的求职者的学历、技能水平而设计开发的。该系统由 3 个组成部分：企业的工作分析，即确定某一工作岗位对技能种类的要求；测量求职者所具有的技能及水平；在前两步的基础上，确认求职者与工作岗位之间的适合度，决定是否聘用，或安排有针对性的职业培训。关键工作评价体系与前面的国家技能标准制度不同，它主要测量的是某一职业群所要求的一般的共通职业能力，而不是具体职业岗位的专业技能。关键工作评价体系曾被 NSSB 推荐直接作为国家技能标准的一部分，对劳动者的一般职业能力进行测量评价。

（四）职场成功技能（Workplace Success Skills）体系

在劳动者的职业能力中，除了知识、技术、技能之外，还有一部分很重要的能力，如协调同事关系能力、团队合作意识、社会责任感、突发事件处理能力、与客户交涉能力等，这些能力的评价比较困难，容易被忽视。

为有效测评以上能力，帮助用人单位对自己的员工进行甄选，优化人才管理，并帮助职业者了解自己在将来的职业生涯中有哪些不足，及早地锻炼自己，做好全面的职业准备。Learning Resources 公司设计了专门的职场成功技能测评系统，对以上能力进行测评。他们将一些场景录制成录像带，让被试者看录像后回答问题，考查他们的能力水平。该系统从企业所要求的职务效率性出发，对个人能力进行测定，识别被试者效率性较高的职务或较低的职务。

（五）职业记录（Career Transcript）体系

职业记录体系是一个包括个人工作简历、学历、学习成绩、进修课程、个人能力、技能、获得的认证、资格、证书等信息的个人电子信息库，这个信息库以联机的方式通过网络随时调用。电子信息库与一般的求职简历不同的是，所有信息都是经有关部门确认的准确信息，全面而具体，在求职面试、职业咨询、自我能力评价等活动中发挥重要作用。

职业记录体系还被应用于各级各类机构、组织的管理，如可以帮助地方政府与公共事业团体掌握其所辖领域人力资源状况，为企业的发展、教育与培训工作的计划管理发挥重要作用。行政组织、事业机构可利用该系统对其员工的素质、水平做出全面的分析与评价，在考虑新项目开发时，判断员工队伍素质条件能否适应新任务的要求。

纵观美国的各类职业技能标准，我们可以发现，国家技能标准、地方或行业标准都有其存在的合理性，完全可以在整个职业能力评价体系中共同存在，在其适合的领域中发挥优势。国家技能标准具有标准统一、考核认定统一、通用性强、便于人员测评和培养等优点，这些优点决定了它对国家经济发展中影响较大，具有支柱性、主导性、通用性，适用于电子技术、信息与通信、机械制造、化工等重要工程技术领域的职业能力评价与考核。除了主导性的行业和技术外，还存在很多区域特征明显，非主导性、非支柱性、非通用性的技术，也就是我们通常理解的特殊行业和特种工作，这类岗位并不宜采用统一的国家职业标准来管理，而更适合使用地方或行业标准，以发挥非统一标准的针对性强、容易组织实施等优势。比如各种类型的服务业就不必采用国家标准，而以行业或地方标准组织技能评价为宜。

三、澳大利亚职业能力评价制度

由于曾经长期作为英国的殖民地，澳大利亚各种社会体制、社会形态均带有明显的英国印记，其职业技术教育与培训体系也不例外。最早的澳大利亚职业教育可以说是英国版本的学徒制，从 20 世纪 70 年代开始，现代职业教育体系才开始在澳大利亚建立起来。80 年代，澳大利亚政府推行了一系列调控计划和措施，在职业教育和培训中引入“能力本位培训”（Competence-Based Training，CBT）理念，通过重塑职业教育，帮助失业者和青年人掌握实用技能、降低失业率，让社会公民技能的发展适应经济社会发展的需要。CBT 的引入有利于提高澳大利亚国民的就业能力，扩大就业机会，最大限度地发展经济。“能力本位”培训包体系（Training Packages）和全国统一资格认证框架（Australia Quality Framework）的推出正是澳大利亚职业教育体制

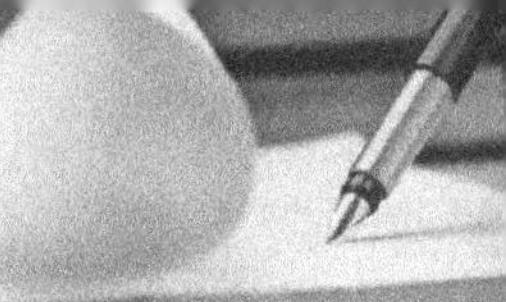

进一步改革的结果①。

培训包是澳大利亚职业教育的依据，也是最大的特色，用于认证与评估劳动者职业能力的技能标准与准入资格。培训包包括认可和非认可两个部分。认可部分包括体现行业需求的国家能力标准、能力鉴定指南和职业准入资格。培训包将行业需求作为职业教育的首要目标，提倡“以需求为导向”（Demand-Driven）的职业教育质量观。每个培训包就是一套完整的指导性文件，描述在工作中需要掌握的有效技能，指导职业教育与培训。

出于强烈的“需求导向”，培训包的能力界定源于工作内容的分析。综合个体的职责与工作标准形成能力的要素，反映特定岗位职责所必须执行的任务，然后相应地分类置入能力单元形成培训包的能力标准。很显然，培训包的能力明显是从属于具体任务或产出的任务（工作）技能，而不是基于系统知识获得的职业层面的综合能力。因此，所谓国家能力标准，就是“按照工作中要求的操作标准，对所涉及的知识、技能及其知识和技能的应用所做的规范说明”。培训包则完全按照国家制订的能力标准来开发。培训包理念的核心正是能力可以通过任务的实际操作进行鉴定，作为实践活动基础的系统理论可以被理解为一套僵化的规则，可以不需反思地应用，甚至暗示着“知道什么（系统理论）”（Knowing What）与“知道如何”（Knowing How）可以分离，从这个角度来看，培训包是否有利于人的综合素质培养和人本教育目标的实现，是存在一些争议的。宏观上，培训包强调职业技能开发要响应及满足“市场需求”；微观上，则按照功能行为主义理论制定能力标准，确定培训目标，设计培训程序并组织培训活动，从而使能力开发具有可操作性。如图1—5所示，形象描绘了“Knowing What”与“Knowing How”是不同的。

以当今的职业教育理念和模式标准来看，培训包对能力的理解是狭隘的，而在澳大利亚产生培训包体系的根源，可以追溯到澳大利亚的“手艺”学徒制。传统的学徒制正是学徒受雇于特定雇主，为某一工作学习特定技能，同时掌握少量的基础理论。但“能力本位”的培训包模式甚至连传统学徒制少量基础理论的获得也破坏了。传统的学徒制在很大程度上依赖经验性知识，

① 陈宝珠. 基于澳大利亚培训包体系对职业能力开发的思考［J］. 职业技术教育，2010（31）28：88-92.

图 1—5 “Knowing What”与“Knowing How”是不同的

即缄默知识（Tacit Knowledge），构筑莱芙和温格（Lave &Wenger）所描述的“实践共同体”（Community of Practice）。学徒通过模仿及社会化从新手逐渐成长为特定行业的能手。培训包则把工作拆分为一个个小块，将能力要素生硬地组合成单元能力，然后通过模块的方式，针对某一项具体的任务训练人的机械性技艺。由此可见，培训包体系与英国的功能行为主义模式没有本质的区别，以就业为目标，强调技能和当前工作（或任务）的匹配，是基于行业需要的迅速反应进行任务或工作特定化的就业培训。

澳大利亚对培训课程提出了最低的能力测试考核要求。具体做法是：建议教师采用 12 种标准测试方法中的某几种作为对课程的考核手段。这 12 种考核方法是：观测、口试、现场操作、第三者评价、证明书、面谈、自评、提交案例分析报告、工件制作、书面答卷、录像、其他等。这些方法的综合运用，比之单用试卷的考核方法，更能反映出学生的实际能力。

四、日本职业能力评价制度

正确评价劳动者的技能水平，已被当作日本政府促进职业能力开发工作的一个重点。为此，日本特别制定了职业能力评价制度。职业能力评价制度主要由六个部分组成，其核心是技能考核制度、企业内部技能考核及技能认定制度。另外，还有老年护理服务技能考核制、事务处理技能考核制和办公

自动化技能考核制。

（一）技能考核制度

技能考核制度是对有技能、知识的劳动者按照一定标准进行考核，由日本劳动省根据《职业能力开发促进法》实施的国家考核制度。这项制度开始于 1959 年，目前已发展到 130 多个工种，技能考核合格者已达 170 万人。

技能考核的具体实施方式是，劳动大臣将编写考试试题的工作委托给中央职业能力开发协会，具体的考核工作则委托给各都、道、府、县实施。各都、道、府、县将收集考试报表、举办考试等具体业务委托其下设的职业能力开发协会。

技能考核分为特级、一级和二级，以及不划分等级的单一等级。各等级水平分别为：特级合格者达到管理人员或监督人员应具有的技能水平；一级和单一等级合格者达到高级劳动者的技能水平；二级合格者达到中级水平。

技能考核分为“实际操作考核”和“专业理论考核”两个部分，由各都、道、府、县的职业能力开发协会实行。“实际操作考核”提前公布试题，考核时间一般为 4～5 h，根据工种不同，规定标准截止时间和最晚截止时间。另外，有的工种还进行考核实际判断能力的要素考核及笔试。专业理论考核时间是 2 h，全国统一在同一天同一时间进行。两部分考试都合格者将由劳动大臣颁发特级、一级和单一等级证书，由各都、道、府、县知事颁发二级证书，这些劳动者被称为“技能士”。技能考核制度是国家考核制度，此外还有在日本“职业能力评价制度”中占重要地位的由劳动大臣批准的“企业内部技能考核制度”。

（二）企业内部技能考核制度

企业内部技能考核制度是企业根据自定的审核标准，为鼓励对技能振兴做出贡献者，于 1984 年创设的。考核的主要内容包括技术革新带来的尖端技能和在国家技能考核制度中未被包括的企业特需的技能两大部分。目前共有 106 个考核工种、18 个企业获得了进行企业内部技能考核的资格。

（三）技能认定制度

作为技能考核制度的补充，职业能力评价制度中还包括一项鼓励对技能振兴做出贡献的劳动者而设立的“技能认定制度”，于1973年开始实行，目前有17个考核工种。总体上说，日本的“职业能力评价制度”基本上概括了所有日本现有的技能工种，无论是世界通用的工种（如机械加工、印刷、纺织等），还是具有日本民族性的工种（如和服制作、日本木制窗门制作等），表现出日本政府对职业能力开发工作的重视。另外，在财政上，日本政府还制定了有关法律、法规，对“职业能力评价制度”提供资金援助。根据《职业能力开发促进法》制定的《生涯能力开发给付金制度》明确规定了政府对企业提供三项培训资金援助，其中一项就是“技能评价促进给付金”，这是为使中小企业、社会团体有足够的资金实施“企业内部技能考核制度”和“技能认定制度”而设立的。日本政府为促进职业能力的开发和提高，还非常重视举办多层次的技能竞赛宣传活动。主要有：卓越技能者表彰制度、全国综合技能展、全国技能竞赛大会、国际青年奥林匹克技能竞赛、一级“技能士”全国技能竞赛大会等。

五、英国职业能力评价制度

相对其他发达国家，英国的职业技术教育的滞后曾一直为国人所诟病，成为英国经济发展的障碍。从20世纪末开始，英国政府采取了一系列发展职业教育的措施，取得了明显的成效。特别是英国政府各部门在职业核心技能的研究、开发和培养方面取得显著成效，通过重构英国的职业教育体系，增强了劳动者的职业素质，提高了人力资源竞争力。1999年英国国家资格与课程委员会（QCA）认定了六种核心技能，即交流、数字应用、信息技术、与人合作、学习和业绩的自我提高及解决问题的能力[①]，如图1—6所示。规定前三项是“主要的”或“硬的”核心能力，是国家职业资格证书课程必修课，后三项属于“更广泛的”或“软的”核心能力，要求相对较低，未被要求强

① 戚文革，孙文武，赵洪成，王鹏. 英国职业教育核心技能标准体系［J］. 中国冶金教育，2006（5）：80-84.

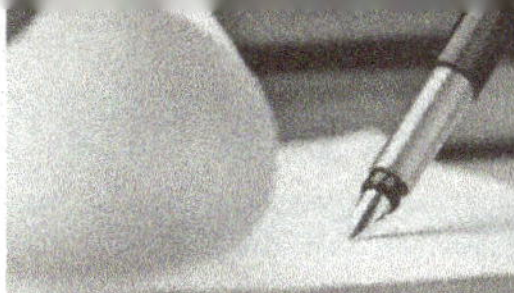

制培养。

图 1—6　六种核心技能

（一）英国核心技能标准体系构成及解读

经过多年的开发研究，英国制定了核心技能国家标准体系（见表 1—2），这套体系由六项核心技能组成，每项技能分成五个等级（见图 1—7），每个等级具有共同的要素。核心技能 1～4 级各有一套标准，第五级单独有一套标准（要素）。

表 1—2　　核心技能标准体系

单项核心技能									
A 部分（应当知道）					B 部分（必须会做）				
一级	二级	三级	四级	五级	一级	二级	三级	四级	五级
要素 ABCD	要素 ABCD	要素 ABCD	要素 ABCD	要素 ABCD	要素 ABCD	要素 ABCD	要素 ABCD	要素 ABCD	要素 ABCD

对应每一项核心技能的标准（要素）由四部分组成（见图 1—8）：

A. 简要概述核心能力的内容，特别是相关级别的具体内容。

B. 描述考生必须知道该做什么（A 部分）。

C. 概述考生应该展示他们会做什么（B 部分）。

D. 对 A 部分定义的知识和技能提供简要的指导及举例说明，同时对提供证据给出一些有用的建议。

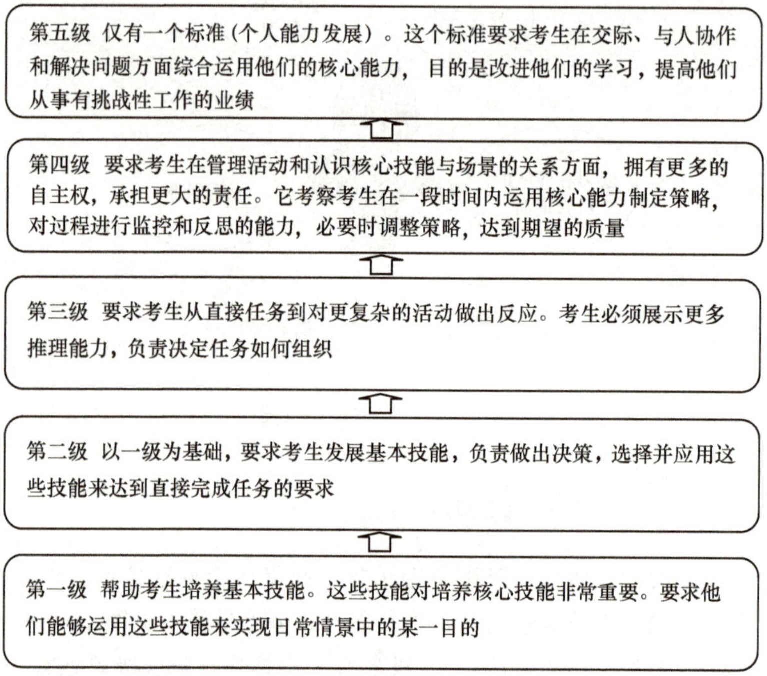

第五级 仅有一个标准（个人能力发展）。这个标准要求考生在交际、与人协作和解决问题方面综合运用他们的核心能力，目的是改进他们的学习，提高他们从事有挑战性工作的业绩
第四级 要求考生在管理活动和认识核心技能与场景的关系方面，拥有更多的自主权，承担更大的责任。它考察考生在一段时间内运用核心能力制定策略，对过程进行监控和反思的能力，必要时调整策略，达到期望的质量
第三级 要求考生从直接任务到对更复杂的活动做出反应。考生必须展示更多推理能力，负责决定任务如何组织
第二级 以一级为基础，要求考生发展基本技能，负责做出决策，选择并应用这些技能来达到直接完成任务的要求
第一级 帮助考生培养基本技能。这些技能对培养核心技能非常重要。要求他们能够运用这些技能来实现日常情景中的某一目的

图 1—7 核心技能的五个等级

A
简要概述核心能力的内容，特别是相关级别的具体内容
B
描述考生必须知道该做什么（A部分）
C
概述考生应该展示他们会做什么（B部分）
D
对A部分定义的知识和技能提供简要的指导及举例说明，同时对提供的证据给出有用的建议

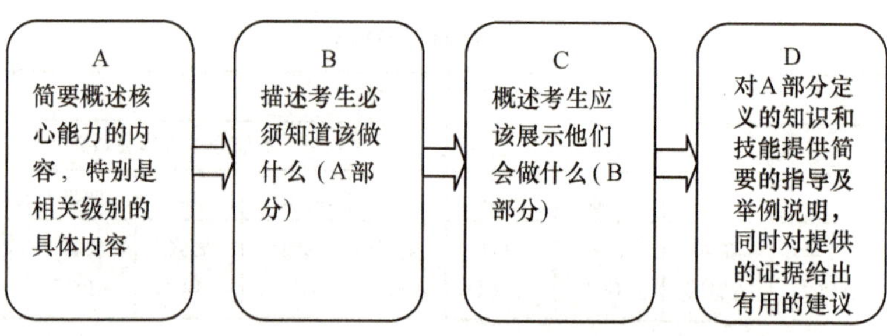

图 1—8 核心技能的四个标准（要素）

（二）英国核心技能的培训与考核认证

1. 核心技能的培训

核心能力的培训就是要培养考生具有胜任核心技能标准体系中 A、B 两部分所要求的任务的能力，就是要使考生具备与每项核心技能有关的“基本知识”和与标准有关的“思维能力”，“基本知识”的获取与“思维能力”的训练是核心技能培训的基本模式。

2. 核心技能的考核认证

英国已经确定了 21 个核心技能考核认证机构，主要对交流、数字应用及信息技术三项技能进行考核。核心技能的考核以标准为依据，以证据作为考核技能水平的手段。考核测试时间一般为 1～1.5 h。测试内容依照核心技能标准中要素的等级要求进行实践活动设计，每一具体的考核活动中可以包含不同技能中的不同要素，也就是说不必将每一要素中的每一条标准挑出来逐一进行考核，可以用一个活动获得多个要素的考评证据。

（1）核心能力考核评估的证据。核心能力的评估证据主要由学生和教师协商、咨询，并通过开展相关的教学活动，如专题讨论、项目调研、案例研究、实验室试验、企业实习、社会调查和项目设计、行业分析、采访等活动来积累评估证据，并把这些证据装入每个学生自备的证据夹中，以备教师和评估人员评估时使用，证据收集主要有以下四种：

1）书面证据。书面证据包括项目调查报告、来往信函、口头和书面汇报资料、纸做的图片和表格、各项活动的筹备计划、最终计划和实施进度、财务记录、可行性研究报告、团队活动工作资料等。

2）人工制品。人工制品包括现场或实验操作照片、两维或三维的艺术作品或设计作品、生产的产品、录音带或录像带等。

3）所取得的资格证书、能力证书或业务证书。

4）旁证资料。旁证资料包括由雇主或提供工作岗位的人员所出示的书面现场观察证据、用于调查学生服务满意度的客户调查问卷、其他人员所出示的辅助性的能力证明材料。

（2）核心能力考核评估的步骤。从英国核心能力在职业教育课程的实施过程来看，可分为四个步骤：

第一步，确定核心能力的单元及各单元的能力要素和操作标准。

第二步，根据指定需要完成的任务和核心能力的等级，决定要收集的核心能力证据材料的形式和数量。

第三步，收集证据材料。

第四步，判断证据材料是否符合每一个能力要素的操作标准。

考核中最重要的工作就是就证据的有效性、真实性、客观性、时效性、充分性五个方面进行评判。

(3) 核心能力考核评估的方式。核心能力的评估方式主要包括自我评估、内部评估和外部评估。

自我评估是学习者根据能力标准和要求对自我评价提供合理的、有说服力的依据。

内部评估一般由教师进行，主要对学生在学习、讨论、调研、实习等活动中积累的证据进行评估。教师对学生证据夹进行评估要考虑和检查其是否符合有效性、真实性、客观性、时效性、充分性的原则，同时还要考虑学生收集证据时所表现出的独立性和创造性，教师不能只看学生收集证据量的大小，更应该看证据是否满足评分标准的要求及其质量如何。良好和优秀等级的评定标准更侧重于学生所收集证据的质量。

外部评估由颁发资格证书的机构指派专门的评估人员采取不同的评估形式对学生进行评估和打分，一般采用座谈、实际工作、案例分析或制定作业等形式。

对核心能力评估的原则是公平、公正、公开和机会平等。无论是内部评估的教师还是外部评估的评估员都要按照标准为学生划分出四个等级，即优秀、良好、合格和不合格，并且做到评分标准公开化、评分信息公开化、评价方法公开化，以保证每一个学生得到平等的对待和机会。考核合格者可获得核心技能证书。

从各个发达国家职业教育中能力评价制度和实施方式来看，有很多方面值得我国职业教育领域借鉴。我国的职业资格证书制度实施的时间还不长，在职业分类、职业标准的制定，职业技能评价的法律法规体系、制度体系、管理体系的建设上还有很多不完善的地方。因此，有必要在研究与借鉴世界先进国家正反两方面经验的基础上，结合我国的具体实践做出科学、合理的设计和安排。

首先，国家应加强职业能力评价的法律法规体系建设，做到有法可依。美国、日本等发达国家都非常重视立法在职业能力评价体系建设中的作用，

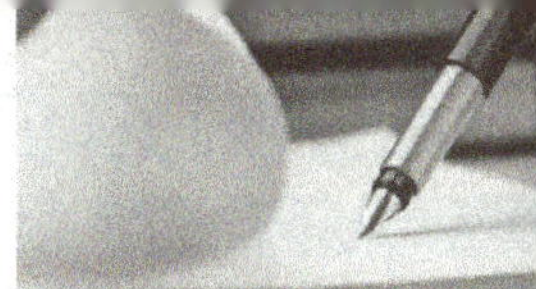

都颁布了相关的法律法规，以保障各项制度、措施的落实。在这方面，我们往往以政府文件代替法律法规，缺乏法律的严肃性和规范性，不利于职业能力评价制度的建立与完善。

同时，国家有关部门应在职业技能评价工作中注意发挥总体设计和宏观调控的功能。应从国家层面研究制定职业技能评价工作的整体规划，形成清晰思路，减少盲目性。比如，进一步对职业分类标准进行科学化、规范化；建立完备的职业技能标准，创新职业技能标准的评价方法；优化职业技能评价的机构运转、工作程序、经费来源和管理办法；建立系统化的与职业技能评价有关的培训及其管理等。美国等一些发达国家特别重视国家在制度建设、标准建设、认证的程序方法、认证的机构设置与管理、相关的科学研究等工作中的作用，抓住职业资格认证与评价中的关键环节，而将培训等工作完全交给学校或各种培训机构来完成。因此，我国职业能力评价方面还要加强宏观调控，加强对职业技能评价工作的指导与监督，及时发现并解决问题，调整工作中的各种偏差，以确保这项工作的顺利进行。政府只有扮演好“乐队指挥”的角色，调动与协调好社会各方面的力量，才能推动我国职业教育评价制度和人才质量评价方法的创新发展。

第三节　职业能力评价的现状

职业能力评价，是通过一种或多种途径取得职业活动绩效的证据，并把这些证据对照特定职业能力标准，来判断职业能力水平的过程。确定能力标准、收集能力表现的证据和根据能力标准做出判断是职业能力评价的三个核心环节。

职业能力只能在工作情境中通过实践获得，因此严格地说，职业能力评价也必须在真实的工作环境中通过实践进行。在不同的国家和社会环境下，职业能力的传授途径和方式、职业能力评价的政策环境、制度体系均存在很大差异。这就决定了职业能力的证明和鉴定是非常困难的。但不同的职业能力评价体系都离不开能力标准、能力证据和判断方法这三个核心环节，因此，我们可以从这三个方面来纵观国内外职业能力评价研究和应用的现状，以及取得的成果，以从中获得有益的参考和启发。

一、职业能力标准的研究

（一）典型的能力模型

1. 关键能力模型

职业能力概念的提出最早可以追溯到20世纪70年代，1974年，德国社会教育学家梅腾斯（Mertens）在《关键能力——现代社会的教育命题》中提出，教育要培养“为明天工作的人”，“为明天工作的人”要具备“关键能力”，由此产生了“关键能力”的概念。关键能力的提出对于20世纪70年代的德国增加就业机会、避免失业起到了积极作用。

关键能力提出的背景具体可归纳为三个方面：一是劳动力市场的日益变化多端，使得个人“职业预测”的不确定性大大增加；二是特定的职业性能力在很多岗位发挥的作用有限，而“非职业性能力”的作用越来越明显；三是当时劳动生产过程变革和企业在竞争环境中的创新发展，需要员工具备“关键能力”。如果说20世纪70年代初提出的“关键能力”是“学会生存”和“生涯教育”的需要，那么，20世纪80年代中期这一概念的大讨论，则是“学会学习”教育目标的体现，到了20世纪90年代，这一概念则成为德国职业教育最终目标之一。而在21世纪，“关键能力”的培养已经成为全世界职业教育界和产业界共同认可的培养目标。在德国的职业教育能力培养体系中，综合职业行为能力包括专业能力、方法能力、社会能力和个人能力，综合职业行为能力的培养是其教育与培训中所要达到的终极目标[①]（见图1—9）。

“关键能力”常被称为跨职业能力，指的是具体的专业能力以外的能力，超出了专业技能和知识的范畴，是方法能力、社会能力和个人能力的进一步

① 吕景泉. 德国职业教育中的关键能力培养［J］. 世界教育信息，2007，7：14-16，93.

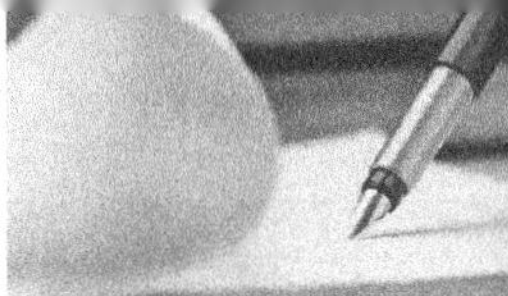

图 1—9 综合职业能力与其他能力的关系

发展。这种能力在从业者的未来发展中起着关键性作用，是从业者的综合职业行为能力的重要组成部分。如果从业者具备了这种能力，并内化成为自身的基本素质，那么，当职业发展变化或劳动组织发生变化时，就能够从容地在变化的环境中重新获取未来的职业技能和知识，实现可持续的自我发展。

2. 胜任力素质模型

近年来，随着全球化、信息化进程的加速，企业的生存环境和人力资源管理要求正在发生深刻的变化。这些变化直接影响市场、企业对员工素质评判的理念和标准，这就使人们越来越意识到传统的以工作分析（岗位）为基础的人力资源管理模式难以为组织的持续、稳定发展提供充分的保障。在此背景下，胜任力理论和基于胜任力的人力资源管理理念得到了越来越广泛的关注，经过大批学者在理论领域的探索和 McBer、Hay Group 等专业咨询公司的市场推动，胜任力素质模型已经成为企业人力资源开发和管理的热点。据统计，已有超过半数的《财富》500 强企业将胜任力素质模型应用于人力资源开发。另外，这一理论和方法还被广泛应用于政府公共部门。

（1）胜任力的含义。“胜任力”一词源于英文 competency 或 competence，除了译为胜任力之外，也有胜任能力、胜任特征、胜任素质等译法，在实际应用中含义并无明显区分。目前，对胜任力的定义纷繁复杂，尚不统一。典型的观点是 1973 年由哈佛大学教授麦克里兰（McClelland）提出的，他提出胜任力是绩效优秀者所具备的知识、技能、能力和特质。即决定一个人在工作上能否取得好的成就，除了拥有工作所必需的知识、技能外，更重要的取决于其深藏在大脑中的人格特质、动机及价值观等，并由此建立胜任力素质模型①。斯宾塞（Spencer）认为胜任力是能可靠测量并能把高绩效员工区分出来的潜在的、深层次特征；麦理根（Mclagan）则认为胜任力是足以完成主要工作的一连串知识、技能与能力。

如果我们在某一现实领域和特定应用场合来审视胜任力，或许可以建立更客观清晰的认识。比如商业环境中，一般将胜任力定义为：在既定的岗位、角色、组织和文化中，驱动一个人产生优秀工作绩效的各种个性特征的集合。胜任力决定了一个人能否胜任或者很好地完成工作任务。每一项胜任力都与特定的行为表现相联系。如图 1—10 所示。

图 1—10　胜任力具有特定的岗位、角色、组织和文化背景

① 林颖．我国胜任力研究十年［J］．中国浦东干部学院学报，2010，4（3）：84-89．

（2）胜任力的构成

1）冰山模型——斯宾塞将个人的胜任特征比喻为一座冰山：知识、技能是冰山之角，而个体素质（比如自信、创造力、同情心、进取心等）则是冰山隐藏在水里的更大部分。在该模型中，人的素质有六个层面：分别是知识、技能、社会角色、自我概念、特质、动机。其中知识和技能是属于裸露在水面上的表层部分，是对任职者基础素质的要求，但它不能把表现优异者和表现平平者区分开来。社会角色、自我概念、特质和动机等属于潜藏于水下的深层部分的素质，该部分称为鉴别性素质，它是区别绩效优异者与平庸者的关键因素。如图 1—11 所示。

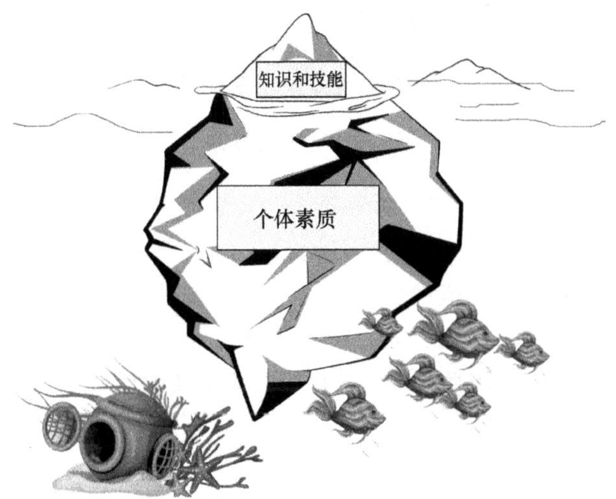

图 1—11　冰山模型

2）洋葱模型——布雅吉（Boyatzis）提出了“洋葱模型”，模型中的各核心要素由内至外分别是动机、个性、自我形象与价值观、社会角色、态度、知识、技能等，该模型展示了胜任力构成的核心要素，并说明了各构成要素可被观察和衡量的特点，如图 1—12 所示。

在冰山模型和洋葱模型的理论基础上，有关一项胜任力的组成结构，存在两种不同的观点。一种观点是以 HAY 公司为代表提出的，认为“一项胜任力会覆盖冰山模型中的多个或全部层级，包含了知识、技能、价值观、自

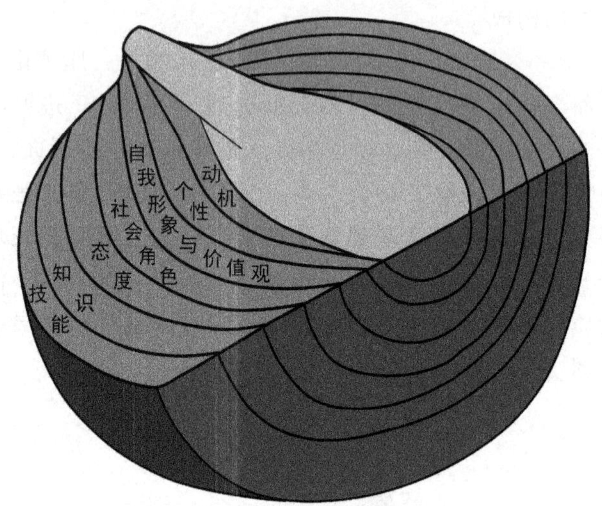

图 1—12　洋葱模型

我形象、动机等各层级要素”。另一种观点认为，每一项胜任力都可归属于冰山模型中的某一层级类别，有的胜任力属于知识层面，有的胜任力属于技能层面，有的胜任力属于价值观层面。回归本源来看，胜任力是经行为分析而提炼的，行为的产生是动机、自我概念、价值观、态度、知识技能共同作用的结果，行为背后的胜任力应该是结构化的多层要素的综合。

（3）胜任力模型的构建。在胜任力研究与应用中，胜任力概念是通过胜任力模型来表现的。胜任力模型（Compe-tencies Model）是指担任某一特定的任务角色所需要具备的胜任力的总和[①]。不同的企业，因为其组织结构、业务模式、所处行业等方面迥异，所以对员工的胜任力要求不可能相同。即使是同一家企业，处在不同的发展阶段，其胜任力模型也可能会发生变化。通常，一个完整胜任力模型包括：胜任素质名称、定义、维度、行为等级及其描述。构建量身定做的胜任力模型是组织的人力资源规划、员工绩效考核、晋升及培训等实务的基础环节。

常用胜任力建模方法的基本思路是：分析某一岗位上高绩效成员与一般

① 时勘，王继承，李超平. 企业高层管理者胜任力模型评价的研究 [J]. 心理学报，2002，34（3）：193-199.

成员的关键行为，寻找他们的关键差别，从而确定胜任力构成。建立胜任力素质模型一般有四种方法：BEI（行为事件访谈法）、战略演绎法、标杆研究与参考法、基于数据库的选项法。在实践中，胜任力模型构建会综合多种方法（见表1—3）。

表1—3　　胜任力素质模型方法

方法	操作说明	优点	缺点
BEI（行为事件访谈法）	通过对大批人员进行行为事件访谈，收集数据，进行统计分析，并形成胜任素质模型	有充实的行为数据来支撑胜任素质模型的有效性、精准性和客观性	对技术要求较高，投入较大；不能采集战略素质信息；若访谈样本有限，会造成样本量不足，影响分析的结果
战略演绎法	根据企业的战略进行分解、岗位任务反推，通过研讨会得出关键素质，并形成每个素质的定义和层级	所建立的胜任素质模型能体现出未来战略的导向性和牵引性	缺乏实际的行为数据来支撑胜任素质模型的有效性；所获得的素质特征不全面
标杆研究与参考法	根据同行业、同类型岗位的标杆企业素质模型，进行参考、调整、验证后转化为本企业模型	所有的素质经过分析、比较和研究后，相对来说较成熟，可操作性强	缺乏本公司的特性；没有实际行为数据支撑
基于数据库的选项法	根据咨询机构的素质模型数据库，采用问卷形式调查本企业的适合素质，调整转化为本企业模型	简易、便捷、成本低	精确度不高

以胜任力为核心的能力发展体系可以作为人力资源管理的基础，持续贯穿于人力资源管理的整个流程。胜任力模型为企业的工作分析、招聘、薪酬、考核、培训开发、职业发展提供强有力的依据，是现代人力资源管理的新基点和有效工具。

3. PISA能力模型

国际学生评价项目（Programmer for International Student Assessment,

PISA）是由联合国经济合作与发展组织于1997年开始组织实施的一项国际性学生学业成就的比较调查项目，用于评价15岁学生在义务教育将近结束阶段的知识、技能和能力。PISA评价始于2000年，其能力模型中包含三个评价主题：阅读素养、数学素养和科学素养。采用循环式的评价，每三年一次，以纸笔方式考查学生的阅读、数学和科学素养。每次评价以一种素养为主、其他两种素养为辅。如2000年主要评价阅读素养，2003年和2006年则分别主要评价数学和科学素养，以此类推进入下一个循环。PISA的评价工具具有良好的信度、效度和可比性，为我们提供了15岁学生知识与技能的基本图景，提供了学生表现及其影响因素的关系，已经成为参与国进行教育决策的指示器。

PISA对阅读、数学和科学素养的测量依据三个标准：熟知知识的内容或结构；阐释所掌握的信息；应用所学的知识和技能。三个主题的主要内容如下①。

（1）阅读素养。指理解、使用和反思文本的能力，以此达成个人目标，发展个人的知识与潜力，参与社会生活。按情境可将阅读项目划分为：为了个人应用而阅读；为了教育而阅读（如为了学习而阅读）；为了职业而阅读；为了公共事业而阅读。对学生阅读素养测评的内容包括：形成广义的、总体的理解；寻找信息；解释原因；思考文本的内容；思考文本的形式。

（2）数学素养。指一种个人能力，学生能确定并理解数学在社会中所起的作用，得出有充分根据的数学判断并能够有效地运用数学。PISA从数学技能、主要的数学概念、数学课程、数学情境四个方面展开。其中数学技能包括数学思考、数学论证、数学建模、提出问题并解决问题、表达和交流观点及使用工具等方面的能力。主要的数学概念有机会、变化和增长、空间和形式、数理推理、不定性、从属性关系等。传统数学课程中的代数学、函数、几何学、概率、统计学、离散数学等是PISA数学素养评估的一小部分。PISA将评估集中在个人的、教育的、职业的、公共的和科学的五个情境中。

（3）科学素养。指学生能利用科学知识确定问题并根据证据得出结论，

① 何一鸾，邓鹏. 走近PISA——国际学生评价项目综述［J］. 江苏教育研究（理论版）. 2008，8：61-64.

理解自然世界及人类活动对自然产生的影响，并据此做出相应的决策。PISA围绕科学的三个方面来展开：①科学概念。学生需要掌握一定数量的关键概念，从而可以理解自然世界中确定的现象和人类活动所导致的变化，内容涉及物理、化学、生物学、地球和空间科学等。②科学方法。包括：科学地确定可研究的问题；鉴别所需要的证据；得出或评价结论；交流有效的结论和对科学概念理解的演示。③科学情境。PISA重点选择了个人、家庭、社区、世界生活四个层次上的科学情境，以尽可能准确地评价学生运用从科学课程中获得的科学知识的能力。

随着PISA的参赛规模扩大和国际影响力不断提升，未来PISA在完善阅读、数学和科学素养三个核心项目的同时，还将进一步评价学生的核心能力：①交互式地利用工具的能力，包括利用语言、符号和文本，利用知识、信息和技术等；②与不同类型的群体相互作用的能力，包括与他人建立良好的关系，合作、处理和解决冲突；③自主行动的能力，包括在大的构想中行动，建构和制订生活计划和个人设计，保护和声张权利、兴趣、不足及需要等。通过对这三种核心能力的评价和反馈，促进学生积极、有效地生活与参加社会活动。

由于互联网的深入应用和相关产品的大众化、信息化和新的交流方式在社会和人际关系中正发挥着越来越大的影响力，正快速地改变着人们的工作、学习和生活的方式，因此，未来PISA还将增加信息与交流技术（Information and Communication Technology，ICT）素养的评价[①]。ICT素养的定义为：个人对适当地应用数字技术和交流工具来访问、管理、整合和评价信息、构建新的知识、与其他人交流，以便有效地参与社会活动的兴趣、态度和能力。在目前的PISA评价中，ICT的评价仅用5 min，内容局限于学生对计算机的兴趣、运用计算机的态度和能力的自我评价等，没有充分测量学生的计算机知识与技能。以后，PISA将建立ICT素养评价的框架，并对把ICT素养评价作为主要评价内容的可行性进行调查、分析和试评价。

4. 多元智能理论模型

---

① OECD. Are Students Ready for a Technology-Rich World? —What PISA Studies Tell Us. Paris：OECD，2005：11.

传统上，学校一直只强调学生在逻辑（数学）和语文（主要是读和写）两方面的发展，但这并不是人类智能的全部。不同的人会有不同的智能组合，例如：建筑师及雕塑家的空间感（空间智能）比较强，运动员和芭蕾舞演员的体力（肢体运作智能）较强，公关的人际智能较强，作家的内省智能较强等（见图1—13）。美国哈佛大学教育研究院的心理发展学家霍华德·加德纳（Howard Gardner）从研究脑部受创伤的病人发觉到他们在学习能力上的差异，以此为启发，在其1983年出版的《心智的架构》（《Frames of Mind》）一书中提出了多元智能理论，即“不同的人有不同的智力组合”的观点，书中指出，人类的智能至少可以分成八种类型：言语语言智能、数理逻辑智能、视觉空间智能、肢体动觉智能、音乐节奏智能、人际交流智能、自知自省智能、自然探索智能，不同的个体按照智力特征对各项能力赋予不同的权重。

图1—13　人的智能是多元化的

（1）言语语言智能。这种智能主要是指有效地运用口头语言及文字的能力，即听说读写能力，表现为个人能够顺利而高效地利用语言描述事件、表达思想并与人交流的能力。这种智能在作家、演说家、记者、编辑、节目主持人、播音员、律师等职业上有更加突出的表现。

（2）数理逻辑智能。从事与数字有关工作的人特别需要这种有效运用数字和推理的智能。他们学习时靠推理来进行思考，喜欢提出问题并执行实验以寻求答案，寻找事物的规律及逻辑顺序，对科学的新发展有兴趣。他人的言谈及行为也成了他们寻找逻辑缺陷的好地方，对可被测量、归类、分析的事物比较容易接受。

（3）视觉空间智能。视觉空间智能强调人对色彩、线条、形状、形式、空间及它们之间关系的敏感性很高，感受、辨别、记忆、改变物体的空间关系并借此表达思想和情感的能力比较强，表现为对线条、形状、结构、色彩和空间关系的敏感及通过平面图形和立体造型将它们表现出来的能力。能准确地感觉视觉空间，并把所知觉到的表现出来。这类人在学习时是用意象及图像来思考的。

空间智能可以划分为形象的空间智能和抽象的空间智能两种能力。形象的空间智能为画家的特长，抽象的空间智能为几何学家的特长，而建筑学家形象和抽象的空间智能都擅长。

（4）肢体动觉智能。善于运用整个身体来表达想法和感觉，以及运用双手灵巧地生产或改造事物的能力。这类人很难长时间坐着不动，喜欢动手建造东西，喜欢户外活动，与人谈话时常用手势或其他肢体语言。他们学习时是通过身体感觉来思考的。

这种智能主要是指人调节身体运动及用巧妙的双手改变物体的技能。表现为能够较好地控制自己的身体，对事件能够做出恰当的身体反应及善于利用身体语言来表达自己的思想。运动员、舞蹈家、外科医生、手艺人都有这种智能优势。

（5）音乐节奏智能。这种智能主要是指人敏感地感知音调、旋律、节奏和音色等的能力，表现为个人对音乐节奏、音调、音色和旋律的敏感及通过作曲、演奏和歌唱等表达音乐的能力。这种智能在作曲家、指挥家、歌唱家、乐师、乐器制作者、音乐评论家等人员那里都有出色的表现。

（6）人际交流智能。人际交流智能，是指能够有效地理解别人及其关系、与人交往的能力，包括四大要素：1）组织能力，包括群体动员与协调能力；

2）协商能力，指仲裁与排解纷争能力；3）分析能力，指能够敏锐察知他人的情感动向与想法，易与他人建立密切关系的能力；4）人际联系，指对他人表现出关心，善体人意，适于团体合作的能力。

（7）自知自省智能。这种智能主要是指认识到自己的能力，正确把握自己的长处和短处，把握自己的情绪、意向、动机、欲望，对自己的生活有规划，能自尊、自律，会吸收他人的长处。会从各种回馈管道中了解自己的优劣势，常静思以规划自己的人生目标，爱独处以深入自我的方式来思考。喜欢独立工作，有自我选择的空间。这种智能在优秀的政治家、哲学家、心理学家、教师等人员那里都有出色的表现。自知自省智能可以划分为两个层次：事件层次和价值层次。事件层次的自知自省指向对于事件成败的总结；价值层次的自知自省将事件的成败和价值观联系起来自审。

（8）自然探索智能。能认识植物、动物和其他自然环境（如云和石头）的能力。自然智能强的人，在打猎、耕作、生物科学上的表现较为突出。自然探索智能应当进一步归结为探索智能。包括对于社会的探索和对于自然的探索两个方面。

除以上八种智能外，还有后来研究者们提出的“存在智能”，即人们表现出的对生命、死亡和终极现实提出问题，并思考这些问题的倾向性。

我们还可以从其他角度对人的智能进行分类：

第一类，记忆力。对于事物的记忆力，包括短期和长期的记忆力，形象和抽象的记忆力等。

第二类，形象力。在记忆的基础上形成形象的能力。也可以说是感性认识能力。

第三类，抽象力。在形象的基础上形成抽象概念的能力。也可以说是理性认识能力。

第四类，信仰力。在形象和抽象思维的基础上形成对于人生和世界总的观念的能力。

第五类，创造力。形成新的形象、理论、信仰的能力。

利用多元智能理论，可以按照职业的典型智力特征区分职业的类型和层次，建立能力发展或潜在能力发展的空间，帮助我们对各个特定职业或工作领域所需要的能力进行更为精准的描述。很显然，多元智能理论是与传统的关键能力理论有着本质区别的一种理论，在这一新的理论框架下，对人的能力内涵和评价标准都需要进行革新。

5. KOMET 二维能力模型

2006 年，德国科委设立了“个人学习成果与教育过程控制测量能力模型”重点研究课题，该课题组建立的 KOMET 能力模型，是一个跨职业领域的能力结构模型，包含两个维度，一个维度是能力要求，即“能力的级别”；另一个维度是“能力的内容结构”。根据这一模型，可以按照“从初学者到专家”四个职业能力发展的逻辑规律确定出职业的典型工作任务，并对其进行归类，如图 1—14 所示。

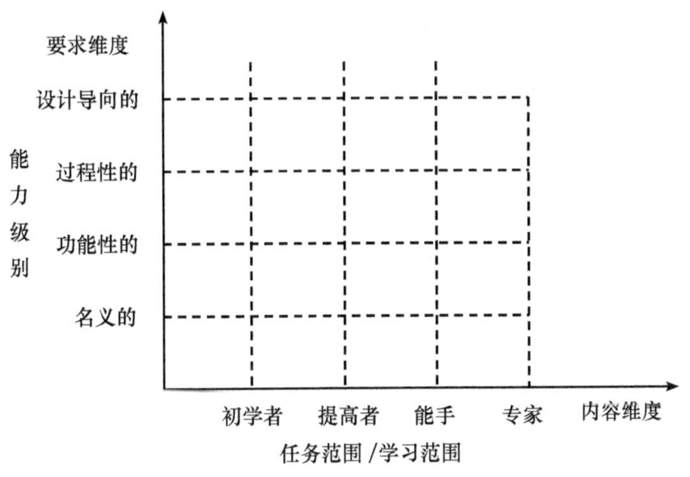

图 1—14　KOMET 二维能力模型

按照职业教育培养目标和学习范围，可以将职业能力的能力水平从低到高划分为四个级别，即名义能力、功能性能力、过程性能力、整体化设计能力[①]，各个能级的具体含义见表 1—4。

① 费利克斯·劳耐尔，赵志群，吉利．职业能力与职业能力测评——KOMET 理论基础与方案［M］．北京：清华大学出版社，2010：55-56.

表 1—4　　职业能力级别

能力级别	具体含义
名义能力	这是职业能力水平的第一层次，要求学生具备表面的、概念性的知识。按照职业行动能力理论，这些基础知识还不足以用来引导行动。在专业术语的理解方面，只要求学生可以以日常口语的形式运用即可
功能性能力	在这一级别的能力水平上，使用专业工具的技能，是所需的基本知识和技能，但不要求学生理解其相互之间的关系和对实际工作的意义。这里的专业性表现为与情境无关的专业知识及相应的技能。每个学生（或专业人员）利用这一级别的能力完成工作任务的情况是不同的，例如在工业领域，在技术含量高的和技术含量低的解决方案中体现的功能性能力有根本的不同
过程性能力	职业工作任务与企业的生产流程和工作情境息息相关。完成工作任务时，需要考虑到经济性、顾客导向和过程导向等多方面的要求，学生需要具备职业的质量意识。“过程导向”涉及工作过程知识，也关注由生产流程或企业组织发展过程产生的资格要求
整体化设计能力	该级别要求学生将工作任务放到整个系统中去认识，不但注意任务的复杂性，而且要考虑多样化的企业和社会环境条件及对于工作过程和结果的不同要求。完成工作任务是权衡不同利益与使用给定的技术可能性之间做出的一种妥协。设计能力是指从社会与可持续发展的角度，对职业工作任务进行反思并且发展多种设计的可能性的能力，它也包括职业教育中的普遍文化教育。设计能力是考虑到社会与可持续发展的情况下对职业工作任务进行反思并进行多种设计的可能性

按照 KOMET 能力模型，职业能力是职业教育成功的标志。与 PISA 对自然科学基础教育的“名义能力”（即所谓的“风险学生”所在的能力水平）定义相比，KOMET 的职业能力不包括名义能力。这意味着，第一级能力（名义能力）并不包括在职业能力的范围之内。那些在职业教育结束时只达到名义能力水平的学生，属于风险群体。风险群体的学生不具备足够的职业能力，无法达到职业教育的培养目标，即在职业教育结束后无法按照职业标准独立完成专业化的任务，而只达到了门外汉或初学者的水平，特别是他们不具备进一步接受职业继续教育（如专升本）的基础。

KOMET 能力模型在明确三个能力级别的基础上，建立了八项具体的能力指标，共同构成了对职业能力进行解释的框架，通过开放式的测试题目反

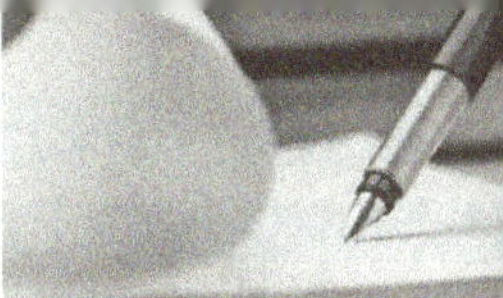

映这些典型工作任务，从量和质两方面确定某一测试成绩属于哪一能力级别。KOMET 能力模型体现了个人职业生涯的阶段性和职业能力的动态发展性，并实现了开放性的能力测评，代表了当前职业能力内涵的最新成果。

（二）职业能力指标体系

1. 英国职业核心技能标准体系

1999 年英国国家资格与课程委员会认定了职业教育中的六种核心技能，即交流、数字应用、信息技术、与人合作、学习和业绩的自我提高及解决问题的能力。规定前三项是“主要的”或“硬的”核心能力，是国家职业资格证书课程必修课，后三项属于“更广泛的”或“软的”核心能力，要求相对较低，未被要求强制培养。该模型突出职业培训的作用，对确定的、体现具体任务职责的技能和绩效进行考核鉴定。

2. KOMET 职业能力指标体系

在 KOMET 能力模型下，职业能力包含功能性能力、过程性能力、整体化设计能力三个能力等级，环保性、创造性等八个评价指标，每个指标都有确切具体的含义，是测评方案中评分指标建立的依据。如图 1—15 所示。

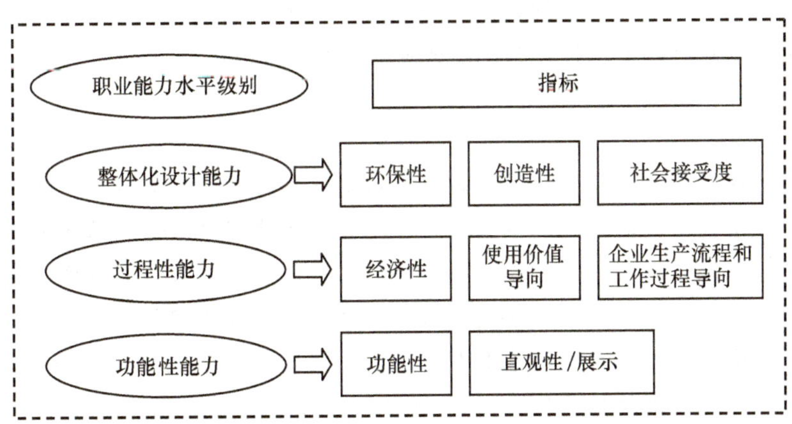

图 1—15　KOMET 职业能力级别和指标体系

3. 我国职业能力指标体系

21 世纪初，我国教育部文件中提出的职业能力是“综合职业能力”，即为一个人在现代社会中生存生活，从事职业活动和实现全面发展的主观条件，包括职业知识和技能，分析和解决问题的能力，信息接收和处理能力，经营管理、社会交往能力，不断学习的能力。这种认识的定位在兼顾企业需要的基础上，强调人的全面素质发展，借鉴了德国的思想。近年来，国内职业教育界重点围绕职业能力指标体系的构建，开展了各种研究和探索。典型的成果包括：从企业招聘需求角度建立的大学生职业能力测评指标体系；基于工作过程的职业能力指标体系；从宏观指标和微观指标两大部分建立高职学生职业能力评价指标，分别对应 2 个和 6 个一级指标及若干二级指标；包含基本素质、基本能力、专业能力、发展能力 4 项一级指标和 21 项二级指标、34 项三级指标的高职学生职业能力评价体系；定性与定量结合来构建大学生职业能力二级指标体系，并设计具体的测评方案。从现有研究情况看，各种职业能力评价指标体系突出了综合能力的评价，但在指标论证、权重的确定及体系的典型性方面有待完善。

二、职业能力的表现证据

明确职业能力内涵并建立能力模型后，职业能力评价的第二个环节是找到能体现能力的某种形式的证据，并确定证据的数据和收集途径。职业能力的证据主要包含以下三种类型，分别对应三种评价模式。

（一）基于行为样本的证据

行为样本的评价模式是学校教育评价的典型模式，一般在正规的学校或脱产培训机构中实施，典型的有考试、职业证书考核等。其基本假设是：职业能力可以通过有限的一些典型活动来体现（见图 1—16）；只要评价项目（行为样本）设计合理，完成这些评价项目所需的能力与实际工作所需的能力在很大程度上是等值的。其基本做法是，选取最能体现或代表所需职业能力的活动项目，让被评价者完成这些项目，然后根据项目完成的效率与质量，对照评价标准，做出职业能力水平的评价。每一评价项目都有明确的评价标准，以判断项目完成者是否具备了相应的职业能力。

基于行为样本证据的评价优点是评价项目数量大，形式规范，便于大规模实施，测量结果也容易处理，而且能全面鉴别多方面的职业能力。但也存

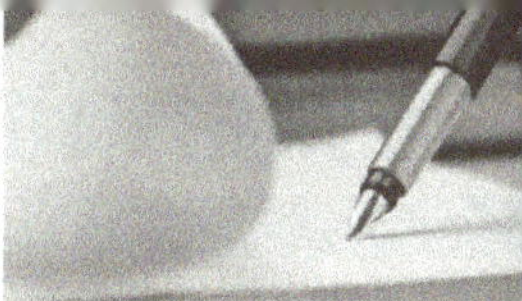

图 1—16　职业能力可以通过典型活动来体现

在一些突出的问题：一是最根本的问题，即职业能力的真实性问题，样本项目本身并非在实际工作情境中完成的，很多项目是虚构的，而不是实际的工作行为，因此大大限制了评价的有效性；二是单独的考试、测验形式，把职业能力划分为一个个独立的要素进行分项测评，因此不是对整体的、综合的职业能力进行测评，易陷入片面性，针对这一问题的改进方案是开展设计课题或综合作业，把许多能力要素都纳入一个综合性的任务或问题中；三是对每次考核都要全面记录，大多要人工完成，行为记录工作繁杂费时。

（二）基于真实工作任务执行的证据

基于真实工作任务执行的评价模式是企业在职培训最常用的模式。这种评价模式所需的证据，主要来自对被评价者在真实工作的现场观察记录或其他操作记录（产品、录像、服务追踪调查等），如图 1—17 所示。具体实施包括三个环节：一是通常从日常的真实工作情境中，综合考虑典型性、重要性、发展性等因素来筛选典型工作任务，以确保评价效度；二是由企业基层管理人员组织，由现场师傅来实施评价，即实践人员就是评价者；三是由评价组织者和执行者共同来核对记录的准确性，检查记录工作的细节，确认了评价证据的可靠性后对照已有的能力标准对被评价者的能力做出判断。

图 1—17　职业能力可以在真实工作现场中测评

来源于真实工作任务执行的证据最大的优点是可以确保评价项目的真实性，鉴别出的能力与实际工作的相关程度非常高。另外，与行为样本证据不同的是，工作现场观察的对象是完整的工作任务，而不是孤立的行为样本。但也有其局限性，首先，评价项目数量仍然是有限的，这不可避免地造成部分信息的丢失，带来评价的偏差。其次，需要现场工作人员直接参与能力评价的组织实施，涉及资源调配、人员协调、标准统一、组织保障等方面的问题，给企业的生产和运营带来额外的负担。对此，企业需要建立专门的技能评定小组，制定与企业整体生产计划配套的能力评价实施规划，根据评价任务、评价规模大小等有序组织评价，同时加强与高校和社会专门机构的合作。

（三）基于已有绩效的证据

一个人的职业能力状况不仅体现在具体的职业行动中，还体现在工作过程中获取的多种形式的绩效或成果中，如产品、典型事例、资格证书、奖励等。因此，我们可以基于被评价者已取得的绩效，依据制定的标准进行职业能力评判。这种评价模式获取证据的主要方式是查阅工作绩效记录，辅助方式是相关的追踪面谈、口头和书面提问、模拟操作等。评价组织者首先要明

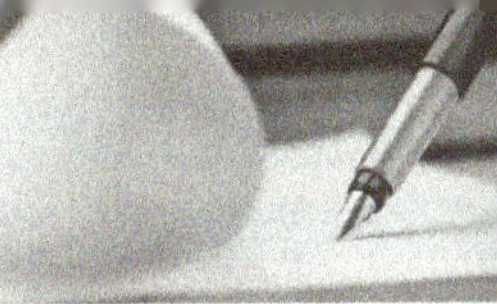

确职业能力的标准，并建立各个能力指标与具体绩效的对应关系、权重、范围，形成评价大纲；然后通过专题访谈、个人工作记录和人事档案查阅等途径，收集和整理证据，形成职业能力证据的个人资料库；最后由评价小组进行集中评审，确定能力等级。比如，对企业在职人员进行职业能力评价时，可以收集个人的设计产品、技能证书、所获各类奖励、突出事迹等作为绩效证据，然后进行综合评判。

该模式可以充分利用表现工作能力的各类资料或成果，主要通过能力档案进行评价，而不需要另外组织专门的评价项目，因此明显减少了评价工作量，节约了人力物力。同时，个人能力档案还可以帮助被评价者加深自我认识，进行工作经验总结。需要指出的是，这种形式的证据非常适合于较高层次的职业能力评价，如对企业管理层人员的评价，但不适合初级职业者或刚入职人员的评价。

以上三种表现职业能力的证据形式，各有其优势与劣势。基于行为样本的评价证据所及范围广泛，而且易于标准化，也便于同时对大量被评价者进行评价，突出的缺点是缺乏工作任务的整体性，且容易脱离职业实际。基于真实工作任务执行的评价能最大限度地保障能力评价的真实性，但因为项目数量有限，仍然存在偏差，且在企业现场开展，存在多方面的组织协调问题。基于已有绩效的评价证据来自个人工作表现的资料，适合于评价高级技能，但必须以评价者已有的工作表现为前提，因此仅适合职后培训或岗位评价，而不适合初级职业者和入门者的评价。因此，需要综合考虑被评价者的岗位类型、工作特点、职业层次等因素，并将多类证据有机结合，取长补短，以提高职业能力评价的准确性和科学性。

三、职业能力的判断方法

建立了职业能力模型，找到了表现职业能力的证据，实现职业能力评价的第三个环节就是如何根据能力证据和能力标准对职业能力等级进行评判，这就是职业能力的判断方法问题。此处从宏观和微观两个层面对职业能力的判断方法进行探讨。在宏观层面，主要关注国外有关职业能力评价的制度体系和政策保障；在微观层面，我们以最新的职业能力开放性测评为重点，阐述职业能力评价实施的技术要点。

（一）职业能力评价的宏观制度

1. 德国

德国职业教育实行“教考分离”考试考核办法，其《职业教育法》中对各种职业培训都规定了严格的评价标准、考试考核标准及实施的严格程序。按程序规定，职业学校或培训机构只负责教学和培训，全部考试考核都由德国各州教育主管部门和工商协会组织进行，并有相应的监督机制。一个学生若毕业当年考试不合格，可来年再考，但最多允许补考两次，凡经三次考试不合格的学生，终生不得再考该职业的资格证书，必须转学其他职业。这种办法有效保证了考试考核标准的统一和效果的公正，是获取职业资格证书的科学认定，也是教学效果和培训质量的公正评估。

2. 日本

正确评价劳动者的技能水平，已被日本政府作为促进职业能力开发工作的一个重点。为此，日本特别制定了职业能力评价制度，主要由六部分组成，其核心是技能考核制度、企业内部技能考核及技能认定制度三大部分。另外，还有老年护理服务技能考核制、事务处理技能考核制和办公自动化技能考核制。

3. 美国

美国职业能力评价体系主要包括国家技能标准制度（National Skill Standards Act，NSSA)、关键工作评价体系、职业群体系、职场成功技能体系和职业记录体系五种形式，其中NSSA是最主要的形式。NSSA于1994年3月由美国国会颁发，提出了开发与实施统一的国家技能标准、规范美国技能评价制度的要求，以解决技能评价工作中的混乱问题，最终从整体上提高劳动者职业能力水平。国家职业技能标准由基础标准、专业标准和特别标准三部分构成。

4. 英国

英国在建立的职业核心技能标准体系基础上，确定了21个核心技能考核认证机构，主要对交流、数字应用及信息技术三项技能进行考核。核心技能的考核以标准为依据，以证据作为考核技能水平的手段。核心能力考核评估的方式主要包括自我评估、内部评估和外部评估，考核合格者可获得核心技能证书。自我评估是学习者根据能力标准和要求对自己的评价提供合理的有说服力的依据。内部评估一般由教师进行，主要对学生在学习、讨论、调研、实习等活动中积累的证据进行评估。外部评估由颁发资格证书机构指派专门的评估人员采取不同的评估形式对学生进行评估和打分。内部评估和外部评估都要按照标准为学生划分出四个等级，即优秀、良好、合格和不合格，并且做到评分标准公开化，评分信息公开化，评价方法公开化。

（二）职业能力评价的技术途径

职业能力评价的具体途径和方法多种多样。德国在2007年开始实施的KOMET职业能力测评方案，以开放性测评题目为主要手段，并可以实现职业能力的国际比较，代表了当前国际职业能力评价的方向。如图1—18所示。

图1—18　开放性、多元化是职业能力评价模式的发展方向

1. 测试题目的开发

21世纪初，德国不来梅大学在多个研究项目中，以不同职业为例，编写和实验了多套笔试题目，用来作为职业能力发展评价的核心工具。在此基础上，德国以黑森州教师为主的科研团队开发出来第一套KOMET测试题目。测试题目开发应包括以下几个准则：涵盖职业和企业工作实践中的某个现实问题；包含职业的典型工作任务及与之相关的职业教育培养目标；测试题目允许有多种不同的解决方案；题型是开放式的，没有所谓的“正确”或“错

误”答案；答案涉及范围广泛，除要求掌握本职业的工具性能力外，还需考虑其他方面的要求；要采用该职业所特有的方式方法进行解题，以方案规划为主；测试的重点是方案层面的设计，而不是具体技能层面的实现；被试者要以符合职业要求的专业态度和方式解答，记录解题过程和结果，并说明理由。

2. 收集背景数据的问卷设计

只有了解职业教育各个相关参数对职业能力发展的不同影响，能力评价项目才能正确发挥其评价功能，并进一步对教育政策的制定和教育实践提供建议。背景数据收集问卷涉及的范围一般包括：学生的个人特征、实习（培训）企业的特征和实习（培训）情况、职业院校的特征等。2009 年，我国在开展职业能力评价实践中，北京教科院职成教研所、北京师范大学和一批来自一线的职业院校教师根据我国的文化教育背景对德国的背景调查问卷进行了本土化处理。

3. 评分表的设计

在职业能力评价实践中，要对被试者的解决方案进行评定，要求描述和评价职业能力的各项指标必须具有可操作性。如德国的 KOMET 测评方案中的八个职业能力指标中，每一指标设置了五个观测评分点，用于对被试者的任务解决方案进行评分。

4. 测试样本选择和测试时间

在德国，KOMET 项目选择双元制职业教育中的学生作为被试者，来自两个州的能源和楼宇技术方向电工、企业运行技术方向电工两个专业共 700 名学生参加了测评，其中二年级和三年级学生各 350 名，31 名教师参与了阅卷评分工作。

2009 年 4 月，在北京 CDP 项目院校进行了第一个测试点的职业能力测评。项目抽取了高职、中专和技工学校电气类专业学生参加了测试，包括 7 个专业，7 所职业院校共 831 名学生和 38 名专业教师参加了测试。

KOMET 项目突出职业能力的纵向发展性测评，确定了两个测试时间点，即在职业教育期间，分别于第二年和第三年组织测评。测评在职业院校的普通教室完成，用时 5 h。每个学生总共需要解答两道题，每道题的答题时间为 2 h。

5. 测试结果的评价

按照 KOMET 的设计，每个测试者的职业能力通过两道开放式的综合测试题来评价，由两名评分者分别对答案进行独立评分。对 8 个评价指标共 40 个评分点进行打分，对每一个指标的得分进行统计并求取均值。对照四个能力等级要求的分值表，确定被试者的能力级别。

以 KOMET 职业能力测评方案为代表的开放性测评为完善职业教育制度提供了扎实的理论和实证基础，对职业院校教育教学改革具有很好的促进作用。这一方案不但可以帮助教师更好地开发和实施学习领域课程、科学和系统地设计学习任务、开展工作过程导向的教学、对学习效果进行科学的评价，还可以进一步发挥学校和企业在职业人才培养过程中的合力。

尽管有关职业能力的模型、评价体系和评价方法多种多样，但职业能力评价都应当服务于教育改进和个人成长帮助的目标。在方案设计层面，应当充分体现个人职业生涯的阶段性、能力发展的动态性。总之，我们需要充分学习和借鉴国内外有关职业能力评价的理论成果和实践经验，准确界定职业能力的内涵，设计科学的评价实施方案，以构建和完善我国职业教育的质量评价体系。

第二章 职业能力模型的构建

第一节 职业能力模型的基本概念

“能力”通常指个体或集体在一定环境中顺利完成某项活动（任务）的主观条件。“职业能力”是个体完成和处理某个职业的典型工作任务过程中所需要的主观能力的潜力。“能力模型”是对能力的内容和结构的系统化表述。在职业教育中，能力模型说明了学习者应具备什么样的认知条件，才能完成职业的典型工作任务。

一、能力

职业能力是一种能力，对能力的理解，直接影响了对职业能力内涵的界定。随着经济社会和科学发展，人们对能力的理解逐渐深化。

从心理学角度，能力指顺利地完成某种活动所具备的稳定的个性心理特征。早期心理学强调能力的遗传性，即能力是“天生”的。认为人生来具有的脑和感官的解剖结构的特点，特别是其微观结构和机能特点，即神经活动过程的强度、平衡性和灵活性上的差别，是能力形成的基础。构成不同人的能力差异的这种生理解剖上的特点，服从于普通的遗传规律。英国人类学家F. 高尔顿以家谱分析法，通过比较同卵双生子和异卵双生子的相似性来说明能力的遗传性。

然而，关于遗传与环境对形成能力差异的关系，一直是心理学家关心的课题。心理学家对两类双生子及血缘关系亲疏不同人们之间的智商相关性做了研究。20 世纪 60 年代，有人通过血缘关系越近、智商相关越高的研究，说明了遗传的作用；又从无血缘关系而在一起抚养的人们智商有中度相关，说明了环境对能力形成的重要作用。这表现在，一起抚养的异卵双生子智商相关性高于分开抚养的同卵双生子，分开抚养的兄弟姐妹间的智商相关低于一

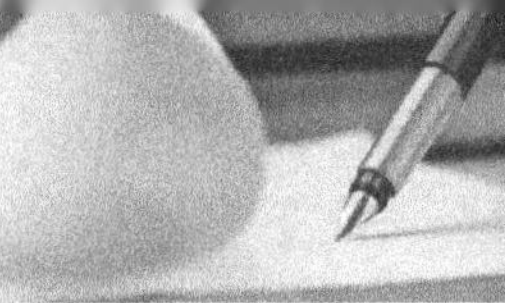

起抚养的兄弟姐妹。有的研究还证明了，作为能力差异的物质基础即脑的机能，也不是由遗传单独决定的，而是遗传与环境交互作用的产物。如图 2—1 所示。

图 2—1　能力是遗传和环境共同作用的结果

心理学家还把能力分为显能和潜能。显能指一个人现在已经具有的现实的能力；潜能也称为能力倾向，是指一个人经过进一步的学习和训练而达到更高水平的可能性。潜能也强调先天的因素，认为一个人如果具有这一方面的能力倾向，经过学习和训练，就易于获得优异的成绩。认为教育工作者的重要任务之一，是挖掘学生的潜能，了解受教育者的现实能力，认识其近期发展的可能性，并创造条件，通过训练，将这种可能性转化为现实能力，并能在完成某一任务向另一任务的迁移中发挥积极和能动作用。

由于对能力理解的角度不同，因此产生了对能力的多种分类。从使用范围角度，可分为一般能力和特殊能力，前者适于多种活动要求，如记忆能力、观察能力、注意能力、想象能力、思维能力，后者适于某种专业活动要求。从发展水平角度，可分为再造能力和创造能力，前者是指在活动中能把掌握的知识、技能按照所提供的式样予以实现，具有模仿性；后者是指会创造出新的、独特的东西。

在进行职业指导时，往往以能力与职业的关系为依据分类，把能力划分为一般学习能力、言语能力、算术能力、空间判断能力、形态知觉、职员能力、眼手协调、手指灵活、手的灵巧共九类。这种分类既反映了这类职业从业者应具备的能力类型，也反映了具有某种能力类型特点的人适合从事哪类职业，强调“人职匹配”。在心理学基础上衍生出来的人职匹配、因素—特性、人格—类型、职业发展等学说，成为职业指导的支撑理论。

因此，具体到实践的层面，我们可以建立对“能力”的一般认识，即“能力”通常指个体或集体在一定环境中顺利完成某项活动（任务）的主观条件。环境是影响能力发挥的重要因素，根据其对能力培养和发挥产生的作用可分为中性环境、积极环境和消极环境。主观条件是在完成活动（任务）过程中体现的知识、技能、态度、心理特征等先天和后天多方面的表征。在职业教育和职业培训中，我们所关注的“能力”，是个体在一个中性且相对稳定的环境中，完成活动（任务）的实际表现，是在当前时期个体所具备的相对稳定的能力。但如果从时间的纵向迁移来观察，个体的能力又是动态变化的。

二、职业能力

许多人对职业能力这一高度专业化的概念的理解基本上流于日常水平，其影响之广使得对它的专业化理解反而丧失了话语权。概念理解的扭曲导致职业教育的话语与实践严重脱离，在能力本位职业教育的实践中，却难以看到能力的痕迹，从而使实践的内容体系和组织方式都缺乏科学的引导，这样容易误入歧途。可见，正确解读职业能力，不仅有重要的学理意义，其实践意义更为重大。理解并不困难，关键在于要用科学、严谨、专业的态度来对待每一个教育问题，这是学者和教育者应当具备的基本品质。

“职业能力”是“能力”的下位概念。国际上对“职业能力”的理解各不相同，通常把职业能力解释为“工作任务的胜任力”，但对此可以有两种理解①：一种认为，职业能力是从工作任务中另外分析出来的心理要素，因此其获得需要在工作任务分析的基础上进一步进行；另一种认为，职业能力虽然是心理要素，但其内容是由工作任务确定的，因此职业能力与工作任务是相互对应的，应当用工作任务来定义职业能力，在工作任务分析结束时也就获得了职业能力，而没有必要继续进行分析。两种观点截然相反，并导致了不同的工作任务分析方法。

① 徐国庆. 解读职业能力［J］. 职教论坛，2005，(36).

第一种理解是最常见的，它实质上是早已受到批判的官能心理学在当代的延续，尽管在实践中根本无法操作，但它的接受程度非常高。如对某专业进行工作任务分析后，发现存在“设备操作”这一工作任务。按照这一理解，如果要另外分析完成这一模块所需要的职业能力，那么这一能力是什么呢？是判断能力还是观察能力？即使可以这样进行分析，所获得的结果也是没有实质意义的，因为难以区分不同模块所需职业能力之间的差别。按这一观点理论建立的职业能力，仅仅是心理活动层面的表现，而缺乏理性的实质内容。正如杜威所说：“在我们能够把这些本能和倾向转化为它们的社会对应物之前，我们不知道它们所指的是什么。”

用工作任务来定义职业能力，意味着职业能力是个历史概念，其内涵要随着工作任务的演变而演变。对职业能力的不同理解，集中反映在不同的职业教育课程形态中。近 30 年来世界职业教育课程的历史，就是一个学问化与反学问化的历史。如 20 世纪 70 年代国际劳工组织开发的 MES 课程，20 世纪 80—90 年代于英国、澳大利亚、加拿大等国流行的能力本位课程，20 世纪 90 年代后期以来德国一直努力开发的行动导向课程等。这三种课程形态代表了 20 世纪 70 年代以来世界职业教育课程发展的三个阶段。

这些模式有一个基本的共同点，即努力打破按照学科体系设计职业教育课程体系的传统格局，建立基于职业活动结构的全新的课程体系。但它们之间也有着重要区别，而这一区别便是以对职业能力的不同理解为基础的。MES 课程中的职业能力就是操作技能，它只关注完成工作任务所需要的操作技能的训练；能力本位课程虽然看到了知识的重要性，但由于对标准化的追求，使得其实质上所关注的仅仅是能够外显的知识与技能；行动导向课程则非常关注在复杂的工作情境中做出判断并采取行动的能力的培养，关注解决问题的能力的训练，这就是新职业主义。这一思想非常深刻，可以说是迄今为止我们对职业能力的最高水平的理解。

在交流和借鉴中，德国学者建立的职业能力结构为我国职业教育界广为接受。德国教育界对职业能力内涵的理解表现出明显的理性主义，“理性主义哲学、格式塔心理学与教学论构建了德国职业能力开发思想的三块基石”。随着科学技术的飞速发展，德国教育界特别强调个人职业发展的动态性，以及个人职业能力的发展性，即承认职业能力的内涵是随着科技的快速变化、社会生产方式变革和组织行为模式创新而不断变化的，但他们认为，不论职业能力的内涵如何变化，对劳动者“应具有灵活性并善于创造性的方法，不仅能解决限定的问题，而且能在未知的领域发现并解决问题”这一根本能力的要求，都是不容忽视的，并且要摆在核心的位置。与德国不同的是，英、美等国职业教育强调通过职业资格证书来表征职业能力，对此，德国教育界持保留态度，在他们看来，职业资格证书是一种功利取向的劳动力管理手段，所表征的仅仅是能够显性化、行为化的静态知识和技能，并且通常把职业能力与生活背景严格割裂开来。如图 2—2 所示。

图 2—2　用人单位更看重求职者的能力而非证书

在德国，1991 年召开的德国各州文化教育部长联席会议上首次提出职业能力的理念。而职业能力具体结构是 1999 年德国各州文教部长会议上正式提出的，将职业能力划分为专业能力、方法能力和社会能力的职业能力理论[①]。

专业能力是在专业知识和技能的基础上，有目的的、符合专业要求的、按照一定方法独立完成任务、解决问题和评价结果的热情和能力[②]。如计算能

① Kultusministerkonferenz fuer die Erarbeitung von Rahmenlehrplanen der Kultusministerkonferenz (KMK) fuerberufbezogenen Unterricht in der Berufsschule und ihre Abstimmunng mit Ausbildungsordnungen des Bundes fuer anerkannte Ausbildungsberufe, Bonn, Sekretariat ber KMK, Fassung von 5.2.1999.

② 赵志群. 职业教育与培训学习新概念［M］. 北京：科学出版社，2003：21.

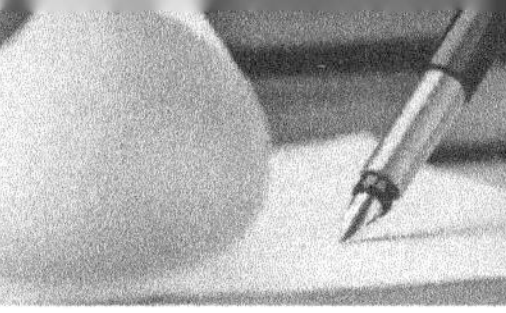

力、编程能力、实际的技能和知识。它是和职业直接相关的能力，具有职业特殊性，是通过我们平时所说的专业教育获得的。

方法能力是个人对家庭、职业和公共生活中的发展机遇、要求和限制做出解释、思考和评判并开发自己的智力、设计发展道路的能力和愿望。它特别指独立学习、获取新知识的能力，如决策能力、自学能力。它有点类似于我们所说的职业生涯规划能力和学习能力。

社会能力是处理社会关系、理解奉献与冲突及与他人负责任地相处和相互理解的能力。它包括人际交流、公共关系处理、劳动组织能力、群体意识和社会责任心等。方法能力和社会能力具有职业普遍性，不是某种职业所特有的能力，它们能在不同职业之间广泛迁移，因此德国学者把它们称为“人格”或“人性”能力。

德国《联邦职业教育法》将职业教育的目标定义为获得职业能力，而“职业行动能力”是反映职业能力所达到的水平的指标。也就是说，学习者在通过结业考试后，应该具备《培训框架计划》中按照“职业描述”定义的职业能力，包括职业知识、技能和资格。

21世纪初，中国教育部在一些重要文件，如《关于全面推进素质教育、深化中等职业教育教学改革的意见》和相关报告中，强调职业能力是“综合职业能力”，是“一个人在现代社会中生存生活，从事职业活动和实现全面发展的主观条件，包括职业知识和技能，分析和解决问题的能力，信息接收和处理能力，经营管理、社会交往能力，不断学习的能力”。这种认识的定位在兼顾企业需要的基础上，强调人的全面素质发展，借鉴了德国的思想。

通过深入分析和归纳，我们给出“职业能力”的一般定义为：个体完成和处理某个职业的典型工作任务过程中所需要的主观能力的潜力。职业能力的体现背景是按照某一职业普遍特征确定的典型工作任务。职业能力的内涵既有别于个体智力，也不同于职业资格，而是在理解、反思、评估和完成职业任务中兼顾知识技能获得和人格培养，并获得适应跨职业和解决未知问题的能力。职业能力作为职业教育的培养目标已经普遍被接受。

从职业能力的角度去认识某个教育对象（如高职学生），是在本质上有别于传统对受教育者运用的各种评判方法的，比如考试、考核等方法。毫无疑问，关注学生的职业能力，是从更接近职业现实环境要求的角度出发的，且更能体现学生综合素质和职业发展的潜力。

三、能力模型

“能力模型”是对能力的内容和结构的系统化表述。在职业教育中，能力模型说明了学习者应具备什么样的认知条件，才能完成职业的典型工作任务。建立能力模型是能力评价研究的第一个关键性任务，它是在“培养目标”“能力评价手段开发”及“通过能力评价指导教育实践”三者之间建立联系的前提。

能力模型描述的对象是某一特定的群体，即对该群体应当具备或实际具备的能力内容、结构、层次等方面进行规范的描述。因此，我们在研究能力模型时，首先应当明确的是模型的“维度”，比如，可以根据能力大小定义不同的能力等级，这些等级就是能力模型的一个维度——能力水平的维度。另外，还可以从能力内容组成结构的角度进行定义。需要指出的是，在一个能力模型中的维度数量、内容应该是明确的且应当有充足的理论基础或实践基础，经得起推敲和验证。

能力的维度，是指一个能力模型所包含的结构性的组成元素。例如，英国国家课程方案（QCA）的能力模型是二维的：学习项目，即能力的维度；等级，即能力的等级的维度。德国的国家自然科学教育标准同样也是二维能力模型。

除二维模型外，在某些场合还存在三维模型，在三维模型中，各个维度分别为：内容维度，包括能量、物质、相互作用、系统四个基本概念（元素或子维度）；行动维度，包括专业知识、知识的获取、组合和评价四个能力范围（元素或子维度）；要求维度，包括复述、应用、迁移三个能力等级。

舍克尔认为，能力模型的不同维度是按照能力的组成元素划分的。利用这些元素，可以得出一种能力在第 n 维度空间的坐标值。事实上，能力模型的意义包括很多方面，特别是对能力模型进行心理测评研究发现，要想开发一种有效的能力诊断技术，必须把建立在现代教育学和专业教学论基础上的“能力模型”转化成为或融入一个“能力测评模型”中，这样才有可能完成能力从理论描述到实践操作的转变。

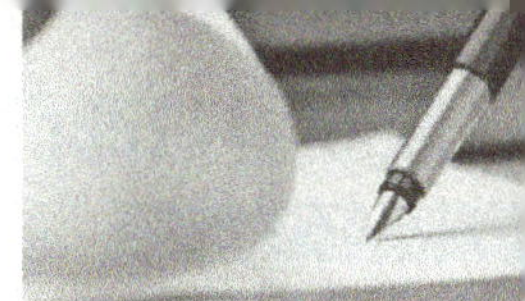

第二节　职业能力模型的构建原则

高职学生职业能力评价面临的首要挑战，是如何建立一个跨专业的能力结构模型。个体（群体）的差异性决定了职业能力模型的差异性。构建高职学生的职业能力模型，应当充分体现行动导向的高职教学理念、体现高职学生职业成长和发展的客观规律、实现科学性与实用性的统一。

一、体现先进的教育理念

职业能力模型构建是高职学生职业能力内涵研究的本质内容，是开展能力评价方案设计和实施的第一步。对高职学生职业能力内容、结构、标准的科学界定，有助于教育工作者加深对职业教育内在规律和发展趋势的理解，最终在职业教育务实层面产生积极的指导和推动作用。能力模型是对某一类别群体能力结构和要求的反映，而个体能力的培养和提升最终依赖于教育过程和工作实践。当前，行动导向作为高职教育实施方面的先进理念和范式，已经成为我国高职教育领域设计、实施和评价教与学活动的指导原则。通过有目的、系统化的行动导向教学组织，在实际或模拟实际的专业化情境中，参与设计、实施、检查和评价职业活动的经历，发现、探讨和解决职业活动中出现的问题，体验并反思学习行动的过程，获得完成相关职业活动所需要的知识和能力。

行动导向的学习活动在德国可以追溯到 20 世纪初的改革教育学运动，特别是当时强调学生在真实的社会实践中进行自主学习的劳动学校思想和项目教学的研究。从 20 世纪 70 年代开始，部分开展职业教育的企业里出现了项目教学法，行动导向学习不仅在整个职业教育领域扩散并辐射到其他类型的学校教育。如图 2—3 所示。

在行动导向的学习中，学习者通过自身的行动过程，即行动分析和设计、

图 2—3 行动导向成为高职教学的主流模式

实施、检查、评价各个环节，对自身经验进行反思和批判性检查、验证，从而更新自己的行动模式和认知结构，达到提升行动能力、解决职业活动中问题的目的。在行动学习中，行动是学习的出发点、发生地和归属目标，学习是连接原有行动能力状态和目标行动能力状态之间的过程。

典型的行动导向学习有四种组织形式。

一是 20 世纪 70 年代形成的交际教学论（Kommuniktive Didaktik）。温克尔（Winkel）认为，交际教学论作为探讨学校教与学的交际过程的一种理论，其目的在于批判性地表现现实真相，并以更高的要求改造这一真相，而可从两个方面来体现教学过程交际属性：首先，教与学本身就是一个交流或交际的过程；其次，教与学并非是随意性的人际交流行为，而应该是更加系统性、规范化的①。

二是建构主义（Konstruktivismus）的学习。其理论基础是，学习的目的并不是掌握客观存在的事实真相或储存关于某一个独立于主体而存在着的真实信息，而是主体在一个重复发生的过程中对来自被感知物体和真相经验的建构。建构主义学习活动可以表述为“建构—重构—解构”的循环过程。一个学生只能通过对某认知对象的自主决策，建构并把它组合在自己已有的认

① Winkel，R.：Die kritisch-kommunikative Didaktik. In Gudjons，H. /Teske，R. /Winkel，R.（Hrsg.）：Didaktische Theorien. Hamburg Bergmann＋Helbig Verlag，1986. S. 86.

知结构中去，才能理解和使用所学到的任何一个新内容。而教师的任务则是通过与学生共同创设一个适宜的环境帮助他们实现自主的建构。

三是问题导向的学习。问题导向的学习是指在学习过程中学生通过发现问题和设计解决问题的方案，从而获得解决实际问题的能力和相应的知识。学习过程一般包括以下步骤：遭遇困难情境；分析困难所在；把困难表述成有待解决的问题；提出可能的解决方案；着手解决问题，发现该解决方案中有待改进之处并表述出来；总结解决方案；评价解决方案。

四是项目教学。在该教学范式中，学生自行负责、全身心地投入来实施较大的、完整的设计方案；学习任务的最终目的在于完成具有实际利用价值的成果，包括能够使用的产品、具有启发性的研究发现和能够进一步落实的行动方案；为了完成作品，学生要把不同专业领域的知识结合起来。项目教学最早可追溯到1596年，在当时罗马的圣卢卡艺术与建筑学院组织学生进行建筑竞标活动，设计的建筑物包括教堂、纪念碑等，为了拓宽当时的理论性教学要求学生自行完成并向评审委员会提交建筑设计草案，并评优颁奖[①]。在美国，教育学家、哲学家约翰·杜威（1959—1952）把项目学习方法结合到整个学校教育事业的改革运动中。在20世纪70—80年代，项目教学在德国企业职业教育领域再度复兴，推动了职业教育教学范式从学科课程制教学转向行动导向的学习。

从行动导向教学的理念和范式我们不难发现，现代高职教育教学过程从设计、实施和要求上不仅要求对专业能力的掌握，更需要人际交流、沟通、合作等多方面的要素，才能确保教学目标的实现。建立职业能力模型是设计职业能力测评方案的基础，最终是通过能力测评作用于职业教学实践。因此，构建我国高职学生的职业能力模型，应体现工学结合的办学模式和行动导向的教学理念，从而帮助教师更好地理解当前高职教育的特点，开发和实施学习领域课程，科学系统地设计学习任务，开展项目导向和任务驱动教学，并对学习效果进行科学的评价，在改革和完善具体教育实践中起到能动作用。

① 刘邦祥. 试论职业教育中的行动导向教学［J］. 职教论坛（教研），2006：4-8.

二、对接个人的职业成长

在纷繁复杂的现代社会里，对于绝大多数职业形态来说，在组织形式、运作过程和人力资源管理等方面都是遵循一定的规约、制度而有序存在的。如电厂中的运行岗位，具有严格的操作规程，运行人员有各自明确的职责，相互协调配合才能保持整个系统的正常运行。作为企业的一员，员工就在这种有序环境下参与企业活动，同时自身得到成长。

本耐和德莱福斯等的研究发现：人的职业成长遵循“从初学者到专家”的逻辑发展规律，其发展过程分为初学者、高级初学者、有能力者、熟练者和专家共五个阶段。德国劳耐尔等进一步发现和确认了各发展阶段对应的知识形态，这为我们在课程开发中按照职业能力发展规律科学设计学习任务提供了重要的工具。因此，面向一线培养高端技能人才的现代职业教育，其课程设计绝不仅仅是反映企业的岗位需要，而且还要遵循学习规律、遵循人的职业成长和职业生涯发展规律。职业教育的任务是通过科学的方法，把学习者从较低级发展阶段顺序带入到更高级的阶段，其过程是“从完成简单任务到完成复杂任务”的能力发展，而不仅是“从不知道到知道”的知识学习和积累；必须找到合适的载体（如学习情境和学习任务）才可能有序、高效地实现这一发展过程。基于以上观点，本耐在美国引入“从初学者到专家”的课程，是在现代心理学理论指导下的工作过程系统化课程最早的成功尝试。职业教育的课程分为四个层次，其内容和特点分别如下：

第一层次：目的是提供职业入门教育，核心是让学生学习本职业（专业）的基本工作内容，了解职业轮廓，完成从职业选择向职业工作世界的过渡并初步建立职业认同感。该层次的学习任务是日常或周期性的工作、设备装备制造和简单修理技术等，目的是帮助学生了解职业的基本概念、标准化要求和典型工作过程。学生完成该任务必须遵循特定的规律和标准，能逐步建立质量意识并有学习反思的机会。

第二层次：目的是提供职业关联性教育，其核心是让学生对工作系统、综合性任务和复杂设备建立整体性的认识，掌握与职业相关联的知识，了解生产流程和设备运作、思考人与人之间的关系及技术与劳动组织间的关系、获取初步的工作经验并开始建立职业责任感。该层次典型的学习任务有设备

检修、流程或系统调整等。其特征是：在职业情境中完成有一定难度的专业任务，利用专业规律系统化地解决问题，针对部分任务和环节独立制订计划、选择工艺和工具并进行质量控制，在此过程中注意与他人合作，体验任务的系统性并发展相应的合作能力，养成反思的习惯。

第三层次：目的是提供职业功能性的教育，其核心是让学生掌握与复杂工作任务相对应的功能性知识，完成非规律性的任务（如故障诊断）并促进合作能力的进一步发展，成长为初步的专业人员并形成较高的职业责任感。完成这一层次的学习任务，学生无法简单按照现有规则或程序进行，需要学习课本之外的拓展知识，并综合运用理论知识和工作经验，需要按照自己的标准、流程和进度独立或合作完成任务，具备一定的质量和效益意识及反思能力。本层次典型的学习任务有功能分析、单件产品制造和投诉处理等。

第四层次：目的是提供知识系统化的专业教育，其核心是培养学生完成结果不可预见的工作任务的能力、建立学科知识与工作实践的联系，并发展组织能力和研究性学习的能力，即培养“实践专家”。

从第三层次到实践专家的过程是漫长的，需要不断实践和高度的敬业精神。本层次典型的学习任务如复杂故障诊断和排除、技术系统优化和营销方案策划。其特征是：在一般技术文献中，没有记录、相关信息不全面，学生需要自己确定问题情境和设计工作方法，甚至制作部分工具（如软件等），对完成任务的过程全面负责、具备高度的质量意识并关注环保和产品成本，具备较强的反思和革新能力。

可见，不同的职业发展阶段对应的工作任务不同，具备的能力水平也不同。职业发展是学习者在自身职业的实践活动中逐渐熟悉和成长的过程，职业教育的功能就是促进这一发展过程的实现。职业能力评价的目的，一方面是从学校自身的角度，检验和反思教学过程，完善和提高教学实践；另一方面则是从学生的角度，帮助学生进行客观的自我认知，了解学生在不同的学习阶段伴随自身所具备的职业能力的动态变化情况。因此，我们应当着眼于高职学生职业生涯发展的全过程，遵循职业成长四个阶段的一般规律，并结合高职期间职业能力培养的具体目标来构建学生职业能力模型。

三、兼顾科学性和实用性

一个好的职业能力模型，应当同时具备科学性和实用性，而在能力模型的具体设计过程中，这两个指标往往存在一定的冲突和矛盾。因此，在科学研究中，人们通常在两种可能性之间选择一个折中的、逐渐靠拢的办法，即一方面从理论上细化对模型的假想，另一方面对不同测评模型进行实证检验。

确保职业能力模型的科学性，首先要重视借鉴的作用。职业能力内涵研究一直是国内外职业教育界诸多学者关注的课题。特别是德国、澳大利亚等发达国家结合本国的职业教育现状和特点，在职业能力考评制度、个体能力标准体系建设中取得了很多有益成果，这些成果和经验对我们开展高职学生职业能力内涵研究是很有借鉴意义且必不可少的。因此，我国高职学生职业能力模型的构建，不是在自我封闭中独创一套、自成一体，刻意追求标新立异，而应该在积极的吸收、比较和借鉴中实现完善和提升。在现有的能力模型及相关理论中，关键能力、PISA 测评、KOMET 模型、胜任力模型及多元智能理论等都具有较坚实的理论基础和较高的认可度，可以为我国高职学生职业能力模型的构建提供有益借鉴。

在具体表现形式方面，能力模型应该是面向高职学生，体现高职学生培养的目标和要求，又跟踪国际职业教育发展新理念和新趋势而适度超前。能力模型的维度数量、内容如何确定，应当经过充分的论证。能力指标的层级、具体内容、指标权重的确定，应该以实证研究为基础，结合科学的分析统计技术手段来确定。在职业能力评价的方案设计方面，同样要对组织方式、实施步骤、评分方法、人员要求、保证措施等要素科学设计，以确保评价的准确性、可信度。如图 2—4 所示。

职业能力内涵研究和建模，最终的目的是实现能力评价的应用，因此，实用性是能力模型构建的另一个必然要求。高职学生职业能力模型要体现我国高职教育的现实背景和特征，突出能力指标体系的准确性、全面性和在职业能力评价中的实用性，为能力评价方案设计和实施应用提供基础。不可否认的是，在现阶段开展高职学生职业能力评价，固然要着眼于我国高职教育的发展提升目标，但更要基于高职院校现有办学基础和现实特点。只有这样，职业能力评价才能实现从理论设计到实践应用的落地，实现科学性与实用性

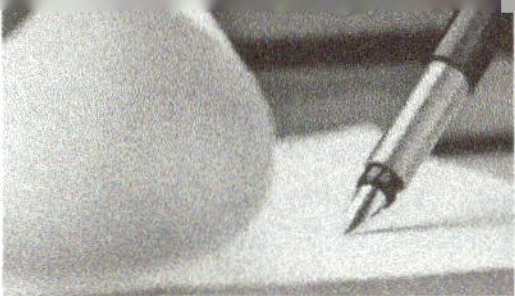

图 2—4　能力评价应该兼顾前瞻性和现实性

的协调统一。

第三节　职业能力模型的构建实现

结合我国高职教育现状和发展趋势，从内容维度、要求维度和行动维度对高职学生职业能力模型进行设计。内容维度体现职业生涯的发展阶段，要求维度反映职业能力的不同水平，行动维度明确职业能力的具体范围。内容维度和要求维度体现了职业成长发展的阶段性、规律性，突出了当前的高职教育教学主流理念。行动维度兼顾了专业能力的阶段性发展特征和跨专业能力的界定。

一、整体结构——职业能力三维模型

德国职业教育关键能力的培养，包括专业能力、方法能力和社会能力的培养，它主要通过致力于教育方法、手段的不断革命来培养人的关键能力。我国职业教育关键能力培养起步较晚，所以德国职业教育培养关键能力的理念与方式、方法尤其需要我国职业教育在发展中进行充分比较和借鉴。在课程开发模式方面，德国推行典型工作过程系统化课程学习领域模式，是教师引导学生学习对实际问题的处理，并主动总结与提炼具体专业和职业知识及

技能，同时把相应的经验积累起来。该模式能快速获取包括专业能力、方法能力和社会能力等在内的职业能力。我国现在通行的是学科系统化课程开发模式，能够帮助学生打牢学科理论基础，却无法直接建立起学习内容与职业行动之间的关系。并且两者的差异很大，基本上无法满足职业教育实践的要求。在教学内容和方式上，每所德国职业学校都建有实验室、实习车间或模拟室，其“双元制”职业教育非常重视学生的实际操作训练，注重“以人为本”培养学生能力。除此以外，学生还要去工厂和企业进行培训，实践时间比培训学习时间多70%，并且毕业时必须通过理论考试和实际操作考试。

德国职业教育在“关键能力”培养上所凸现出的显著的职业导向性特点，能够与学生、社会的需要紧密贴近，促进学生成为社会需要的人格健全的合格职业人，这是值得我国职业教育关键能力培养学习与借鉴的。因此，培养学生基本职业能力的同时，必须把培养关键能力列入职业教育的人才目标。在知识经济初现端倪的现代社会里，不断发展的技术和工艺对具有过硬适应能力的高技能劳动者非常欢迎。我国职业教育应立足现在，面向未来，借助恰当的方式培养出对工作适应能力强的高技能人才。职业教育只有做好这一工作，才能将关键能力与学生的知识、技能的学习实现有机融合，也才能够培养未来型的社会需要的人才。要实现培养学生关键能力的目标，对职业院校的教师来说，就需要不断提升自己，把现代职业教育理念和现代职业教育新的教学方式与方法掌握好，也要求学校建设好校内外实习基地，从而创造出适合关键能力培养的合适的教育环境。从这一点可以看到，职业教育培养学生关键能力，也是对未来需要和素质教育需要的一种实现途径。

毫无疑问，由知名教育专家赵志群教授、劳耐尔教授及其团队开创的KOMET项目，通过职业能力模型构建和职业能力测评方案的设计，同时实现了职业能力评价在理论内涵和实证应用两个方面的创新突破，是职业教育理论中里程碑式的成果。在学习和借鉴KOMET测评方案等先进案例的过程中，我们还应该立足于当前国内高职教育的大背景，分析职业能力评价的教育环境、群体心理特点、测评参与者、组织者状态等客观因素，实现先进理念、方法与教育实现环境的最佳契合。在我国职业教育领域开展科学的职业能力评价，无论是理论内涵还是实际应用，其难度都是显而易见的，其中一个很重要的因素是我国高职教育教学过程的改革还存在诸多缺陷，学生的培

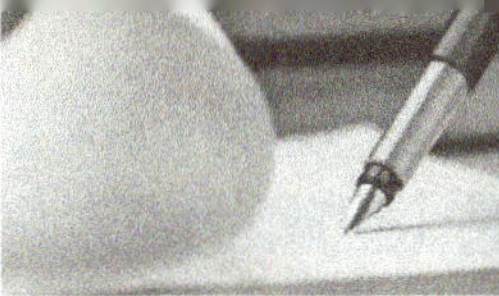

养过程、课程体系还带有学科体系色彩和传统教学模式的特点。要实现职业能力的科学评价，必须有开放性的职业能力培养过程作为基础，否则，学生在参与评价的过程中就可能表现出明显的不适应，而直接影响测评的实效。

基于以上分析，我们建立的高职学生职业能力模型中，既充分吸收国外的最新研究实践成果，又使职业能力的载体更加明显，即按基本职业能力和关键能力建立起模型的行动维度，并对这两种能力采用不同的评价手段和评价依据，这一做法是符合现实特点和需求的。比如，我们不能为了职业能力评价的创新，全部否定传统的评价手段，如传统的对学生综合素质的评判，大多基于学生参加社会实践、各类文体活动，以及在集体中扮演的角色和做出的贡献等方面进行综合评价，这一过程有定性描述，也有定量的证据。这和 KOMET 项目仅仅依靠开放性试题实现职业能力测评的思路是不同的。

在分析总结国内外职业能力研究成果的基础上，结合我国高职教育的现实情况，建立了高职学生职业能力的三维模型。遵循高职学生职业能力成长发展的规律性，将四个职业发展阶段作为能力模型的“内容维度”；基于实用主义的解决思路，确定职业能力模型的“要求维度”，即四个能力等级。围绕本职工作所需的基本职业能力和跨专业的关键能力，建立职业能力的“行动维度”，即能力指标体系。高职学生三维职业能力模型如图 2—5 所示。

二、内容维度——职业发展阶段

我们尝试在高职领域建立可以适合不同专业的通用职业能力模型，为实现这一目标，以能力发展理论为依据将四种典型的工作任务，即入门者、提高者、能手和专家作为模型的内容维度，确定对应四个不同职业发展阶段的能力等级和能力范围。如图 2—6 所示。

入门者作为高职学生职业发展的第一个阶段，要求对职业和岗位有较全面的认知，系统掌握所需的职业定向知识和概况知识，并培养一定的职业认同感。提高者则掌握了系统性的、关联性的职业知识，能掌握使用专业工具所需的知识和技能，完成功能性的操作，并能在具体的职业环境中完成简单的工作任务。能手则已经具备在特定的职业环境中完成系统性、流程性的工作任务，能开展规范化、标准化的操作，并具备处理一般故障的工作能力。专家是个人职业发展的最高阶段，其积累了丰富的实践工作经验，精通所从

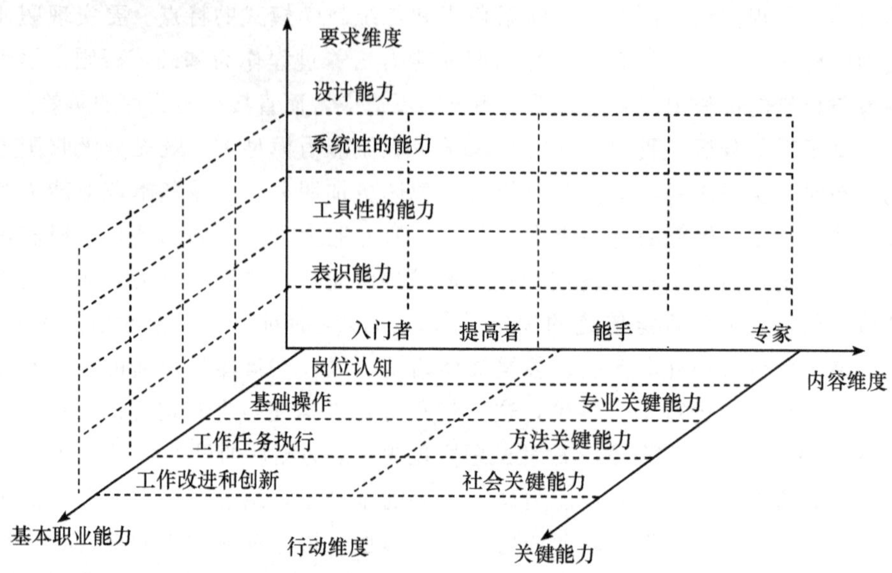

图 2—5 高职学生三维职业能力模型

图 2—6 个人职业发展具有阶段性

事职业岗位的知识和技能，在高质量完成工作任务的基础上，能对工作进行改进和创新，提高工作的经济性、公益性，成为企业专家和行业名家。

内容维度的确定主要考虑三个方面，一是符合人的职业发展内在的逻辑规律，鉴于我国高职学生的实际条件和市场人才需求，高职阶段应当实现从入门者到能手这三个阶段的职业成长，而“专家”这个等级则是毕业生正式走上工作岗位后的职业成长目标。二是围绕这四个典型的职业工作任务来探讨能力标准和等级，紧扣了当前我国高职教育改革和发展的趋势，与行动导向教学理念紧密结合，可以通过职业能力标准界定、能力评价为高职教育教学方法改进提供科学依据。三是突破了传统的高职学生技能等级划分，立足于综合职业能力的界定和评价。现有高职院校一般按初级、中级、高级、技师、高级技师五个职业资格等级来界定学生的职业能力，片面强调学生的专业能力，缺乏对社会能力、方法能力的评价。以四个职业发展阶段作为能力模型的内容维度则为全面界定学生的专业能力、方法能力和社会能力创造了条件。

三、要求维度——职业能力等级

以上确定的高职学生到职业者的完整职业生涯中四个能力发展阶段，在能力要求上呈现整体递进的特征。考虑到职业能力评价的对象是高职学生，因此，在能力要求维度上，我们重点研究高职三年学习中学生应该达到的能力水平，也就是职业能力级别。因此，我们可以确定四个不同的能力等级，作为能力的要求维度，即表识能力、工具性能力、过程性能力和设计能力（见图 2—7），这四个能力等级主要对应入门者、提高者、能手这三个角色，当高职学生正式走上工作岗位后，其职业能力在实践中不断提高和完善，最终成为该领域的技术技能专家。

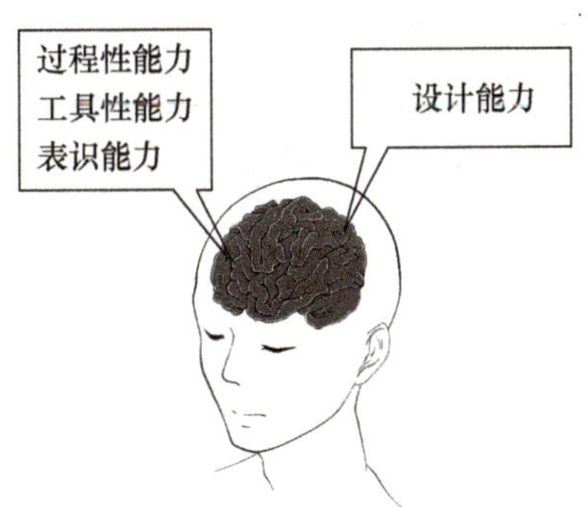

图 2—7　职业者先后具备的四个能力等级

（一）表识能力

这是高职学生职业能力的第一级，也就是作为“入门者”需要达到的能力水平。主要内涵是培养认知能力，即职业意识培养、岗位的认知、工作环境的认知、基本知识和原理的认知、基本工具的识别，具备一定的职业道德意识、质量意识和安全意识。

（二）工具性能力

这是高职学生职业能力的第二级，是职业能力形成和提高的过程。要求具备专业工具的规范操作能力，能实现与职业工作无关的功能，并具备初步的跨专业能力，即关键能力。

（三）系统性能力

在这一能力级别，学生能立足实际工作环境和生产过程，完成流程性、系统性的工作任务，在工作任务执行中体现出较强的跨专业能力即关键能力。能在任务执行过程中，与同事合理沟通和配合，处理任务执行中的技术细节和技术难点，协同完成工作任务。

（四）设计能力

随着新技术、新设备、新工艺的广泛应用，环保、经济、节能等公益意识在全社会的普及和增强，对现代职业技能人才知识、能力和素质提出了更高的要求，要求职业工作者在胜任岗位工作的基础上，更好地适应技术改造和提升，能跨专业、跨行业考虑工作过程带来的环境影响、社会影响，这就必然要求具备工作的设计创新能力。设计能力从社会与可持续发展的角度，对职业工作任务进行反思、改进和优化，从而兼顾生产效率、经济效益和社会效益，实现综合效益的最大化。

四、行动维度——职业能力范围

在明确高职学生职业发展阶段和能力等级的基础上，我们可以进一步确定高职学生职业能力的范围，即能力模型的行动维度。高职学生职业能力范围包含基本职业能力和关键能力两大方面，作为职业能力的 2 个一级指标。基本职业能力又包含岗位认知、基础操作、工作任务执行、改进和创新 4 个二级指标。从实用性和可操作性的角度，确定了 10 个三级指标。关键能力包含专业关键能力、方法关键能力、社会关键能力 3 个二级指标。通过开展用人单位人才标准调研、专家访谈和毕业生回访，全面了解我国职业人才标准、高职教育现实条件和高职学生特征，最终确定了对应二级指标的 12 个三级指标，见表 2—1。

表 2—1　　高职学生职业能力指标体系

一级指标	二级指标	三级指标
基本职业能力	岗位认知	表层性
		概念性
	基础操作	直观性
		功能性
	工作任务执行	系统性
		关联性
		目标性
	工作改进和创新	公益性
		经济性
		创新性
关键能力	专业关键能力	普适性能力
		拓展性能力
	方法关键能力	工作计划和决策的能力
		分析和解决问题的能力
		独立学习新技术的能力
		评估和反思行动的能力
		职业规划和调整能力
	社会关键能力	自我认知能力
		人际交往能力
		语言表达能力
		团队协作能力
		创新创造能力

在建立指标体系的基础上，可以进一步明确各级指标的内涵和实现评价的现实载体，采用科学的方法确定指标的权重，从而实现职业能力模型到职

业能力测评模型的演变。

五、模型解释——各维度作用和关系

高职学生职业能力模型的三个维度，即内容维度、要求维度和行动维度，完整地描述了一个职业者从学习者到职业者、从校园人到社会人的角色转换和能力发展过程。内容维度、要求维度和行动维度具有各自明确的内涵，从不同的角度来描述个体的职业能力。三个维度呈现既相互独立又互相补充和相互支撑的关系。

（一）内容维度与要求维度的关系

内容维度与要求维度的关系，就是从职业生涯角色抽象化到能力要求具体化的转换关系。内容维度从职业者角色定位出发进行界定，体现出个体在职业生涯阶段发展的一般规律，但内容维度四个角色的描述又是相对抽象的。建立能力要求维度则实现了抽象能力到具体要求的转变，能力要求维度中的四个能力等级与四个职业角色具有本质的对应关系，但并不完全等价。也就是说，在我们的课题研究范畴内，能力评价的对象是高职学生，主要关注的是通过高职三年培养所要达到的能力目标。因此，针对高职学生确定的表识能力、工具性能力、过程性能力和设计能力这四个能力级别的具体要求，与个人职业生涯发展的四个角色的具体要求并不是严格对应的，而主要对应入门者、提高者和能手这三个角色。

我们还可以从具体职业实践和高职教育目标的角度来考查两种维度的关系。在能力内容维度中，四个职业角色在现实职场中并没有严格的界限，相邻两种角色之间，往往存在一定的能力交集。另外，在企业人力资源管理中，员工的分类、职级、薪酬分配往往有一系列详细的制度来匹配，而不是简单地分为这四种角色。但这并不表明以上四种角色的划分是脱离实际的，对于绝大多数职业和岗位，员工职业成长的路径恰恰都是遵循这一发展规律的。而在要求维度，我们定义四个能力等级，则可以从高职学生人才培养目标和市场人才需求的角度出发，来明确每个能力等级所包含的具体能力内容和要求，这些内容和要求尽量和现实岗位需求对接，但不完全等价。比如，通过测评达到“设计能力”等级的学生，我们认为其基本达到了“能手”这一职

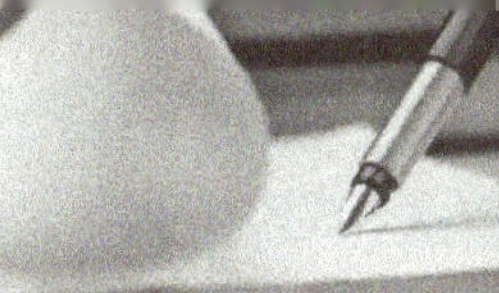

业角色所要求的核心知识、技能和素养，但该学生毕业后刚走上工作岗位时，并不能直接作为“能手”的角色，来承担相关职责和任务，还必须经过岗位培训、岗位适应阶段，才能逐步胜任更高层次的工作任务。另外，“设计能力”和“创新能力”同样是“专家”这一职业角色的核心能力要求。而“专家”所需要的能力，都是在长期的工作实践中反复锻炼、总结和提升，经过千锤百炼才可以获得的，仅仅通过高职三年的学习和培养，是不可能产生职场中的“专家”的。

（二）要求维度与行动维度的关系

要实现职业能力的培养和评价，我们必须从现实行动的角度来考查职业者，这就是模型的第三个维度，即行动维度，从要求维度到行动维度，实现了能力要求具体化到职业行动现实化的转变。行动维度的建立，将能力培养直接和职业教育的具体过程和内容关联起来，解决了“如何培养职业能力”的问题。行动维度包括的基本职业能力和关键能力两个一级指标，是在国内外职业教育界得到广泛认可且在职业教育中得到大力推崇的。但基本职业能力和关键能力的具体内涵，即二级指标和三级指标，还没有统一的标准，因此成为课题组重点关注并力求突破的问题之一。为对职业能力行动维度进行科学而具体的界定，我们采取实证研究为主要方法，紧密结合高职教育现状、发展趋势、行业和企业需求，选用科学的调研、分析和统计工具，最终确定了高职学生职业能力行动维度的各级指标内容和权重。

要求维度的每个能力级别均覆盖了行动维度的各级能力指标，但不同的能力级别对应各级能力指标的要求范围和水平是不同的。比如，作为“入门者”，其基本职业能力的“岗位认知”是必备的能力，而对于“能手”而言，除了具备“基础操作”“工作任务执行”能力之外，还必须具备一定的“工作改进和创新”能力；同样，能力级别越高，其在职场中对专业关键能力、方法关键能力和社会关键能力的要求也就越高。从要求维度到行动维度，使教师站在一个完整的职业发展视野，来审视自身的教学育人活动，有助于教师更好地进行教学的宏观和微观设计。对于学生而言，则可以对自身能力水平进行清晰定位，并对自身的学习培养过程进行更有效的诊断和改进。

（三）行动维度与内容维度的关系

从职业能力的行动维度到内容维度，是高职培养阶段与个人职业生涯建立对接的过程。行动维度和内容维度的建立，彰显了高职教育的开放性和终身教育的必要性。我们可以看到，一个人的职业能力培养和发展，不仅要从学校教育获得，还在毕业后漫长的职业生涯中不断完善和提高。对高职学生如此，对于其他类型和层次的学生也是如此，职业生涯发展伴随的能力积累和提升，是所有劳动者在适应世界和改造世界过程中所遵循的共同规律。职业教育的开放性意味着职业教育在具体设计和实施中应该更注重对接个人未来的职业发展方向，更关注职业教育与学历教育、技能训练与技术研究之间的关联性和互补性。

需要指出的是，行动维度中基本职业能力和关键能力的具体表现形式是有差异的。基本职业能力是按职业工作过程特点划分为岗位认知、基础操作、工作任务执行和工作改进与创新，这样既与职业行动要求紧密结合，又便于相关测评工具的开发和有效实施。关键能力则是按内容划分为专业关键能力、方法关键能力和社会关键能力。这是因为关键能力具有普适性和可迁移特点，在测评工具、测评方法上和基本职业能力是不同的。从不同的角度来划分基本职业能力和关键能力的行动维度，既符合这两类能力的自身特点，又考虑到能力测评的可操作性和有效性，这恰恰体现了职业能力模型构建中要求的“兼顾科学性和实用性”的基本原则。

高职学生职业能力三维模型的构建，体现了职业教育发展的最新理念和未来趋势，揭示了个人职业生涯发展与具体能力要求的对应关系，实现了高职人才培养宏观目标与高职教育教学微观设计的有机对接，反映了职业能力培养的阶段性、动态性和发展性的本质特点。有助于职业教育者加深对职业教育和人才成长规律的理解，有助于职业教育实现过程的改进和完善。职业能力模型的建立，为进一步设计职业能力测评方案，开发科学的测评工具，实现高职学生职业能力的有效评价打下了坚实基础。

第四节 职业能力指标体系的实证研究

在构建高职学生职业能力模型的过程中，如何科学确定指标权重并对指标进行无量纲处理，是需要解决的一个关键技术环节。确定能力模型中各级指标及其权重，是将职业能力理论模型向实践应用转化的必要环节。针对高职学生职业能力指标体系的构建，基于实证研究的思想，通过调查、访谈、问卷咨询等多种形式，确定职业能力模型的各级指标，科学界定了各个指标的权重，并进行了深入的统计分析，为高职学生职业能力模型的构建和职业能力测评应用打下了基础。

一、能力指标体系的研究现状

在构建高职学生职业能力模型的过程中，如何科学确定指标权重并对指标进行无量纲处理，是需要解决的一个重要问题。近年来，国内外职业教育界重点围绕职业能力指标体系的构建，开展了各种研究和探索。如从企业招聘需求的角度建立的大学生职业能力测评指标体系；基于工作过程的职业能力指标体系；从宏观指标和微观指标两大部分来建立高职学生职业能力评价指标，分别对应 2 个和 6 个一级指标和若干二级指标；包含基本素质、基本能力、专业能力、发展能力 4 项一级指标和 21 项二级指标、34 项三级指标的高职学生职业能力评价体系[①]；针对某一特定专业建立的由专业综合能力、专项能力、单项能力组成的三级指标体系[②]；从机械制造视角出发，建立职业发展能力、个人管理和适应能力、团队工作能力 3 个一级指标、8 个二级指标、

① 周标，刘鲁平等. 高职学生职业能力评价体系及建模的研究［J］. 金华职业技术学院学报，2007，7（6）：69-73.

② 梁伟，白锋. 高职学生专业能力评价体系的构建与实施［J］. 职业技术教育，2010，31（17）：54-56.

26个三级指标[①]。从现有研究情况看，各种职业能力评价指标体系突出了综合能力的评价，但在指标论证、权重的确定和体系的典型性方面有待完善。

收集评价指标体系中各个指标的数据进行综合评价，是当前开展职业能力评价的一个主流思路。目前综合评价的方法有很多，诸如专业评定法、比较平均法、德尔菲法、主成分分析法、层次分析法、层次分析法与德尔菲法的联合应用法、网络层次分析法等。只要确定了能力模型中各个指标权重，量化值加权函数法更能使评价过程一目了然，且更能发挥指标的导向作用。因此，按照量化值加权函数法这一基本原理，运用实证研究方法，来建立高职学生职业能力模型的指标体系，并确定各级指标的权重，从而构建完整的高职学生职业能力模型。

我们的实证研究以构建高职学生职业能力指标体系为目标，首先是建立基本职业能力和关键能力对应的二级指标和三级指标，然后确定各级指标的权重。在指标体系的建立阶段，主要通过指标的初选、专题访谈、专家咨询不断完善、优化以最终确定各个指标。在指标权重的确定阶段，遴选并建立以各类企业（行业）技术专家、管理专家、职教专家、高校教师为成员的专家库，采用德尔菲法，通过问卷调查的形式来确定各级指标的权重。

二、能力指标体系的整体结构

（一）指标初选

通过分析总结国内外职业能力的最新研究和应用成果，结合我国高职教育的现实情况，将基本职业能力和关键能力作为高职学生职业能力的两个一级指标。这两个一级指标兼顾了工作过程和个体发展的双重需要，符合“新职业主义”职业能力开发的原则，即职业能力开发不仅关注个体的工作技能，还重视人的全面教育和生涯发展，为个体和其未来的职业架起一座桥梁，实现个人职业生涯的可持续发展。

在确定高职学生职业能力一级指标的基础上，从社会、企业对高职学生职业能力的主流要求及变化趋势视角，构建了高职学生职业能力的二级和三

① 牛同训. 企业视角下高职生职业能力评价模型与应用 [J]. 继续教育研究，2010，7：67-69.

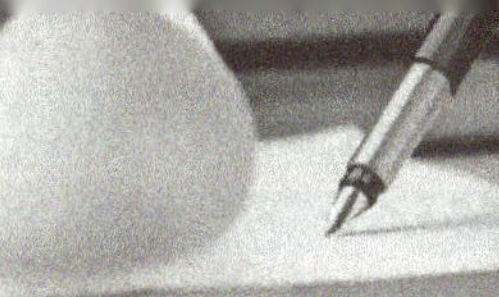

级指标体系。其中，与基本职业能力对应的包括岗位认知、基础操作、工作任务执行、工作改进与创新 4 个二级指标，与关键能力对应的包括专业关键能力、方法关键能力、社会关键能力 3 个二级指标，并初步设置了与二级指标对应的 30 个三级指标。

（二）指标修订和确定

初选指标确定后，研究小组通过对 2008—2012 届高职毕业生的跟踪调查，走访电力、机械、金融、信息和服务等行业企业、召开专家座谈会、咨询招聘单位等多种途径开展访谈和调研。先后跟踪毕业生 300 名，走访企业和招聘单位 20 多家，咨询企业、科研院所和高校专家 30 人，对初选指标体系进行增删、合并和修改，对二级指标进行了充分的论证，并将三级指标调整为 22 个，从而得到表 2—1 所示的高职学生职业能力指标体系。

三、能力指标体系的分级定义

（一）一级指标含义

1. 基本职业能力

高职学生的基本职业能力是其从事所在职业工作所必需的能力，是胜任本职工作，赖以生存的核心本领，强调专业的应用性、针对性，注重专业知识和技能的掌握。按照职业工作的层次递进规律，将岗位认知、基础操作、工作任务执行、工作改进和创新作为基本职业能力的四个逐步递进的层次。

2. 关键能力

高职学生的关键能力突破了其所从事本专业工作的能力要求范围，而使毕业生在以后的工作中能适应不断变化的岗位、工作任务和工作环境，具备跨专业的职业行动能力。因此，关键能力包含的专业关键能力、方法关键能力和社会关键能力既可以蕴含并影响到学生当前从事的职业工作，又相对独立于四项基本职业能力指标之外，成为超越某一具体职业知识和技能范畴的能力。

（二）二级指标含义

1. 岗位认知

了解本职业工作环境、基本工作职责，理解和掌握本专业工作所需的表面性、概念性的知识。如熟悉火电厂主要生产系统、流程和特征，掌握热工理论、机械基础、电工基础、自动控制等基本知识和原理。

2. 基础操作

具备一般专业工具的知识和使用技能，但不清楚这些基础知识、技能与要从事工作的关系及在其中的作用，即这些基础操作技能是独立性、功能性的，如焊接、钳工、仪表使用等基本的操作技能。

3. 工作任务执行

具备本职业工作任务的执行能力，可以胜任一般性的工作，即具备使学生能在本职业岗位上“立足”的基本职业能力。如在热工检测及控制岗位上，完成控制系统的组态和维护，集控运行岗位上完成单元机组的启停操作。

4. 工作改进与创新

在熟练掌握本职业工作所需技能的基础上，具备对工艺过程、技术细节、设备等进行一定改进和创新的能力，使劳动者具备较强的职业竞争力，能成为本职业中的业务骨干或专家。

5. 专业关键能力

业关键能力是从事各专业工作都需要的基础能力，如外语能力、计算机应用能力、获取知识和信息的能力，这种能力并没有特定的职业属性，是伴随着新技术发展、新生产组织模式而存在于不同职业和岗位上的“通用的专业能力”。

6. 方法关键能力

方法关键能力是指从事职业工作所需要的一般工作方法和学习方法。如工作计划制订、任务执行、问题解决、结果反思等环节中的基本思路和方法，以及根据实际情况对职业规划和职业行动进行调整和优化的能力，还包括分析与综合、逻辑与抽象思维、联想与创造等方面的能力。

7. 社会关键能力

高职学生社会关键能力是其适应不断变化的职业环境，运用已有的知识

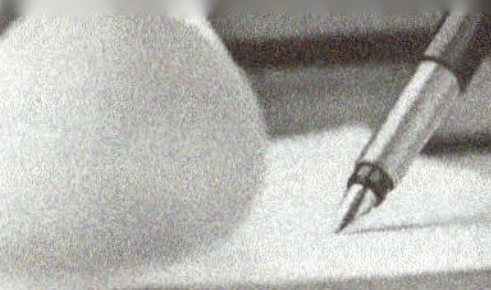

经验和技能，通过学习、模仿、交流、实践而形成的能带来最大社会适应效能的活动方式，从而实现跨专业的职业工作目标和职业环境适应。一般包括自我认知能力、人际交往能力、语言表达能力、团队协作能力、创新创造能力。

（三）三级指标含义

1. 表层性

掌握的知识仅仅是表层性的，能用口头形式进行表述。对岗位和工作环境的认识也是印象性的，还未深入掌握生产系统特性和生产过程机理。

2. 概念性

了解本专业相关的术语、概念，但还未建立其与职业行动的关联，不足以引导职业行动。

3. 直观性

能以书面文字、图表等形式描述工作任务内容、难点，形成初步的设计或解决方案，是工作准备和计划阶段要求掌握的必备能力。

4. 功能性

能通过操作某一工具实现其基本功能，但掌握的基础操作技能是相对独立的，还未建立工具操作与具体职业环境之间的联系。如能够使用校验台对压力表进行校验，但并不清楚压力校验在火电厂生产现场的具体应用情况。

5. 系统性

能立足实际工作环境来思考和解决问题，在解决方案中体现了企业生产流程和企业管理模式，这是在真实职业环境中完成一个整体工作任务必需的能力。

6. 关联性

在任务计划和实施中，充分考虑各项操作的相互影响，各个步骤、工序的连贯性和控制节点，以及与任务执行有关的各岗位、各部门之间的协调和沟通。

7. 目标性

能明确任务的目标并始终贯穿于计划、实施、检查等各个环节。因此，目标性指标体现为解决方案能否充分实现既定目标，在完成过程中有哪些干扰因素，以及完成后的维护措施、扩展空间等问题。

8. 经济性

在确保实施方案能实现既定目标的基础上，进一步对方案进行优化，对相关技术细节、设备选型、操作流程进行改进和优化，以降低任务实施成本，提高整体经济效益。

9. 公益性

在实现经济效益和企业自身生产目标的基础上，考虑工作过程是否节能环保，是否对社会可持续发展产生负面影响，如何贯彻以人为本理念，增进企业与社会的和谐发展。

10. 创新性

创新性是评价问题解决方案和职业工作的重要指标，不同的高职专业中，创新性的内涵和表现形式各不相同。创新性建立在对系统、过程深入理解和扎实的职业技能基础之上，这一指标首先体现在解决方案的设计中，与职业工作经济性、公益性、可持续发展性的提高紧密相关。

11. 普适性能力

普适性能力是各专业都需要的基础能力，如外语能力、计算机应用水平、网络和信息化能力、应用文写作能力等。

12. 拓展性能力

拓展性能力包括获取知识与信息的能力、在实践中运用理论知识的能力、系统思维能力。

13. 工作计划和决策的能力

掌握制订工作计划的一般步骤，掌握工作决策的基本方法，具备综合和系统思维、流程和标准意识。

14. 分析和解决问题的能力

在计划和决策的基础上，在任务实施过程中的分析能力、抽象能力、认识能力、解决问题能力。

15. 独立学习新技术的能力

对新技术和新方法的快速学习、领会和掌握能力。

16. 评估和反思行动的能力

在完成工作任务过程中，对工作环境和工作条件的不断提问和构建，进

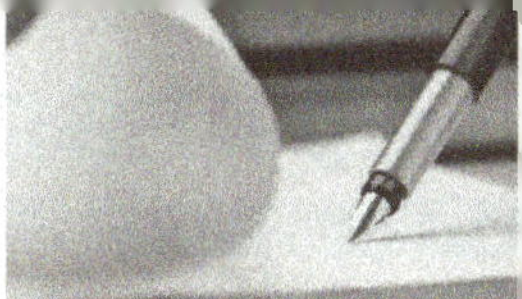

行结构性反思；反思自身的能力并构建个体能力的发展，完成自我反思。

17. 职业规划和调整能力

能阶段性地对自身职业发展情况进行总结、评估，根据内外环境的变化，适时适度调整个人职业规划，提高职业生涯中的适应性，发挥个人的最大职业潜能。

18. 自我认知能力

能正确认识自我并顺利完成自我管理、自我塑造、自我发展的能力，它是进行清晰的自我定位的基础。包括：自觉建立并审视社会责任感、职业道德，认识自己的性格特征，认清自己的优势和劣势，觉察自我的情绪变化并合理调整等。

19. 人际交往能力

人际交往能力指妥善组织内外关系的能力，包括与周围环境广泛联系和对外界信息的吸收、转化能力，以及正确处理上下左右关系的能力。

20. 语言表达能力

语言表达能力指的是在社会交往的各种环境中运用语言进行恰当、得体地表达的能力，包括口头语言表达（说话、演讲、做报告等）和书面语言表达（公文、书信等）。

21. 团队协作能力

团队协作能力指在工作过程中通过言语（说话）或非言语（表情、体态、手势）等信息的交流主动融入团队、寻求团队成员的积极品质、与团队成员互助协作的能力。

22. 创新创造能力

创新创造能力指在遵循事物发展规律的基础上，通过对事物的整体或部分进行变革，从而使其得以更新与发展的能力。

四、能力指标权重的咨询界定

确定职业能力的各级指标后，要进一步将职业能力的定性评价用定量形式表征出来，最终确定高职学生的职业能力等级，必须科学界定各个指标的权重。调查和咨询对能力指标体系构建具有重要作用（见图 2—8）。以下采用德尔菲法（专家小组法或专家意见征询法）来确定职业能力各级指标的权重。

图 2—8　调研和咨询对能力指标体系构建具有重要作用

德尔菲法是美国兰德公司率先开发并使用的一种确定评价指标权重的方法。德尔菲法采用问卷的方式向专家匿名征求各指标在整个评价体系中的重要性程度，专家对各指标权重进行打分，然后由问卷发放者回收问卷，并对结果进行汇总，整理之后将汇总后的结果作为参考资料发给每位专家，专家再次填写问卷，问卷发放者回收问卷并汇总结果，然后再把汇总结果作为参考资料发给各位专家，专家再次填写问卷，多次重复这一过程，直到各位专家意见基本一致为止，从而获得各评价能力指标单元的权重。其具体实施步骤如图 2—9 所示。

（一）咨询问卷的设计

本次咨询活动遴选了 30 位专家，分为企业技术专家、企业管理专家、教育工作者（职教专家和高校教师）三类。30 位专家来自于生产类、管理服务类、教育和研究类共三大类行业，分别为电力建设企业、发电企业、供电企业各 4 人，机械企业 4 人，通信企业 2 人，金融企业 2 人，服务企业 2 人，职教研究所 4 人，高校骨干教师和管理者 4 人。对这些专家先后开展了三轮指标权重咨询，完成了一级指标和二级指标权重的确定。在咨询过程中，为保证遴选专家意见的独立性、客观性，确保权重的科学性，各个专家单独得到

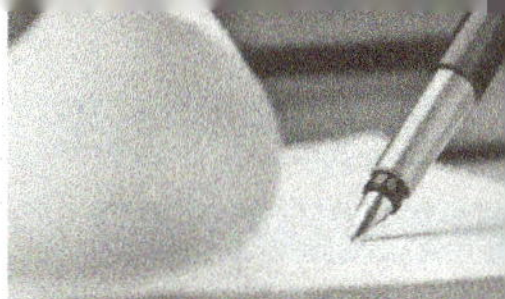

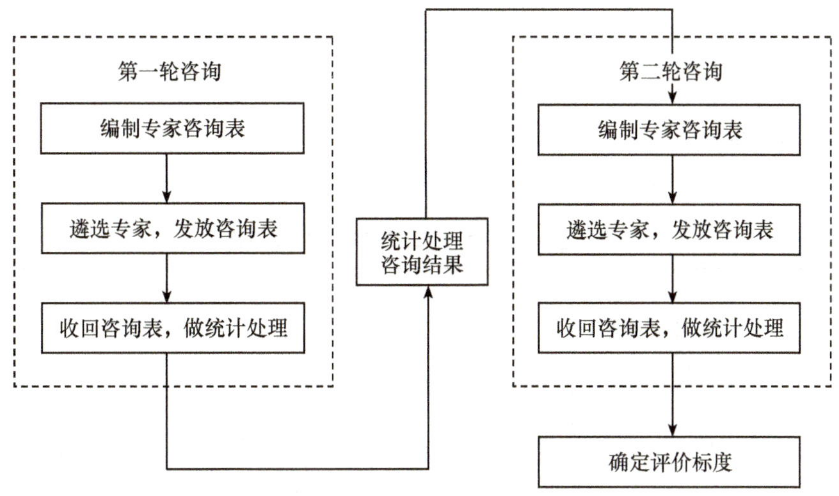

图 2—9　德尔菲法实施步骤

一份咨询问卷，独立提交答案，并保持咨询环境的稳定性。

（二）第一阶段咨询

第一阶段咨询的目标是确定两个一级指标，即基本职业能力和关键能力的权重，在发放给专家的问卷中，我们没有给定两个指标的参考权重，由每位专家独立给出自己的意见（见表 2—2）。

表 2—2　　高职学生职业能力“一级指标”权重咨询表

指标	序号	1	2
	内容	基本职业能力	关键能力
权重（100%）	您的意见（各指标的权重）	%	%

参与的专家独立填写表 2—2 中两个指标的权重百分比，研究小组收集所有的专家答卷后进行汇总，统计出两个指标的平均百分比。将得到的初步结果作为参考值，再次返回给每位专家，由专家在给出参考值的情况下再次进行权重确认或调整。最终得到的权重平均值即为基本职业能力和关键能力两个一级指标的权重确定值。

（三）第二阶段咨询

完成第一阶段咨询，确定一级指标权重后，运用设计的二级指标权重咨询问卷（见表2—3），开展第二阶段咨询。按照与第一阶段相同的方法，开展两轮专家独立问卷咨询，得到的结果即为二级指标的权重确定值。

表2—3　　　高职学生职业能力“二级指标”权重咨询表

一级指标	二级指标	您的意见（权重）	指标含义
基本职业能力	岗位认知	%	了解本职业工作环境、基本工作职责，理解和掌握本专业工作所需的表面性、概念性的知识。如熟悉火电厂主要生产系统、流程和特征，掌握热工理论、机械基础、电工基础、自动控制等基本知识和原理；或了解一般的业务办理流程和知识
	基础操作	%	具备一般专业工具的知识和使用技能，但不清楚这些基础知识、技能与要从事工作的关系及在其中的作用，即这些基础操作技能是独立性、功能性的，如焊接、钳工、仪表使用等基本的操作技能
	工作任务执行	%	具备本职业工作任务的执行能力，可以胜任一般性的工作，即具备使学生能在本职业岗位上“立足”的基本职业能力。如在热工检测及控制岗位上，完成控制系统的组态和维护，集控运行岗位上完成单元机组的启停操作
	工作改进与创新	%	在熟练掌握本职业工作所需技能的基础上，具备对工艺过程、技术细节、设备等进行一定改进和创新的能力，使劳动者具备较强的职业竞争力，能成为本职业中的业务骨干或专家
关键能力	专业关键能力	%	是从事各专业工作都需要的基础能力，如外语能力、计算机应用能力，获取知识和信息的能力
	方法关键能力	%	指从事职业工作所需要的一般工作方法和学习方法。如工作计划制订、任务执行、问题解决、结果反思等环节中的基本思路和方法，以及根据实际情况对职业规划和职业行动进行调整和优化的能力，还包括分析与综合、逻辑与抽象思维、联想与创造等方面的能力

续表

一级指标	二级指标	您的意见（权重）	指标含义
关键能力	社会关键能力	%	高职生社会关键能力是其适应不断变化的职业环境，运用已有的知识经验和技能，通过学习、模仿、交流、实践而形成的能带来最大社会适应效能的活动方式，从而实现跨专业的职业工作目标和职业环境适应。一般包括自我认知能力、人际交往能力、语言表达能力、团队协作能力、创新创造能力

（四）关键能力权重的层次分析法

在关键能力的指标体系中，专业关键能力、方法关键能力和社会关键能力呈现相对平行的关系，这与基本职业能力二级指标的递进关系是不同的。考虑到这一特点，为提高指标权重设置的科学性，在专家咨询的基础上，采用美国 Saaty T. L. 教授提出的层次分析法（AHP）来对专业关键能力、方法关键能力和社会关键能力三者的权重作了进一步调研和统计，确定三大类企业中对应各级关键能力指标的权重，以及在职业能力 7 个二级指标中的权重。

指标权重用于描述各指标相对于上级评价指标的相对重要程度。AHP 法的基本思想是由若干专家把处于同一子集中的各指标相对于上级指标的重要性成对地进行比较，并把第 i 个指标相对第 j 个指标的重要性的估计值记为 p_{ij}，这样，所有专家的评分构成了一组模糊判断矩阵，再综合这些专家的意见，让这样一组打分矩阵转化为一个综合判断矩阵，从而求得各指标的权重。

定性表达 p_{ij} 时，通常用 1、3、5、7、9 分别表示第 i 个指标相对于第 j 个指标而言，同样重要、稍微重要、很重要、明显重要、绝对重要五个等级。用 2、4、6、8 表示这两个指标的影响性之比在上述五个等级之间。相反的比较结果则用 1、1/2、1/3、…、1/9 来表示。因此，n 个指标成对比较的结果可用判断矩阵表示：

$$P=\begin{bmatrix} 1 & p_{12} & \cdots & p_{1n} \\ p_{21} & 1 & \cdots & p_{2n} \\ \vdots & \vdots & \vdots & \vdots \\ p_{n1} & p_{n2} & \cdots & 1 \end{bmatrix}$$

P 为互反矩阵，即 $p_{ij}=1/p_{ji}$，$p_{ii}=1$。矩阵 P 的最大特征值 λ_{max} 所对应的正的单位特征向量便是同一子集中各指标相对于上级指标的权重。根据各项评价指标的权重值及所在层次的权重，可以计算出综合权重。通过以上方法进行研究和统计，三大类企业各级指标的权重进行了调整和优化，从而更合理地反映不同岗位对不同能力的需求程度。

五、能力指标权重的统计分析

（一）一级指标权重分析

课题组对 30 位专家提交的答卷进行统计，结合层次分析法（AHP）的运用，求得三大类企业对基本职业能力和关键能力的要求权重。表 2—4 显示，生产和建设类企业分别为 66%和 34%，服务和管理类企业分别为 29%和 71%，开发和研究类单位分别为 49%和 51%。通过对来自生产和建设类、服务和管理类、开发和研究类等三大类企业（行业）技术专家、企业管理专家、教育工作者（职教专家和高校教师）给出的指标权重进行统计分析，可以发现咨询结果有以下几个特征。

表 2—4　　三类企业（行业）专家一级指标的咨询结果

单位＼权重	基本职业能力	关键能力
生产和建设类企业（第一类）	66%	34%
服务和管理类企业（第二类）	29%	71%
开发和研究类单位（第三类）	49%	51%
总平均	48%	52%

1. 职业能力的要求呈现明显的行业差异性

第一类是生产和建设类企业，包括电建企业、发电企业、供电企业、制造企业，这类企业平均的权重为 66%和 34%。可见对于生产型企业，毕业生的基本职业能力要求明显高于关键能力，这主要是因为生产企业中，劳动者多与设备、流程作业打交道，必须熟知设备结构、严格执行工作标准和操作规程，有很强的专业性、操作性、规程性。

第二类为服务和管理类企业，包括通信企业、金融企业和服务企业，这一类企业的平均权重为29%和71%。这与第一类企业的结果呈现明显的反差，对关键能力要求的权重达到了71%。可见，在服务类和管理类的企业，往往需要员工之间能相互配合、沟通、协作才能完成工作任务，劳动者要求具备较强的人际关系处理、沟通协调能力。

可见，如图2—10所示，职业能力要求具有明显的行业差异性。

图2—10 职业能力要求具有明显的行业差异性

2. 同类企业（行业）内部不同专家意见具有较高的一致性

我们对每一类企业（行业）咨询的对象都包括技术专家和管理专家两类。通过统计发现，同一类企业（行业）内部，技术专家和管理专家给出的两个指标权重比例很相近，如发电企业2名技术专家给出的平均权重分别为70%、30%，另外2名管理专家给出的权重分别为65%和35%，两者相差仅为5%。这说明在同一企业，对某一职业能力的要求具有明显的倾向性和较高的认同度，也证实参与本次咨询的专家具有较高代表性，给出的答案比较科学。

3. 教育工作者更多地考虑学生职业能力均衡发展

第三类是开发和研究类单位，包括职教研究所和高职院校，这类单位的平均权重为49%和51%。相对于前两类企业，第三类单位对基本职业能力和关键能力的要求权重大致相当，没有明显的差异，高校和研究单位从事的是学生教育培养相关的工作，在培养过程中强调学生的专业能力和综合素质均衡发展，在搞好学业的同时积极参与社会实践锻炼，这符合以人为本的教育理念。大学生的全面发展，有利于提高社会适应能力，实现职业生涯的可持续发展。

（二）二级指标权重分析

对咨询结果进行汇总和统计，得到表2—5所示的三大类企业（行业）专家提交的问卷结果统计情况。通过分析我们可以看出，对于不同类型的企业（行业），在高职学生职业能力二级指标的要求上，同样具有明显的行业特征。如第一类企业对“基础操作”“工作任务执行”两个指标百分比很高，说明对基本职业能力的要求很高。而对第二类企业，“社会关键能力”一项达到31%，这与第一阶段咨询中，该类企业专家重视“关键能力”是相吻合的。通过对二级指标的权重咨询，我们可以很清晰地了解不同行业对于职业能力的各个二级指标的具体要求。

表2—5　三类企业（行业）专家二级指标的咨询结果

权重 单位	岗位认知	基础操作	工作任务执行	工作改进与创新	专业关键能力	方法关键能力	社会关键能力
生产和建设类企业（第一类）	13%	17%	24%	12%	12%	11%	11%
服务和管理类企业（第二类）	6%	7%	8%	8%	18%	22%	31%
开发和研究类企业（第三类）	12%	14%	13%	10%	20%	18%	13%

图2—11所示为30名专家给出的7个二级指标平均权重的分布。可以看出，基本职业能力的4个二级指标中，“基础操作”“工作任务执行”两个指标明显高于“岗位认知”“工作改进与创新”。一方面，这反映了当前我国高职学生就业岗位的技能性和应用性特征；另一方面，对工作改进和创新要求不高，说明整体的产业结构有待升级优化，同时，高职教育应更注重对学生创新意识、创业意识的培养。关键能力的3个二级指标中，“社会关键能力”权重最高，说明毕业生走上工作岗位后，需要较快地融入企业，适应社会，这就要求高职院校进一步重视和加强对学生社会能力的培养，使他们学会更好地与人、与社会打交道。

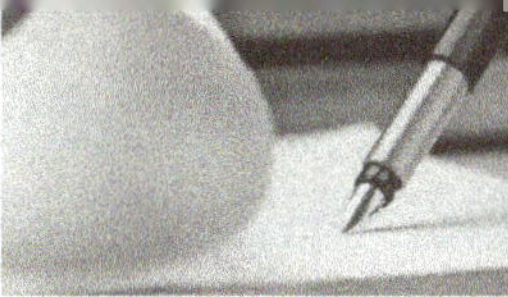

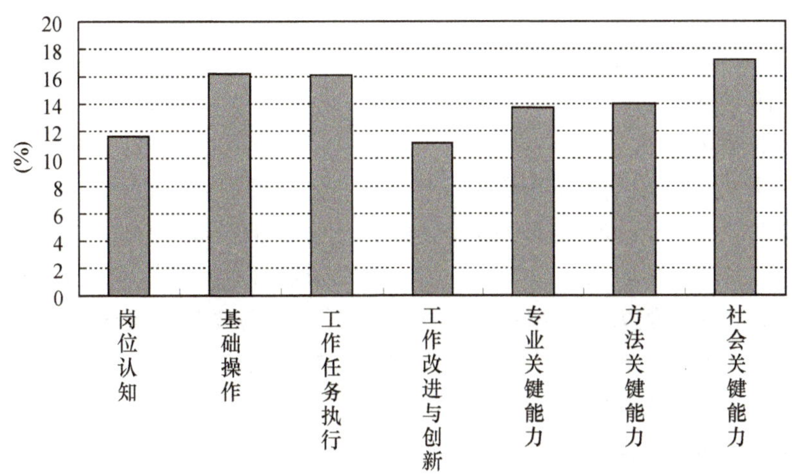

图 2—11　二级指标专家咨询的平均比重

（三）基于指标权重谈职业能力培养

通过分析由实证研究得到的职业能力指标权重结果，对加强和改进职业能力的培养具有重要启发意义。找到企业需求和高职教育现状之间的反差，有助于我们全面审视当前的高职教育，在人才培养理念、培养模式和教学方法等各方面进行改革和完善。

1. 坚持人本性

职业教育首先是以人为本的教育，目的是实现人的全面发展。通过对教育工作者反馈的咨询意见分析，我们可以清晰地看到这一共识。作为高等教育的重要组成部分，职业教育在传授劳动技艺的同时，也担负着传承精神文明和社会价值观念的重要使命，这就要求我们充分认识到职业教育的人本性，将以人为本这一教育理念作为开展各项教育实践的出发点和归宿点。

2. 突出职业性

从问卷咨询结果分析来看，各级指标权重的分布体现了当前社会对各类职业人才能力需求的结构和特点，不同的行业、企业对员工能力要求具有明显的差异性。这就要求我们在专业人才方案制定和课程体系构建中，明确企业不同岗位在技能内容、结构和层次方面的需求，同时，在课程的内容设置和时间安排上，应当体现基本职业能力四个层次的渐进性和关联性，特别要加强学生创新能力的培养，使学生扎实掌握岗位所需的知识和技能，成为一名合格的职业人。

3. 兼顾发展性

在重视学生岗位能力培养的同时，我们也要意识到，企业在用人择人过程中是坚持需求导向的，过分强调岗位的专业性就容易忽视在不同职业中的适应性。因此，高职学生既要具备基本的岗位胜任能力，又要具备跨岗位甚至跨行业的适应能力。兼顾职业能力的发展性，需要加强关键能力的培养，拓宽专业知识、拓展职业技能、提高综合素养，以培养高职毕业生在未来职业生涯中的可持续发展能力。

通过对问卷数据进行统计和分析，我们了解了不同企业（行业）对高职学生职业能力的需求特征，这有利于我们明确当前高职学生的就业环境和特点，更好地把握行业特点，从而培养高职学生的职业能力，为社会输送更多的高端技能型人才。

通过咨询、调研等多种途径，科学界定高职学生职业能力各级指标权重，为构建高职学生职业能力模型、开展职业能力评价方案的设计和实施打下了良好的基础。

第三章 职业能力评价方案的设计

第一节 职业能力评价的总体方案

职业能力评价方案的设计，应该充分借鉴发达国家相关的先进机制、模式和措施，明确评价的主体、客体和目标。应该建立行业、企业主导，职业院校参与的评价认证模式，提高认证的权威度；对接真实职业工作环境和工作要求，实施开放式评价；对接个人职业生涯发展规律，实现阶段性、发展性和动态性的评价。

一、职业能力评价的整体思路

通过对德、澳、美、日等发达国家高职学生职业能力评价体系的研究，我们不断发现这些国家对学生职业能力的评价均采用在权威的评价机构、科学的评价内容、完善的运行机制和多样化的评价手段，以确保其人才培养质量。因此，国外高职学生职业能力评价体系的成功经验，对当前我国高职学生职业能力评价体系的改革具有很好的启示。构建我国高职学生职业能力评价体系，应当着力实现以下三个目标。

（一）认证模式的权威化

无论是德国还是澳大利亚，对学生职业能力的评价均采用外部权威的评价机构及全行业统一的评价标准来客观、全面地评价学生的职业能力。评价标准是由工会、雇主代表、职业学院教师共同组成，且与教育培训部门无直接关系的外部权威评价机构来共同制定的，充分反映了该行业相关职业活动任务的用人需求状况，从而规范和引导高职教育人才培养工作。同时，对学生职业能力的评价也由专门的评价机构负责相关的评价事宜，例如德国“双元制”学生职业能力的评价主要由行业协会下的考试委员会全面负责；澳大利亚对学生职业能力的评价由各州行业培训咨询委员会认可的鉴定站来组织、鉴定及验收工作。

德、澳两国学生职业能力评价体系为我们提供了很好的借鉴作用，因此，成立一个企业、行业普通认可的、权威的评价认证机构，是建立我国高职学生职业能力评价体系有待解决的首要问题。全行业采用科学、统一的评价标准和权威的评价主体，可确保整个评价的客观、公正和全面，有利于高职院校在人才培养过程中树立正确的人才培养质量观，也有利于行业选拔合格的高素质技能人才。

（二）评价过程的开放化

评价与考试、考核、鉴定是有着本质区别的一种测评手段。传统的考试或鉴定，都是基于封闭测试和标准化答案模式进行的，这种模式虽然在一定程度上可以检验教学效果和学生对知识技能的掌握情况，但有限的测试内容必然产生部分甄别信息的流失，难以了解被试者对不断变化的实际工作环境的适应能力和处理突发问题、特例问题的能力。要培养学生的综合素质，促进其职业生涯可持续发展，就需要一种与实际工作场景和过程紧密对接的测评模式，全面、科学地对学生的职业能力进行评价。

制定科学、合理的评价内容，以完成实际职业活动任务所需的知识、技能、态度等作为学生职业能力评价的主要内容，是我国高职学生职业能力评价改革的关键和难点。纵观德、澳、美等国学生职业能力评价体系发现，虽然各国国情不同，但均采用类似的职业活动任务来评价学生的职业能力，要求学生在真实或模拟工作环境中，以完成一系列实际职业活动任务的实践操作来评价其专业能力的高低，通过专业谈话、制订工作活动计划、检查改进工作计划等来评价学生关键能力的强弱，并以此判断学生是否具备了从事该项职业活动任务的全部职业能力。

高职教育主要为生产、建设、服务、管理第一线培养高端技能型人才，强调学生在理论知识够用的基础上，注重实践技能的培养，并具有分析实际问题、解决问题、制订工作计划方面的能力。当前，我国高职教育学生评价主要采用的学生综合素质测评方案，侧重智力方面的评价，轻视技能方面的评价，与本科院校相似。这种重知识轻技能的评价方式与高职教育人才培养

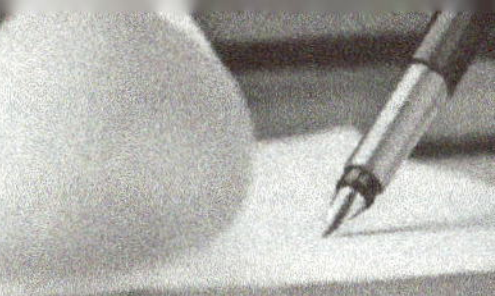

目标发生偏离，从而导致培养出来的高职学生在实践技能方面得不到提升，最终不仅在理论知识上不如本科院校的学生，在实践技能上也没有优势。因此，对高职学生职业能力的评价应结合实际的职业活动任务来进行，以学生在实际岗位中的表现来对学生职业能力做出客观判断，从而真正实现高职教育高端技能型人才的培养目标。

（三）评价方法的多元化

国外高职教育人才培养质量之所以能够得到全行业的认可，除了权威的评价主体、科学的评价内容外，也离不开其对学生职业能力评价采用的多元化评价方法。德国对学生职业能力的评价采用实践操作、情境谈话、书面形式的计划和编制文献来考查学生完成整体职业活动任务的职业能力，澳大利亚对学生职业能力评价从多种标准评价方法中选用，包括观测、口试、现场操作、第三者评价、证明书、面谈、自评、提交案例分析报告、工作制作、书面答卷、录像和其他，多种方法的综合运用，确保了整个评价的科学性、全面性。

高职教育办学具有明显的职业性、应用性、实践性等特征，注重完成具体工作任务的职业能力的培养。因此，对高职学生职业能力进行评价，不宜仅采用传统教育的学生能力评价方法，以单一笔试答题，以具体试卷分数作为衡量学生职业能力高低的主要评价手段，而应根据职业活动任务所需的各项能力单元，采用与之相适应的评价方法。例如对专业知识的评价可结合具体工作项目，采用书写工作计划、专业谈话、案例答题等形式进行评价，对专业技能的评价可采用演讲、实践操作等形式进行评价，对关键能力的评价可通过日常生活中学生的表现、同学互评和融入具体项目活动任务中进行评价。多元化的评价方法可弥补单一评价方法存在的弊端，从而最大限度地发挥各评价方法的优点，达到全面度量学生职业能力的目的。

二、职业能力评价的方案设计

（一）职业能力评价组织结构

借鉴德国等发达国家职业能力评价模式，结合我国高职办学模式和市场特点，组建多元主体的职业能力评价委员会。即以行业为界限，选拔现场技术专家、企业管理专家、职业教育专家和职业院校骨干教师，共同组成职业能力评价委员会（见图3—1）。制定如图3—2所示的职业能力整体方案。

图3—1　职业能力评价应有多方参与

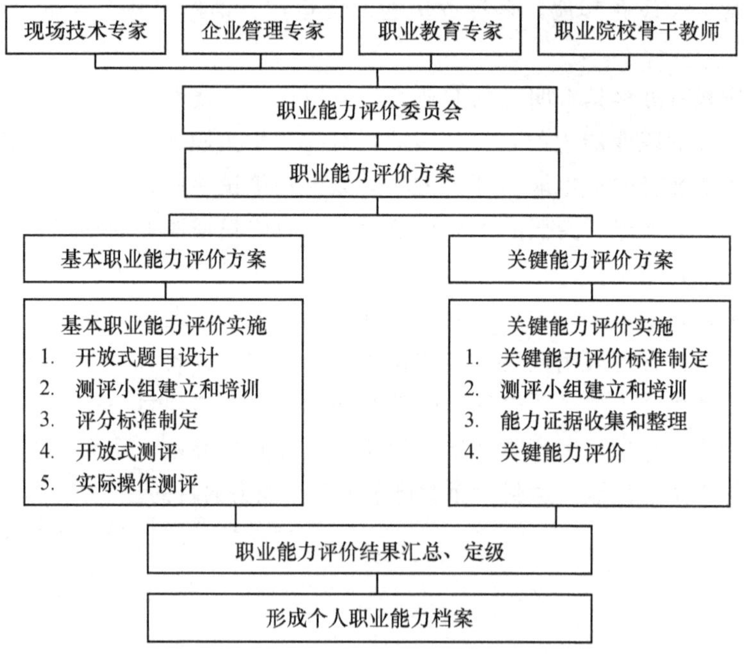

图3—2　职业能力评价整体方案

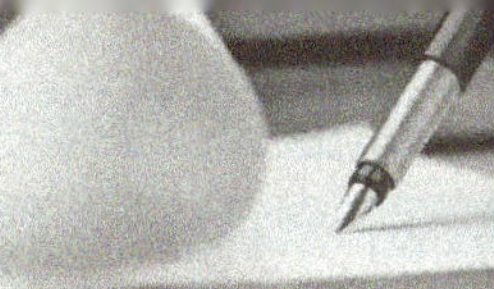

按以上思路和框架建立的职业能力评价委员会，在开展职业能力评价设计和实施中的职责包括以下几个方面：

一是针对某一行业某一类工种职业能力要求，对照已经建立的高职学生三维职业能力模型的各级指标体系，建立具体的能力标准。

二是制定详细的基本职业能力评价方案。

三是制定详细的关键能力评价方案。

四是组建职业能力测评工作小组，并对测评工作进行管理、指导和培训。

五是对各阶段职业能力评价结果进行最终的审查和认定。

六是开展定期的工作总结和研讨，开展市场调研，对职业能力评价技术体系和实施方案进行动态优化。

（二）基本职业能力评价

基本职业能力是学生胜任岗位工作必须具备的核心能力，与高职阶段的专业知识学习、技能操作和现场实践等过程紧密相关。国内外先进的职业教育理念和成功的教育案例都表明，基于工学结合的培养模式和典型职业工作任务驱动的教学范式，可以最大限度促使职业院校与企业现场的对接，提高知识、技能到岗位工作能力的转变效率。因此，基本职业能力的评价，也应当在典型工作任务的实施中进行考查。按照这一总的指导原则，如何设计评价的工具、评价的标准、组织实施的具体过程，则是基本职业能力评价的技术重点和难点。

针对高职学生基本职业能力评价，我们设计了“校企参与，同模多段”的评价模式。即学校和企业共同参与基本职业能力的评价设计、组织和实施过程。将开放性方案的设计和实施作为基本职业能力评价的核心工具，在不同的测评阶段均采用内容同类、难度相当、形式相同的测评题目，体现“同模”特征。由职教专家、骨干教师、现场技术专家和企业专家组成的测评小组，负责开发若干套测评题目，在高职三年中，确定几个时间节点来测评。“校企参与，同模多段”的基本职业能力评价模式，可以确保测评工具始终体现典型工作任务的要求，通过学生不同阶段的测评结果，对基本职业能力的培养和提高状况进行纵向的发展性评估。

开放性是测评题目最突出的特征，也是与传统的标准化考试、课程考核和技能鉴定最本质的区别。开放性试题是向学生布置一个典型职业背景下的完整工作任务，要求学生独立完成调研、信息收集、方案制定、计划、执行、反馈等环节的完整实施方案设计，形成书面的成果。在此基础上，针对任务完成中的关键操作，在实训场地或现场工作平台上完成操作。测评小组分别对设计方案和实际操作进行评判。该项评价涉及多方面的技术措施，包括测评题目的选择和开发、评分点的制定、评分等级（分值）的确定、测评环境设计和过程组织、评分小组的培训、测评可信度和准确度保障措施等。需要指出的是，开放式测评除了对与岗位工作密切相关的基本职业能力进行评价外，在一定程度上还反映了学生的沟通能力、协调能力、职业道德、社会责任意识等多方面的素质，也就是学生的一部分关键能力。

（三）关键能力评价

与基本职业能力载体相对明确、评估相对直观不同的是，关键能力具有内隐、可迁移、载体多元等特点，高职学生从入学前，就具备一定的方法能力和社会能力基础，在高职三年的学习中，校园文化、专业训练、社会实践和素质培养，都会对学生的关键能力形成潜移默化的影响，但同一种能力可以通过多种途径和方式来表现。关键能力的自身特点和培养规律，要求对其评价不适合采用单一的工具或手段来实现，而应该根据学生不同阶段的教育成长环境和个人身心状况，采用差异化的评价方法。另外，在关键能力的评价过程中，我们不能忽视被评价者自我认知意识和认知能力对提高评价结果准确度和可信度的作用。换言之，关键能力的科学测评，应是建立在合理的测评工具基础上，由包括被测评者本人、班级、教师和测评专家多元主体共同参与的一个有机协作过程。

基于以上考量，我们建立了高职学生关键能力“多元主体，多模交互”的评价模式。即在测评途径的设计上，分别设计基于参与和互动过程、基于专项量表、基于能力证据收集的三种模式，不同的年级阶段，采用某一种模式为主，其他模式辅助和有机结合的方式，来对学生关键能力进行测评。在基于参与和互动过程的测评模式中，通过设计和开展学生参与、师生互动式的活动，由评价者根据学生的表现进行评判（见图 3—3）；在基于专项量表的测评模式中，运用国内外人力资源测评的典型量表，对学生语言运用、自我

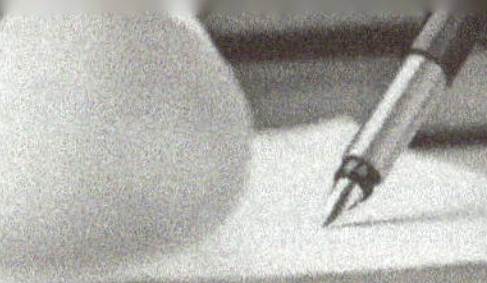

认知、交流协调等专项能力进行测评；在基于能力证据收集的测评模式中，建立专业关键能力、方法关键能力、社会关键能力的证据列表，如学生考取的计算机、英语等级证书，参加社会实践的成果，获得的相关荣誉等，在高职不同的学习阶段进行统一收集、确认和登记，由多元主体进行测评。

图 3—3　参与和互动过程可以体现个人关键能力

在测评主体的选择上，将学生本人、班级、辅导员和任课教师、测评专家小组作为四级主体，每个主体运用相应的测评标准，对照学生的具体能力表现或证据进行评价。对不同主体赋予不同的测评结果权重，综合得到学生最终的关键能力评价结果。

“多元主体，多模交互”的关键能力评价模式，体现了当前我国高职教育和人才培养过程的特点，即高职教育在进行专业教学改革的同时，越来越重视学生综合素质的培养，丰富的校园文化、社会实践活动为学生搭建了良好的素质拓展平台。因此，建立与之对应的能力评估体系是非常必要的，既可以对学生的职业能力进行全面评价，又可以将评价转化为激励机制，形成以评促培的良好循环。

（四）评价阶段和内容划分

根据人的职业成长阶段性规律，高职学生职业能力评价突出体现阶段性、发展性和动态性。所谓阶段性，就是对应高职三年的不同学习阶段，分别在大一、大二、大三开展职业能力评价；所谓发展性和动态性，即通过对学生不同阶段的能力水平评价，详细了解每个学生的能力结构、优势和劣势、能力变化情况，为每位学生量身打造能力发展的建议和计划，达到帮助学生成长的目的。

在高职三年学习期间，先后在四个时间节点开展与职业能力有关的测评，见表3—1。对第一学期的学生，尚处于大学环境适应和角色转换阶段，因此，重点开展对学生的职业兴趣、职业认同感和专业认同感测评。通过掌握每位学生的相关背景信息，有利于对其高职三年的学习和培养进行个性化的引导。

表3—1　　职业能力评价阶段划分

评价阶段	主　题	评价内容	评价主体
第一学期	职业能力背景信息测评	职业兴趣测评 职业认同感测评 专业认同感测评	学校
第三学期	第一次职业能力评价	基本职业能力开放式测评 基于参与和互动的关键能力评价 基于专业量表的关键能力评价	学校和企业
第五学期	第二次职业能力评价	基本职业能力开放式测评 基于证据收集的关键能力评价	学校和企业
第六学期	第三次职业能力评价	岗位适应和胜任能力测评	企业为主，学校协助

第三学期开展第一次职业能力评价，由学校职教专家、专业负责人、骨干教师、企业技术专家共同参与，开展基本职业能力开放性测评、基于参与和互动过程的关键能力评价和基于专业量表的关键能力评价。

第五学期开展第二次职业能力评价，同样由学校和企业共同参与，完成基本职业能力开放性测评和基于证据收集的关键能力测评。通过两次能力测评，纵向对比每位学生的职业能力发展水平，通过具体能力的结构分布，找出薄弱环节，进行针对性的指导。

第六学期，学生主要开展毕业设计和顶岗实习，结合这一阶段的培养任务，对毕业设计和顶岗实习的组织模式、内容和标准进行全面改进和完善，突出企业在顶岗实习考核中的主导作用，落实相关的管理制度和考核评价标准，兼顾企业生产需要和学校育人目标，对毕业生的岗位适应和胜任能力进

行全面考查和评估。以促使毕业生从学习者到职业人的转变，提升其岗位胜任能力和职业发展能力。

（五）评价结果审查和认定

职业能力评价是一项系统工程，需要高校、企业和社会的多方参与，以及教师、学生、职教专家和企业专家的通力协作配合。从理论研究到实践应用的每个环节都需要严格把关，才能保证评价的科学性、准确性和实用性。能力评价结果的认定、归档和利用同样是一项严谨的工作。对开展的职业能力背景信息测评和三次职业能力评价的结构，需要建立完备的测评数据，进行汇总和分析。评价小组对评价结果考核，初步确定学生的能力等级，再交由职业能力评价委员会召开专题会议，进行集中审查和认定。每位学生都建立了职业能力档案，将测评的过程资料和结论信息统一汇总。职业能力评价结果数据的主要价值体现在三个方面：一是作为学校教学质量阶段性评估和教学改革完善的重要决策信息；二是作为对学生职业能力培养和成长发展开展个性化咨询和指导的依据；三是作为学生求职就业过程中用人单位考查选聘的参考依据。

第二节　基本职业能力的评价

基本职业能力是和岗位工作紧密联系的，是职业者胜任岗位工作，实现职业成长的必备能力。基本职业能力的评价，应当基于典型工作任务的驱动，采用开放式测评和实际操作相结合的方式，完成信息获取、方案制定、实施、评价等各个环节的任务，实现最终的工作目标。在这一完整的职业行动中对基本职业能力进行有效评价。

确定高职学生职业能力指标体系后，如何收集能力表现的证据，按照指标权重进行评价或评分，是实现职业能力综合评价定级的关键。目前综合评价的方法有很多，诸如专业评定法、比较平均法、德尔菲法、主成分分析法、层次分析法、层次分析法与德尔菲法的联合应用法、网络层次分析法等①②。我们基于已建立的职业能力指标体系，按照基本职业能力发展逐级递进特征对被试者能力水平进行阶段性的测评；在确定各级指标权重的基础上对关键能力开展综合评判。综合关键能力和基本职业能力测评成绩对被试者职业能力级别进行综合评价和认定。

一、开放式测评题目设计

基本职业能力评价方式最大的特点是具有开放性，这与传统的考试、技能鉴定等标准化考核手段是有本质区别的。通过明确专业（专业群）对应的就业岗位和典型工作任务，设计一个源于真实职业场景的工作任务，要求学生以一个职业者的角色，提出该任务的完整实施方案。开放式测评中没有标准答案，学生可以基于自身知识技能结构和行动思维倾向提出不同的方案，进行论证和完善。

评价小组对每一个专业开发了若干套测试题目，都是源于该专业就业岗位的典型工作任务，在难度和要求上相当。在职业能力测评的三个阶段，随机抽取两套题目作为测评工具，目的就是更好地了解学生职业能力发展的阶段性变化，提高测评的科学性。因此，开放式测评体现了任务驱动，也体现了设计导向，是最新职业教育理念的反映。

我们以热工检测及控制技术专业为例，该专业开发的一套开放式测评题目如下。学生接收的是一个源于现实工作中的完整工作任务，包括情境描述和任务的具体内容及要求。学生需要完成获取信息、制订计划、做出决策、实施计划、检查控制、总结评价六个环节的详细设计，每个环节都有对应的任务、目标和要求。任务实施部分有关的操作和设计，需要在实训场地独立完成，接受现场评估。

---

① 石振武，赵敏．运用层次分析法确定指标的权值［J］．科技和产业，2008（2）．

② 郑禹．大学生能力指标体系研究［M］．合肥：中国科学技术大学出版社，2008．

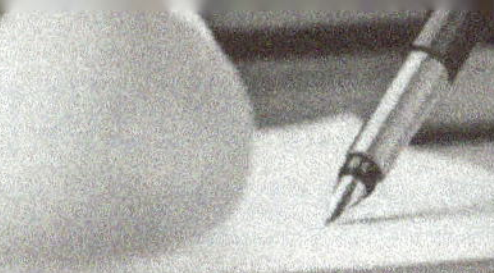

任务描述　屋顶水箱自动控制系统设计

情境描述

张先生的家是一栋新建的三层楼独宅，房子刚建成装修，准备入住，但目前的自来水管供水只能到达一楼的水池，无法送到二楼和三楼，因此，张先生希望在屋顶增加一个水池（水箱），通过水泵将水送到水箱，再通过阀门、管道给各楼层送水，满足一家五口人的日常生活用水需求。在与设计师进行沟通讨论时，张先生提出了以下要求：

（1）有水位自动测量和显示，在一楼可以随时观察到。

（2）有水位高和水位低的报警和保护控制。

（3）水泵或其他控制设备能根据实际的水位实现自动启停，完成自动进水或排水。

（4）在紧急情况下可切换到手动方式对水泵进行人工操作。

任务要求

请你针对以上问题，设计屋顶水箱自动控制系统的实现方案。包括系统设备硬件结构、安装连接，控制器选择，控制功能的详细实现方案等。

请你全面详细展示并陈述方案，同时进行必要的解释。

实施环境和辅助工具

在 DCS 实训室和仪表实训室完成设计，可以参考现场的设备、教材、技术说明书或通过网络查询有关信息。

任务实施

行动阶段一：获取信息

任务及要求：为设计水箱自动控制系统，你需要与张先生进行沟通，详细了解需求；并自行查找相关资料和信息，进行有关计算。

（1）请你制定一个所需信息的清单，即在设计系统前需要哪些信息，可以通过哪些途径获得这些信息。

（2）进行相关计算及设备了解：日用水量的估计、水池容量和结构、泵的功率、泵的类型、水位测量设备、常用的控制器及成本性能比较、泵的安装地点、控制柜和操作区位置、系统风险预估等信息。

行动阶段二：制订计划

任务及要求：在获取信息后，你现在要拿出具体的系统设计方案。

（1）确定水位检测设备及连接线并解释理由。

（2）确定水泵类型、功率并解释理由。

（3）确定采用什么控制器（PLC、DCS或其他控制器）并解释理由。

（4）画出水箱控制系统的整体结构图。

（5）指出系统运行中可能的安全隐患及对应的防范措施。

行动阶段三：做出决策

任务及要求：你制订的计划需要交给张先生，并向他进行讲解说明，由张先生做出决定。

（1）写出你与张先生沟通的内容、途径，即你将向他提供哪些资料和信息，通过什么方式展示你的方案。

（2）对方可能会向你提出哪些问题，你将如何解答。

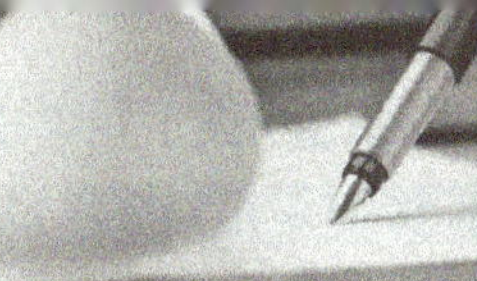

行动阶段四：实施计划

任务及要求：在做出决策，确定方案后，要对控制系统进行详细设计。

（1）列出系统检测信号输入量、控制输出量的清单。

（2）画出端子接线图。

（3）编写控制逻辑（PLC 为梯形图，DCS 为组态图），能体现不同水位下的报警、保护和控制方法。

（4）设计水位显示和控制的操作台。

行动阶段五：检查控制

任务及要求：完成系统设计施工后，需要将系统移交给张先生使用，要完成相关的交接工作。

（1）指出在移交前需要完成哪些调试和检测工作。

（2）拟订一份操作指南的主要内容目录。

（3）说明控制系统在日常使用中需要做好哪些检查和保养工作。

行动阶段六：总结和评价

任务及要求：完成任务后，请对自己的整体方案进行评价。

（1）设计的方案总体性能如何，有哪些功能和优点。

（2）设计的方案还存在哪些不足，可通过哪些途径或方法来改进、提高。

二、评分点的要素和结构

基本职业能力包括岗位认知、基础操作、工作任务执行、工作改进和创新四个逐步提高的本职岗位能力水平，每个能力水平又包含若干个评价指标。这种呈现逐步递进的基本职业能力水平特征，可以通过设计能反映被试者技能水平的综合性测试题目，进行开放式测评，然后由评分专家对被试者完成的解决方案和实际操作过程进行评分。

10个三级指标即为10项评分指标，每项指标又包含若干个评分点。评分点由现场专家、专业骨干教师组成的评价委员会讨论和论证确定，评分者可以按照这些评分点对被试者完成的解决方案进行评分。另外，涉及实际操作的环节，按照现场工作规范及要求，对测试者的操作步骤、动作规范、体现的工作态度、沟通合作能力、操作结果（产品）进行现场综合评判。表3—2为热工检测及控制技术专业开放式测评评分表，按照这一指标体系，可以进一步制定每一套测试题目的详细评分表。

按照以上建立的指标评分体系，可以确定10个三级指标的所有评分点。对每个评分点，按照完全符合、基本符合、基本不符合、完全不符合四个等级进行定量评分，见表3—3。

表3—2　　职业能力测评评分表（热控专业）

二级指标	三级指标	具体要求	评价等级			
			完全符合	基本符合	基本不符合	完全不符合
岗位认知	表层性	对工作环境能较快熟悉				
		对任务内容和要求有明确的了解				
	概念性	能用规范、专业的语言来陈述				
		对重要概念能理解，并能针对实际问题进行计算				
基础操作	直观性	设计方案内容清晰，能让非专业人员看懂				
		图、表、流程结构直观、清晰				
	功能性	格式规范、信息齐全				
		能解释各个重要设备的作用				
		能根据需求选择合适的设备型号				
		能正确设计、安装、使用设备				

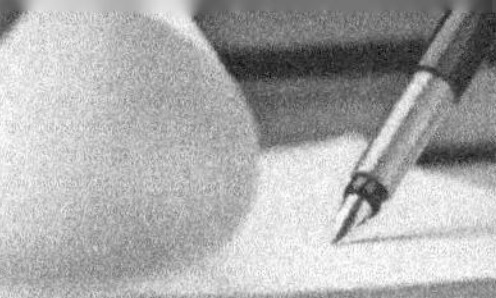

续表

二级指标	三级指标	具体要求	评价等级			
			完全符合	基本符合	基本不符合	完全不符合
工作任务执行	系统性	能搭建完整的系统，实现整体的功能				
		能考虑到系统各部分之间的相互影响，制定合理的控制和协调方案				
	关联性	能制定合理的实施步骤，进行阶段性的控制				
		能考虑参与任务实施的不同岗位或人员角色，协调进行				
	目标性	有明确的整体目标和阶段性目标				
		解决方案中是否考虑到可能存在的不利干扰因素并提供了解决办法				
工作改进与创新	公益性	是否考虑使用者的操作方便、舒适				
		是否考虑到系统对环境中其他人的影响				
		是否考虑到安全隐患和防范措施				
	经济性	重要设备选择时是否在多个对象对比中择优，实现性价比最高				
		是否考虑到流程的精简和优化，降低整体成本				
		是否考虑到后续费用和后续投入				
	创新性	是否在完全实现客户愿望的同时，提出了建设性的意见				
		是否运用了个性化或有创意的设计，增加了适当的附加功能或拓展功能				

表 3—3　　每个评分点的要求及相应分值

符合要求程度	完全符合	基本符合	基本不符合	完全不符合
分值	6	4	2	0

由评分者对某个三级指标 C_m（$m=1$，2，…，10）的评分点给出实际得分，然后求出平均值，再乘以 10（满分 60 分或 100 分），即得到该项三级指标的实际得分 P_{Cn}。再对某个二级指标所属的所有三级指标的实际得分求平均值，即得到该项二级指标的实际得分 P_{Bn}（$n=1$，2，3，4），见表 3—4。

表 3—4　　基本职业能力各级指标分值计算

三级指标	三级指标得分	二级指标	二级指标得分
表层性	P_{C1}	岗位认知	$P_{B1}=(P_{C1}+P_{C2})/2$
概念性	P_{C2}		
直观性	P_{C3}	基础操作	$P_{B2}=(P_{C3}+P_{C4})/2$
功能性	P_{C4}		
系统性	P_{C5}	工作任务执行	$P_{B3}=(P_{C5}+P_{C6}+P_{C7})/3$
关联性	P_{C6}		
目标性	P_{C7}		
公益性	P_{C8}	工作改进和创新	$P_{B4}=(P_{C8}+P_{C9}+P_{C10})/3$
经济性	P_{C9}		
创新性	P_{C10}		

三、开放式测评组织实施

（一）参评人员的组织和准备

参评人员包括被试者和测评组织、实施人员。为确保职业能力测评顺利进行，被试者（即学生）在高职入学时就由职业能力评价小组进行登记备案，确定每个专业的测评人员名单。本课题组开展职业能力评价应用的对象主要是电力职业院校各专业学生，包括热工检测及控制技术、火电厂集控运行、热能动力设备及应用、供用电技术、电力营销等涉及电力生产、建设、管理和服务不同岗位的专业，我们希望通过不同专业的职业能力评价进行相互比较，并在不同院校的同类专业之间进行测评，以横向对比。

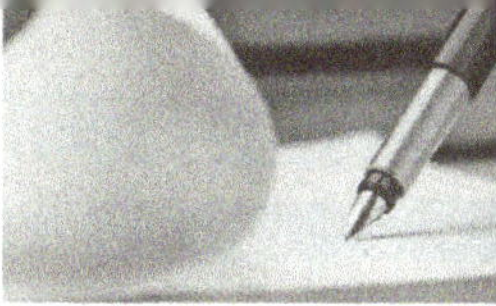

在测评实施过程中，主要由企业专家、专业负责人、骨干教师组织评价实施小组，负责评价过程各个具体工作环节的实施。在每次测评前，实施小组召开专题会议，明确测评任务、分工和职责。试题开发小组在开放式题目设计中，联合学校、企业专家共同参与，反复论证，确保题目的科学性，最大限度反映岗位工作要求。

（二）场地和设施准备

基本职业能力评价以开放式方案设计和实际操作相结合的方式进行。开放式方案设计一般在学校一体化教室组织。实际操作在学校提供的实训场地和相关设备上进行。用于测评的场地应保持良好的环境，并有相关的主题电子屏，营造良好的氛围。实操场地则尽量做到设备、工具摆放与现场对接，让被试者有充分的工作角色体验，更好地参与任务执行过程。

（三）评价过程的组织实施

每个开放式方案设计一般为 3 h，学生可以现场携带参考资料、利用网络查找信息，但必须是独立完成的。在这一过程中，测评人员（教师）只负责现场组织和时间提示，而不直接介入学生的行动。实际操作是事先确定的，且与设计方案中的任务实施环节紧密相关，学校提供相关的操作平台和设备，学生独立完成操作，测评人员对学生全程跟踪和评判。

（四）提高评价可信度的方法

在教育测量理论中，依据试题评分不同将试题分为客观性试题和主观性试题两大类。客观性试题有显而易见的优势，例如评分客观、公正，但每类试题都有各自的功能，并不能用客观性试题来全面考查学生，特别对于职业能力的评价，是不适合用客观试题进行的。开放式测评作为一种典型的主观性试题，为全面测评学生职业能力状态提供了一种有效途径。但开放式题目最大的困难是评分误差比客观性试题大，如何评判开放式试题评分的可信度，并提高评分者的评价结果可信度，是基本职业能力评价必须要解决的一个技术问题。

由 3～4 名评分人员组成评分小组，对被试者提交的开放式设计方案进行统一评分。评分的可信度是测评工具有效性的重要考量（见图3—4），为提高评分可信度，在正式评分之前进行预评分。具体方式是先随机抽取两名被试者的方案，由10名评分者进行独立打分，然后将评分结果汇总比较，计算各评分者之间的测评误差，就每个评分指标的评分原则、尺度进行第一次讨论，平衡意见。然后再随机抽取两名被试者的方案，由10名评分者独立打分，汇总结果，重新计算误差和可信度，再进行第二次讨论。如此重复3次，直到各评分者的评价结果达到期望的可信度范围，则开始正式评分。通过以上方法，可以确保评分具有较高的可信度。通过实际操作我们发现，评分者要胜任评分工作，自身必须具有全面扎实的专业基础和丰富的实际操作经验，对测评题目的内容、考查目的和细节均有深入的理解和把握。通过多次参与评分，反复讨论和对比，可以使评分小组保持稳定的评价可信度。

图3—4　可信度是测评工具有效性的重要考量

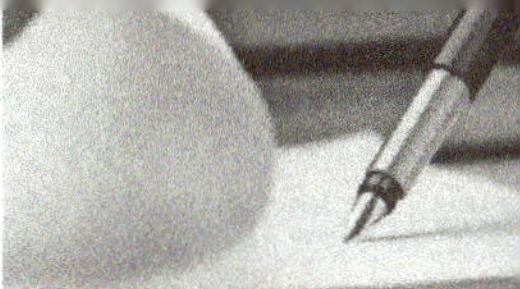

第三节　关键能力的评价

关键能力作为一种跨职业的能力，具有内隐性，其表现的载体和途径多样且多变。高职素质教育是培养学生关键能力的重要途径，学生在各类素质培养活动中的表现和成果是关键能力的重要体现。因此，针对不同年级的高职学生，采用差异化的关键能力评价模式：基于参与和互动过程的关键能力测评；基于专业量表的关键能力测评；基于能力证据收集的关键能力测评。某一阶段的测评采用一种模式为主，多种模式辅助，对学生的专业关键能力、方法关键能力和社会关键能力进行科学评价。

与基本职业能力容易在典型工作任务中测评不同的是，关键能力是一种隐性、可迁移、载体多元化的能力。专业关键能力、方法关键能力和社会关键能力的测评应该随高职学生的不同成长阶段和能力培养状态，相应采取不同的评价途径和工具，以提高测评的准确性和科学性。课题组通过对我国高职人才培养模式和培养过程特点的调研分析，结合国内外最新的人才培养和质量评估理念，设计了三种典型的关键能力评价模式。三种模式的界定以关键能力证据表现方式的差异性作为主要区分点，对不同的能力证据表现方式采用相应的评价手段。

一、基于参与互动过程的评价模式

基本职业能力主要体现在完成典型职业工作任务过程中，同时，这一任务完成过程也需要相应的关键能力，如沟通、协调、评估等。但关键能力的体现方式往往是多元化的，现实中各种形式的参与式、体验式、互动式的活动，是检验和评估个人关键能力的重要载体和方式。

基于这一视角，我们不难发现，对于大一阶段的学生，尚处于大学环境适应、角色转型和职业方向探索阶段，且学生普遍具有较强的探知尝试热情和主动参与意识，因此，本阶段的关键能力测评可以重点通过设计特定的参与和互动过程，通过学生的参与和互动表现，对照系统而有针对性的测评指标，由测评小组对学生表现进行主观评判。在具体的设计实现方式上，可以学生职业生涯规划设计为主线，通过学生个人参与职业认知、专业认知、职业生涯规划等活动，在和同学、老师的交流互动中展现多方面的能力和素质。还可以策划组织主题辩论、演讲、无领导小组讨论等多种活动，来检验和培养学生的语言表达、协调沟通、组织领导等多方面的能力。

二、基于专项能力量表的评价模式

高职学生进入大二阶段时，由于有了一年的学习培养和生活体验，各项能力和素质得到明显的提高。对自身的学习方式、思维和行为习惯、技能训练体验、生活感知、社会交往经验等都有比较明确的自我认知和判断。因此，针对人际交往、学习技能、自我认知等方面的能力，可以通过采用专门的测评问卷进行评价。测评问卷主要采用选择性问题方式，由被测者根据自身判断给出答案，建立与不同的答案对应的量化分值。由于问题在整体布局结构和答案选项的设计上都具有内在逻辑性，即每个问题和每一个答案选项，客观上都代表该项能力在某一方面的水平高低。因此，测试完成后，测评小组可以统计出学生某一专项能力所得的总分，由实际得分所在的区间，可以判断该项能力的水平。

决定这种测评模式应用成效的关键因素之一是问卷本身的设计是否科学合理。在研究和应用中，我们主要从两个方面来考虑和解决这一问题，一方面借鉴国内外人力资源管理和建设中用到的典型的测试问卷或量表，这些测评工具经过专业人员的开发、反复应用和改进，具有较高的可信度和科学性。另一方面，考虑到现成的测评工具针对性不强，没有体现高职教育过程和高职学生自身的特征条件，我们对现有工具进行改进，尽量加入体现高职教学和育人过程的背景信息，体现学生的角色特征和态度情感因素。通过借鉴、引用和改进一系列措施，提高关键能力专业量表测评的可信度和针对性。

我们应用的专业量表包括四类：基础认知能力测试、人际交往能力测试、学习技能测试和情商的测试。基本认知能力是指人们对事物的构成、事物之

间的联系、发展的动力、发展方向、基本规律的把握能力。研究表明，基础认知能力能够有效预测一个人基本的工作胜任能力。基本认知能力测评内容包括言语理解、判断推理、数量关系和资料分析四个方面。人际交往能力是人们社会生活的基本能力，也是一种状况适应能力，即一种愉快地调整与周围环境关系的能力。对高职学生人际交往能力的测试，有利于了解学生在学习专业知识和技能的过程中，关键能力的发展状况。学习能力是人们在学习、工作及日常生活中必须具备并广泛使用的能力。职业或专业的水平越高，对人的一般学习能力的要求也越高。对新知识和新技能的学习和掌握能力，是方法关键能力的重要内涵之一，且与其他多项能力紧密相关。另外，专项能力测试中还应用了国际标准情商测试，即 EQ 测试，EQ 测试是从另一个角度对学生关键能力进行评估的重要途径。

专业量表测评的优点是直观、便于实施操作和结果统计，能在一定程度上反映学生某项能力的水平和特征。需要指出的是，这种由学生判断、给出选择的评价方式，本质上是学生在能力方面的自我认知，即对自身某项能力的主观性、倾向性的判断，而学生的实际能力水平如何，还需要通过实际行动的检验。另外，量表的开发难度大，但可重复使用性不强。实验表明，如果同一量表反复使用，被评者的参与热情和测评效度都会下降。因此，专业量表这一测评模式，应当作为其他测评模式的一种有效补充，与多种测评途径有机结合，来实现关键能力测评。

三、基于证据收集评判的评价模式

根据已有绩效来判断能力水平，是实现关键能力评价的重要途径。高职学生进入大三阶段，已经完成了大部分专业基础和专业核心课程学习，参与了各种技能实训，并进入现场生产实习、顶岗实习过程。同时，大部分学生通过参与学生会、共青团和社团锻炼、参与学校和班级开展的社会实践和各类素质教育活动，得到了多方面的体验和锻炼，并积累了相关的成果。因此，对大三阶段高职学生的关键能力测评，适合以收集的相关能力证据为基础来实现。

我们围绕高职学生关键能力的绩效证据，设计了覆盖专业关键能力、方法关键能力和社会关键能力 3 个二级指标、12 个三级指标的能力证据收集表，明确了各个指标对应的能力证据收据范围，见表 3—5。按证据的性质划分，

表 3—5　　关键能力测评证据登记表

院校：________　专业：________　年级：________　班级：________

姓名：________　学号：________　性别：________　登记时间：______年____月

	二级指标	三级指标	能力证据收集范围	个人获得的相关能力证据（列出具体的证据或给出简要陈述）
关键能力	专业关键能力	普适性能力	1. 英语、计算机技能证书和其他成果	
		拓展性能力	2. 业余兼职情况记录	
			3. 跨专业学习的记录及成果（成教、自考等情况）	
	方法关键能力	工作计划和决策的能力	1. 是否制订阶段性的学习计划；学习、实训和工作中是否有条理性	
		分析和解决问题的能力	2. 分析和解决问题（课堂、实训表现；体现处事能力的典型例子）	
		评估和反思行动的能力	3. 自我评估，实践操作技能（擅长的技能操作、技能等级证书等）	
		独立学习新技术的能力	4. 学习技能（掌握的新技术和相关特长）	
		职业规划和调整能力	5. 职业生涯规划和调整（有无明确的就业和职业方向；具体规划）	
	社会关键能力	自我认知能力	1. 访谈测评记录	
		人际交往能力	2. 社会实践相关成果记录	
		语言表达能力	3. 辩论、演讲、社会实践活动记录	
		团队协作能力	4. 党员、学生干部等角色；各类获奖和荣誉记录	
		创新创造能力	5. 创新产品、创新设计、技能活动成果	

关键能力证据包括客观证据和主观证据两大类，如专业关键能力中的“普适性能力”的证据，以英语、计算机运用和信息处理能力为主，学生获得的英语、计算机等级证书，则是客观证据。而对于社会关键能力中的“自我认知能力”，则通过学生的自我总结和评价，结合同学和老师的评价来体现，即为主观证据。

对已收集的形式多样、层次各异的具体能力证据，采用什么标准对不同的证据进行评价，得到量化的结论，是一个技术难点。对此，课题组建立的关键能力测评专家小组，采用综合考查和评判的方式，来建立关键能力证据评价的标准。一是用人单位对毕业生的能力要求，调研和访谈企业人力资源部门和企业专家，收集不同行业、企业对学生各项关键能力的具体要求；二是基于高职素质教育模式和素质培养水平的现实考量，对现阶段高职学生素质教育的典型模式、途径和关键能力培养的目标要求，确定在校生各项关键能力的典型绩效列表。通过综合以上两方面的因素，建立关键能力证据评判的参考标准，以兼顾评价的准确性和统一性。

在能力证据收集的基础上，设计了基于证据收集的关键能力四级评价模式。如图3—5所示，一级评价为学生本人自评；二级评价由班级干部、学生代表建立测评小组对所有学生进行集中评价；三级评价由辅导员和任课教师组成测评小组进行集中评价；四级评价则由测评专家小组来实施。各级评价结果具有不同的权重，一级至四级评价结果所占权重分别为0.1、0.1、0.4、0.4，见表3—6。在具体评价过程中，各评价主体针对制定的评价参考准则，对各级指标给予优、良、中、差四个等级，然后将四个等级换算成标准分值(见表3—7)，结合权重统计出每个学生最终的关键能力评价结果。

表3—6　　关键能力各级评价主体及权重表

评价主体	学生本人	班级	辅导员和任课教师	测评小组
评价等级	一级	二级	三级	四级
权重	0.1	0.1	0.4	0.4

表3—7　　关键能力指标的评价等级和标准分值

评价等级	优	良	中	差
标准分值	100	80	60	40

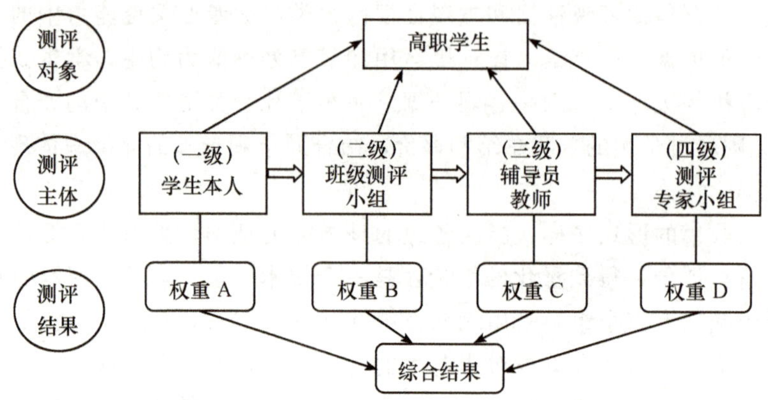

图 3—5 基于证据收集的关键能力四级评估

四、关键能力测评结果的量化统计

基于参与和互动过程、基于专项能力量表和基于证据收集的三种关键能力评价方法，在高职三年不同的学生阶段有选择、有侧重地使用。关键能力采用“定性评价，定量转换”的方式。这一方法的基本思路是，对于不同的评价模式，对应关键能力二级指标和三级指标的评价均采用等级制，根据能力标准将各项具体能力证据定性评价为“优”“良”“中”“差”四个等级。为对学生职业能力进行更直观的认识，且有利于比较和分析，需要将这一系列定性结论转换为定量结果，因此，“优”“良”“中”“差”分别赋予对应的标准分值，见表 3—7，这样每一个三级指标均得到一个确切的得分，然后将同一个二级指标下的各个三级指标得分取平均，即得到二级指标的结果。最后，根据三大行业对专业关键能力、方法关键能力和社会关键能力的不同要求权重，得到学生关键能力的总评价结果。

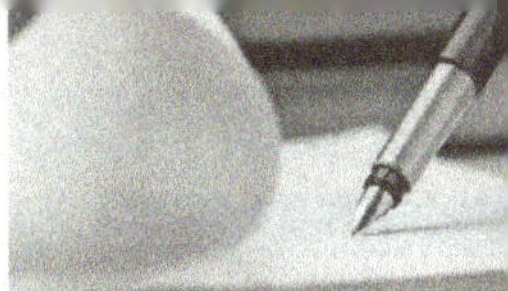

第四节　职业能力的综合评价

高职学生职业能力由低到高划分为表识能力、工具性能力、过程性能力和设计能力四个等级，通过综合基本职业能力评价和关键能力评价结果，确定学生的能力级别。为学生建立个人能力档案和阶段性的评价，帮助学生认识自己，促进能力提升。通过能力评价检验教学效果和培养过程，不断提升人才培养的水平。

一、职业能力等级的确定

职业能力评价的最终目的是通过多种工具和方法的运用，收集每位被测评者的能力数据，最后将实测数据汇总，得到其达到的职业能力级别。根据职业能力测评等级，为个人更好地实现能力培养和职业发展提供咨询和指导，为学校反思、改革和完善职业教育过程提供决策依据及行动指南。按照我们已经建立的高职学生职业能力三维模型，将个人职业生涯发展过程的职业能力由低到高划分为四个级别：

能力级别 1：表识能力；

能力级别 2：工具性能力；

能力级别 3：过程性能力；

能力级别 4：设计能力。

对基本职业能力和关键能力两方面能力的评价过程中，有学校、企业、教师和学生本人多种角色参与，技术手段上同时包含客观评价和主观评价，因此，可以使评价结果尽可能真实反映学生的实际能力水平。但能力从本质上来讲，是一个不能量化的对象，而只能进行近似评估。因此，高职学生职业能力定级按照“定性对应定量、区段对应等级、分评结合总评”的思路来实施。

1. 定性对应定量

无论是基本职业能力开放性测评，还是关键能力测评，评分小组在评定时，都是首先对照评价标准，对各级指标能力水平进行定性评价，即给出不同的等级。为了对能力等级进行定量描述，将各个定性结果转换为对应的分值，采用加权和或平均值等方法，得到各级指标的定量得分，从而为能力定级提供基础。

2. 区段对应等级

由于定性到定量的转换，客观上会损失评价过程的部分真实信息，而这是难以避免的。从现实的角度来看，一个人的能力水平也很难确切地对应到某一个分值，而是一个有模糊边界的区段。所以，对基本职业能力、关键能力和最终的职业能力定级时，都是通过将能力得分划分为若干区段，分别对应若干个等级。按这一思路，我们将基本职业能力按照岗位认知、基础操作、工作任务执行、工作改进与创新四个递进水平划分为四个得分区段，分别对应 D、C、B、A 四个等级。类似地，将关键能力得分也划分为四个区段，分别对应 D、C、B、A 四个等级（见表 3—8）。综合基本职业能力和关键能力评价结果，得到职业能力的总得分，同样划分为四个分值区段，分别对应表识能力、工具性能力、过程性能力和设计能力四个能力等级（见表 3—9）。

3. 分评结合总评

分评结合总评即按照由总体到局部的思路确定职业能力评价的总体方案，而实施过程中，则从局部开始，分类评价，最后得出职业能力的总评结果。通过职业能力测评，可以分别得出每位学生的基本职业能力等级、关键能力等级和职业能力等级。这样设计和实施的一个显著优点是，评估者可以更全面地了解被测评者的能力水平和结构，如职业能力的总体表现、具体能力结构中的强项和弱项，从而找到优势和主要问题所在，更好地开展能力培养的咨询指导。

按照以上方法，将职业能力得分标记为 P；将一级指标基本职业能力、关键能力分别标记为 P_{A1}、P_{A2}，将基本职业能力 P_{A1} 包含的指标岗位认知、基础操作、工作任务执行、工作改进与创新四个二级的得分由低至高划分为 4 个区间：$(m_1, m_2]$、$(m_2, m_3]$、$(m_3, m_4]$、$(m_4, m_5]$。将关键能力 P_{A2} 对应的专业关键能力、方法关键能力和社会关键能力三个二级指标的得分由低至高划分为（n_1，n_2]、（n_2，n_3]、（n_3，n_4]、（n_4，n_5]，见表3—8。

表3—8　基本职业能力和关键能力的水平认定标准

基本职业能力得分	基本职业能力水平（由低至高）	关键能力得分	关键能力水平（由低至高）
$P_{A1}\in(m_1, m_2]$	D	$P_{A2}\in(n_1, n_2]$	D
$P_{A1}\in(m_2, m_3]$	C	$P_{A2}\in(n_2, n_3]$	C
$P_{A1}\in(m_3, m_4]$	B	$P_{A2}\in(n_3, n_4]$	B
$P_{A1}\in(m_4, m_5]$	A	$P_{A2}\in(n_4, n_5]$	A

当基本职业能力水平确定后，根据关键能力的得分确定最终的职业能力级别。关键能力对应表识能力、工具性能力、过程性能力、设计能力四个能力级别，分别有对应的达标分值（见表3—9）。只有当基本职业能力和关键能力都达到某一职业能力级别所需的分值时，才认定被试者具备了某一级别的职业能力，作为最终的职业能力评价结果。

表3—9　职业能力级别认定规则

职业能力级别	职业能力（P）的总分（$P=P_{A1}+P_{A2}$）
能力级别1：表识能力	$P\in(p_1, p_2]$
能力级别2：工具性能力	$P\in(p_2, p_3]$
能力级别3：过程性能力	$P\in(p_3, p_4]$
能力级别4：设计能力	$P\in(p_4, p_5]$

在确定职业能力总评结果时，重点考虑了不同行业对职业能力要求在结构和水平上的差异性，通过权重区分来界定三大类行业的职业能力评价结果。在职业能力指标体系建立和实证研究中，课题组分别面向这三大类行业筛选、邀请了一批企业管理专家、技术专家、职教专家、骨干教师组成咨询专家小组，通过多轮问卷和访谈，最终确定生产和建设类、管理和服务类、技术和研发类三大类岗位对员工的基本职业能力和关键能力的要求权重。据此，我们可以最终确定各个专业学生职业能力评价的加权结果。

二、评价信度和效度分析

评价是对某一特定对象的考查和评估，以尽量给出客观真实的结论。一个评价工具的有效性和合理性，主要可以从信度和效度两个方面来考查。在高职学生职业能力评价体系的研究和实践中，我们从评价的目标定位、模型的构建、指标体系的确定、测评方案的设计、技术和组织措施制定等方面开展了研究、论证和评估，以最大限度地提高职业能力评价的科学性，达到评价的目的。具体而言，以下三个方面的考量或措施可以确保高职学生职业能力评价体系具有较高的信度和效度。

1. 职业能力内涵界定过程科学、严谨

明确高职学生职业能力的内涵要求是实现能力评价的必要前提。我们在构建职业能力模型及各级指标体系的过程中，充分借鉴了国内外职业能力评价的最新理念和典型成果，并充分结合我国高职教育的定位、基本理念、发展方向、市场人才需要等现实背景，充分发挥学校和企业两个角色在能力评价中的作用，最终确定高职学生职业能力的内容维度、要求维度和行动维度。因此，构建的三维模型可以较好地契合教育现实与市场需求，对接国内与国际、承接现状与趋势。职业能力的三级指标体系构建过程中，对指标的设置、指标权重的确定等环节都充分发挥了教育专家、行业企业专家的作用，并针对高职教育的目标定位、培养模式和培养过程来综合考虑。所以，职业能力模型和指标体系构建的科学性，是保证具体的职业能力测评方案合理性的重要前提和基础。

2. 评价工具的设计

为实现基本职业能力的评价，确定了针对典型职业工作任务的开放性试题，要求学生自主进行开放性方案的设计，完成关键环节的实施。试题的设计凝聚了职教专家、骨干教师、现场专家的集体智慧，既确保任务与现场岗位高度对接，具有典型性，又体现高职任务驱动、行动教学过程特点，提高学生参与方案设计和实施的积极性和主动性。方案设计的完整性体现了实际工作中对职业者能力的全方位要求的现实，操作环节的典型性则体现了实际岗位中对核心工作技能的要求，整个测评过程的开放性，则体现了现实工作和环境的灵活多变性，将职业者的开放态度、创新意识、责任和环保理念等新职业观提升到应有的高度，贯彻在职业能力培养的整个过程。

3. 评价的目标定位

体现某一评估工具价值很重要的一个方面，即该工具拟实现的评估目标

的具体内容和目标实现的程度。在职业能力的评价方面，国内外诸多典型的案例都有各自不同的评价目标。如德国 KOMET 评价、PISA 国际学生素质评价，是采用标准化的测评工具和测评过程，对学生能力现状进行评估和国际比较。国内一年一度的职业院校技能大赛，则是对同类专业办学水平、学生技能掌握程度的一种重要评估手段，同时加强院校间的合作，分享先进的办学经验，实现高职人才培养的比较借鉴和共同提升。

本课题组研究和建立的高职学生职业能力评价体系，其目标定位在三个方面：一是对接国际最新的职业能力开放性评价理念和典型模式，通过开放性、多元化能力评价体系的构建，为我国高职学生能力评价和办学质量评估逐步对接和融入国际比较研究打下基础；二是体现当前我国高职教学模式和育人过程，通过学生职业能力的阶段性评价，为教学模式改革和教学过程完善提供决策依据；三是通过对学生职业能力的发展性评价，为学生成长提供“量身定做”的咨询与指导，进一步优化育人过程。基于以上目标，我们在构建高职能力评价体系的过程中，需要摆脱标准考试、鉴定等传统封闭式、标准化的测试方式的局限，而应该引入国际先进的开放式、基于典型工作任务、全人教育等先进教育理念，又不能完全照搬国外的经验和做法，而是要结合当前我国高职教育的现实条件和特点来实施。通过开放式方案设计和实施、多种方式的关键能力测评，不仅可以检验高职教学对学生知识技能的培养状况，还可以跟踪学校素质教育、社会实践等育人过程对学生成长的影响，掌握这两方面的信息有利于对高职院校育人环境和育人过程进行整体评估，从而为教育决策者、设计者和实施者提供更直接、更全面的参考信息。同时，针对不同年级的高职学生，采用差异化的评价工具，可以提高能力评价的针对性和有效性。在评价结果中，涵盖了个人的基本职业能力、关键能力和职业能力总评结果，使学生更全面而客观地认识自己的优势和不足，可以获得个性化、具体化的成长建议。

4. 评价方案的信度检验

本章第二节中已提到，开放式测评作为一种典型的主观性试题，为全面测评学生职业能力状态提供了一种有效途径。但开放式测评题目最大的困难是评分误差比客观性测评试题大，如何评判开放式试题评分的可信度，并提高评分者评价结果的可信度，是基本职业能力评价必须解决的一个技术问题。

同样，在三种关键能力评价方式中，也需要对评分可信度进行评估。在开放式方案评分和关键能力评价过程中，课题组对评分小组成员的选拔严格把关，并开展充分的评分前培训，通过对轮试评和评分信度检验，确保评分结果保持优良的可信度。

根据本课题评分方案的特点，并参考国内外相关的研究经验，我们采用 $Finn_{just}$ 系数作为计算评分者信度的标准。当被试者之间的差别相对较大而对被试者的观测值间方差相对较小时，可以认为评分结果是可信的。$Finn_{just}$ 系数假定介于 0.0～1.0。其中，0.0 表示评分者的评分结果之间不存在任何联系；而 1.0 表示评分者之间既有相同的平均值也有相同的方差，实际中基本不可能达到 1.0。按照这一规律，数值越接近 1.0，表明评分结果的评分者信度越高。$Finn_{just}$ 系数在 0.5～0.7 表示及格，大于 0.7 表示良好。对本评价方案而言，当 $Finn_{just}$ 系数较高时才表明评价方案有满意的评分者信度，因此，我们界定 0.7 以上的 $Finn_{just}$ 系数作为满意的信度指标。表 3－10 显示了对热控、集控两个专业 6 个开放式测评方案的评分者信度统计结果。

表 3—10　　部分测试题评分者信度统计

测试题	$Finn_{just}$ 系数（所有评分点）
屋顶水箱自动控制系统设计	0.75
火电厂热电偶的检修	0.74
单元机组启动前的准备	0.72
单元机组冲转、并网、升负荷	0.77
单元机组停运	0.73
单元机组大型事故处理	0.74

表 3—10 显示，所有测评方案的 $Finn_{just}$ 系数都高于 0.7，且得到的结果很稳定。在课题组完成三所院校大规模测评应用后，对三所院校实测数据进行评分者信度检验，长沙电力职业学院 $Finn_{just}$ 系数为 0.71～0.77，武汉电力职业学院的该系数为 0.65～0.70，江西电力职业学院的该系数为 0.61～0.68，均达到满意或优良。通过实测数据分析可以看出，评价方案的评分者信度能达到满意的效果，在技术上可以保证职业能力评价的信度和效度。

第四章 职业能力评价的应用和分析

第一节 热工检测及控制技术专业职业能力评价

一、评价方案介绍

热工检测及控制技术专业主要面向电力行业培养从事热工仪表安装、检修和热工自动控制系统开发和维护的高端技能型人才。在本专业高职学生的培养过程中，将“检测”和“自动控制”作为两个并行的专业技能方向，以仪表实训场地和自动控制实验平台为依托，开展项目化教学和任务驱动教学，形成了“测控互融，能力递进”的人才培养模式。按照职业能力评价整体方案，结合本专业人才培养目标和人才培养模式的特点，设计了阶段性、动态性的职业能力测评方案，见表4—1。

表4—1 热工检测及控制技术专业职业能力评价整体方案

测评范围	测评对象	测评时间	测评内容
长沙电力职业技术学院	热工检测及控制技术专业（2010级）60人	2011年10月	第一次职业能力评价 1. 基本职业能力测评（开放性方案设计和实施） 2. 关键能力测评（基于参与和互动过程的测评；基于专项能力量表的测评）
		2012年10月	第二次职业能力评价 1. 基本职业能力测评（开放性方案设计和实施） 2. 关键能力测评（基于能力证据收集的测评）
	热工检测及控制技术专业（2011级）65人	2011年9月	1. 职业兴趣测评 2. 职业认同感测评

续表

测评范围	测评对象	测评时间	测评内容
长沙电力职业技术学院	热工检测及控制技术专业（2011级）65人	2012年10月	第一次职业能力评价 1. 基本职业能力测评（开放性方案设计和实施） 2. 关键能力测评（基于参与和互动过程的测评；基于专项能力量表的测评）
		2013年10月	第二次职业能力评价 1. 基本职业能力测评（开放性方案设计和实施） 2. 关键能力测评（基于能力证据收集的测评）
武汉电力职业技术学院	热工检测及控制技术专业（2011级）80人	2013年10月	1. 基本职业能力测评（开放性方案设计和实施） 2. 关键能力测评（基于能力证据收集的测评）
江西电力职业技术学院	热工检测及控制技术专业（2011级）75人	2013年10月	1. 基本职业能力测评（开放性方案设计和实施） 2. 关键能力测评（基于能力证据收集的测评）

二、测评工具开发

（一）职业兴趣测评

职业兴趣是个人对某一种或某一类职业/工作所持有的倾向性态度，是一种受成长环境、个性特点、心智模式等多方面因素决定而又相对稳定的一种职业认同和职业倾向。职业兴趣直接影响个人在职业活动中的主观能动性和工作成效。对高职学生而言，职业兴趣首先体现在具体的专业选择上，根据自身的职业志向选择对应的专业完成系统的知识和技能学习，有利于最大限度发掘学生的潜能，实现职业发展和职业志向的统一。在现实中，受高考录

取政策、学校专业设置等多方面因素影响，很多高职学生的录取学校和专业并不是自己理想的，而是“被动”的录取和选择，这些学生入学后，缺乏明确的职业方向和学习目标，学习兴趣低落，成绩不理想，没有掌握必要的专业知识和技能。因此，在高职学生入学阶段，采用科学的测评方式来了解学生的职业兴趣，有利于让学生客观认识自己，端正职业方向和态度，帮助教育者为学生提供“量身定做”的学习成长建议，帮助学生合理规划职业生涯，走好大学第一步。

霍兰德（Holland）的职业兴趣理论主要从兴趣的角度出发来探索职业指导的问题。他明确提出了职业兴趣的人格观，使人们对职业兴趣的认识有了质的变化。霍兰德的职业兴趣理论源于其长期专注职业指导的实践经历，把对职业环境的研究与对职业兴趣个体差异的研究有机地结合起来，而在霍兰德的职业兴趣类型理论提出之前，两者的研究是相对独立进行的。霍兰德以职业兴趣理论为基础，先后编制了职业偏好量表（Vocational Preference Inventory）和自我导向搜寻表（Self-directed Search）两种职业兴趣量表，作为职业兴趣的测查工具，霍兰德力求为每种职业兴趣找出两种相匹配的职业能力。兴趣测试和能力测试的结合，在职业指导和职业咨询的实际操作中起到了促进作用。

经过多年的应用发展，职业兴趣测验已在教育、培训、企业管理等领域有了越来越多的应用。企业招聘时，通过对应聘者职业兴趣的测试判定其属于哪种类型，由此决定录用职位。在企业的日常管理中，如果出现员工和职位不匹配的情况，可测试出员工的职业兴趣，再安排与其职业兴趣相匹配的岗位。霍兰德的职业兴趣理论对于个人升学就业具有重要的指导作用，已成为众多职业咨询机构的重要工具。另外，霍兰德于1982年编撰完成的霍兰德职业兴趣代码字典对美国职业大典中的每一个职业都给出了职业兴趣代码。这种职业兴趣量表可直接应用于职业辅导和咨询。

在对高职学生职业能力背景信息的测评中，我们采用了霍兰德职业兴趣测评工具，包括兴趣岛游戏测评、职业兴趣详细量表测评和职业索引三部分（兴趣岛游戏测评和职业兴趣详细量表分别如测评工具A、测评工具B所示）。通过职业兴趣测评来了解学生在入学阶段的职业兴趣和倾向，为后阶段开展的职业能力评价和个性化指导提供基础信息。

测评工具 A　职业兴趣测评——兴趣岛游戏

每个人都能列举出一些兴趣爱好：养鱼、种花、唱歌、跳舞、滑冰、游泳、打球、跑步、摄影、绘画、旅游、书法、写作、修车、修表、设计服装、制作家具等。但是这些兴趣与职业选择有什么关系呢？为了回答这个问题，我们先做一个兴趣岛游戏。

你获得了一次免费岛屿度假的机会，唯一的要求是你必须与岛上的居民一起生活至少半年的时间。请不要考虑其他因素，仅凭自己的兴趣挑出你最想前往的岛屿。

从表 4—2 中选择三个岛屿，把最想去的岛屿排在第一位，依次写下来：1. ________、2. ________、3. ________。从下面的职业索引可以查到每个字母代表的职业兴趣和职业建议。

表 4—2　　兴趣岛

R：自然原始的岛屿	I：深思冥想的岛屿	A. 美丽浪漫的岛屿
岛上的自然生态保持得很好，有各种野生动物。居民以手工见长，自己种植花果蔬菜、修缮房屋、打造器物、制作工具，喜欢户外运动	有多处天文馆、科技博物馆及图书馆。居民喜好观察学习，崇尚和追求真知。常有机会和来自各地的哲学家、科学家、心理学家等交换心得	充满了美术馆、音乐厅、街头雕像和街边艺人，弥漫着浓厚的艺术文化气息。居民保留了传统的舞蹈、音乐与绘画。许多文艺界的朋友都喜欢来这个地方找寻灵感
C：现代、井然的岛屿	E：显赫富庶的岛屿	S：友善亲切的岛屿
岛上建筑十分现代化，是进步的都市形态，以完善的户政管理、地政管理、金融管理见长。岛民个性冷静，处事有条不紊，善于组织规划，细心高效	居民善于企业经营和贸易，能言善道。经济高度发展，处处是高级饭店、俱乐部、高尔夫球场。往来者多是企业家、经理人、政治家、律师等	居民个性温和、友善、乐于助人，社区均自成一个密切互动的服务网络，人们重视互助合作，重视教育，关怀他人，充满人文气息

兴趣岛游戏和职业兴趣测评量表的基础是“人职匹配”理论。每个人的职业满意度、稳定性和成就感取决于职业兴趣和实际工作之间的匹配度。研究表明，一个人所从事的工作与其职业兴趣相吻合，能发挥其全部才能的80%～90%，并能长时间地保持高效率的工作而不疲劳；反之则只能发挥全

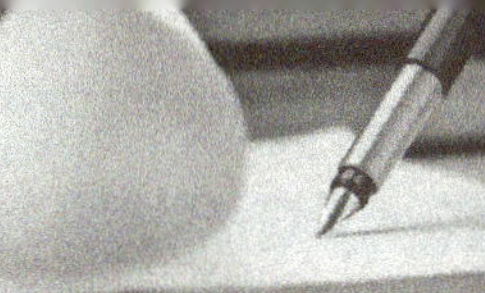

部才能的20%～30%，还容易感到厌倦和疲劳。

该测评的目的：根据一个人喜欢的活动、擅长的活动、喜欢的职业，找出其典型职业倾向，以及与典型职业倾向匹配的职业类型。从而帮助人们有意识地选择和规划自己的职业方向、学习方向，确定价值目标等。

每个人都是多种兴趣类型的组合，可以根据排在前三位的兴趣组合来匹配职业。例如你的职业兴趣排前三位的是RIA，那么IRA、IAR、ARI也可以作为参考。

测评工具B 职业兴趣测评——详细量表

第一部分 你心目中的理想职业（专业）

你对未来的职业（或升学进修的专业）也许早有考虑，它可能很抽象、很朦胧，也可能很具体、很清晰。不管是哪种情况，请你把你最想干的三种工作或最想读的三种专业，按顺序写下来：1. __________、2. __________、3. ________。

这代表了你想成为什么样的人。下面的测评会显示你现在的实际情况。

第二部分 你喜欢的活动

表4—3中有六列活动，把每一列里你喜欢的活动挑选出来，并统计数量。

表4—3 喜欢的活动列表

序号	R型	I型	A型	S型	E型	C型
1	装配修理电器或玩具	读科技图书和杂志	素描、制图或绘画	学校或单位组织的正式活动	说服鼓动他人	整理好桌面和房间
2	修理自行车	在实验室工作	参加话剧、戏剧	参加某个社会团体或俱乐部活动	卖东西	抄写文件和信件
3	用木头做东西	改良、培育水果品种	设计家具/布置室内	帮助别人解决困难	谈论政治	为领导写报告或公务信函

续表

序号	R型	I型	A型	S型	E型	C型
4	开汽车或摩托车	调查了解土、金属等物的成分	练习乐器、参加乐队	照顾儿童	制订计划，参加会议	检查个人收支情况
5	用机器做东西	研究自己选择的特殊问题	欣赏音乐或戏剧	出席晚会、联欢会、茶话会	以自己的意志影响别人的行为	打字培训班
6	参加木工技术学习班	解算术或玩数学游戏	看小说、读剧本	和大家一起出去郊游	在社会团体中担任职务	参加算盘、文秘等实务培训
7	参加制图描图学习班	物理课	从事摄影创作	想获得关于心理方面的知识	检查与评价别人的工作	参加商业会计培训班
8	驾驶卡车或拖拉机	化学课	写诗或吟诗	参加讲座会或辩论会	结交名流	参加情报处理培训班
9	参加机械和电气学习班	几何课	进行艺术（美术、音乐）培训	观看、参加体育比赛和运动会	指导有某种目标的团体	整理信件、报告、记录等
10	装配修理机器	生物课	练习书法	结交新朋友	参与政治活动	写商业贸易信
“喜欢”的活动数量						

第三部分　你擅长的活动

表4—4中有六列活动，把每一列里你能做或大概能做的活动挑选出来，并统计数量。

表 4—4　　擅长的活动列表

序号	R型	I型	A型	S型	E型	C型
1	能使用电锯、电钻和锉刀等木工工具	懂得真空管或晶体管的作用	能演奏乐器	有向各种人说明解释的能力	担任过学生干部并且干得不错	会熟练地打印中文
2	知道万用表的使用方法	能够列举三种蛋白质多的食品	能参加二部或四部合唱	常参加社会福利活动	工作上能指导和监督他人	会用外文打字机或复印机
3	能够修理自行车或其他机械	理解铀的裂变	独唱或独奏	能和大家一起友好相处并工作	做事充满活力和热情	能快速记笔记和抄写文章
4	能够使用电钻床、磨床或缝纫机	能用计算尺、计算器、对数表	扮演剧中角色	善于和年长者相处	有效利用自身的做法调动他人	善于整理保管文件和资料
5	能给家具和木制品刷漆	会使用显微镜	能创作简单的乐曲	会邀请人、招待人	销售能力强	善于从事事务性的工作
6	能看建筑设计图	能找到三个星座	会跳舞	能简单易懂地教育儿童	曾作为俱乐部或社团的负责人	会用算盘
7	能够修理简单的电气用品	能独立进行调查研究	能绘画、素描或书法	能安排会议等活动顺序	向领导提出建议或反映意见	能在短时间内分类和处理大量文件
8	能修理家具	能解释简单的化学现象	能雕刻、剪纸或泥塑	善于体察人心和帮助他人	有开创事业的能力	能使用计算机
9	能修理收录机	理解人造卫星为什么不落地	能设计板报、服装或家具	帮助护理病人和伤员	知道怎样做能成为一名优秀的领导人	能收集数据

续表

序号	R型	I型	A型	S型	E型	C型
10	能简单地修理水管	经常参加学术会议	写得一手好文章	安排社团组织的各种事务	健谈善辩	善于为自己或集体做财物预算表
“能做”的活动数量						

第四部分　你喜欢的职业

表4—5中有六列职业，把每一列里你喜欢的职业挑选出来，并统计数量。

表4—5　　喜欢的职业列表

序号	R型	I型	A型	S型	E型	C型
1	飞机机械师	气象学或天文学者	乐队指挥	街道、工会或妇联干部	厂长	会计师
2	野生动物专家	生物学者	演奏家	小学、中学教师	电视片编制人	银行出纳员
3	汽车维修工	医学实验室的技术人员	作家	精神病医生	公司经理	税收管理员
4	木匠	人类学者	摄影家	婚姻介绍所工作人员	销售员	计算机操作员
5	测量工程师	动物学者	记者	体育教练	不动产推销员	簿记人员
6	无线电报务员	化学学者	画家、书法家	福利机构负责人	广告部长	成本核算员
7	园艺师	数学学者	歌唱家	心理咨询员	体育活动主办者	文书档案管理员

续表

序号	R型	I型	A型	S型	E型	C型
8	长途公共汽车司机	科学杂志的编辑或作家	作曲家	共青团干部	销售部长	打字员
9	电工	地质学者	电影电视演员	导游	个体工商业者	法庭书记员
10		物理学者		国家机关工作人员	企业管理咨询人员	人口普查登记员
“喜欢”的职业数量						

第五部分　自我评分

表4—6是两张自我评分表。目的是看你的哪种能力比其他能力更突出。把六种能力排序并打分（1～7分），数字越大，表示能力越强。

表4—6　　自我评分表

表A

类型	R型	I型	A型	S型	E型	C型
能力	机械操作能力	科学研究能力	艺术创作能力	解释表达能力	商业洽谈能力	事务执行能力
评分						
1～7分						

表B

类型	R型	I型	A型	S型	E型	C型
能力	体育技能	数学技能	音乐技能	交际技能	领导技能	办公技能
评分						
1～7分						

第六部分　统计和确定职业倾向

把第二部分至第五部分的数量和评分填入表4—7，并计算每一列的总分。总分代表了职业兴趣的大小，可以按照职业索引查找职业建议。

表 4—7　　职业倾向统计表

类型	R型	I型	A型	S型	E型	C型
第二部分						
第三部分						
第四部分						
第五部分（A）						
第五部分（B）						
总分						

排在前三位的职业兴趣：1. ________、2. ________、3. ________。按职业索引查询职业建议。

第七部分　你还看重什么——职业价值观

下面列出了九种人们在选择工作时通常会考虑的因素。请选择两项你最看重的因素：

1. ________；2. ________。因为，即使工作本身符合职业兴趣，如果一些重要的因素不满足的话，也会影响你的职业选择。例如，工作不稳定、人际关系差。

1. 工资高、福利好	2. 工作环境（物质方面）舒适	3. 人际关系良好
4. 工作稳定有保障	5. 能提供较好的受教育机会	6. 有较高的社会地位
7. 工作不紧张、外部压力小	8. 能充分发挥能力特长	9. 社会需要与社会贡献大

通过兴趣岛游戏测评和量表测评，得出测评分值，查询“职业索引”，即可以判断个人的职业兴趣。职业索引包括实用型、研究型、艺术型、社会型、企业型和事务型六种典型的职业类型，每种类型明确了共同特点、性格特点和职业建议，为测试者的职业定位和发展方向提供指导。职业索引见表 4—8。

表 4—8　　职业索引

职业类型 1	R：实用型（Realistic）
共同特点	愿意使用工具从事操作性工作，动手能力强，做事手脚灵活，动作协调。偏好于具体任务，不善言辞，做事保守。缺乏社交能力，通常喜欢独立做事
性格特点	感觉迟钝、不讲究、谦逊、踏实稳重、诚实可靠

续表

职业类型 1	R：实用型（Realistic）
职业建议	喜欢使用工具、机器，需要基本操作技能的工作。要求具备机械方面才能、体力，或从事与物件、机器、工具、运动器材、植物、动物相关的职业。如技术性职业（计算机硬件人员、摄影师、制图员、机械装配工），技能性职业（木匠、厨师、技工、修理工）
职业类型 2	I：研究型（Investigative）
共同特点	思想家而非实干家，抽象思维能力强，求知欲强，善思考，不愿动手。喜欢独立的和富有创造性的工作。知识渊博，不善于领导他人。考虑问题理性，做事喜欢精确，喜欢逻辑分析和推理，不断探讨未知的领域
性格特点	坚持性强，有韧性，喜欢钻研。为人好奇，独立性强
职业建议	喜欢智力的、抽象的、分析的、独立的定向任务，要求具备智力或分析才能，并将其用于观察、估测、衡量、形成理论、最终解决问题的工作。如科学研究人员、教师、工程师、计算机编程人员、医生、系统分析员
职业类型 3	A：艺术型（Artistic）
共同特点	有创造力，乐于创造新颖、与众不同的成果，渴望表现自己的个性，实现自身的价值。做事理想化，追求完美，不重实际。具有一定的艺术才能和个性。善于表达，怀旧，心态较为复杂
性格特点	有创造性，非传统的，敏感，容易情绪化，较冲动，不服从指挥
职业建议	喜欢的工作要求具备艺术修养、创造力、表达能力和直觉，并将其用于语言、行为、声音、颜色和形式的审美、思索和感受，具备相应的能力。不善于事务性工作。如艺术、文学工作。但是在平常不是指从事艺术工作，而是指工作中倾向于将事情做得漂亮、有情调、锦上添花，追求完美
职业类型 4	S：社会型（Social）
共同特点	喜欢与人交往、不断结交新的朋友、善言谈、愿意教导别人。关心社会问题、渴望发挥自己的社会作用。比较看重社会义务和社会道德
性格特点	为人友好、热情、善解人意、乐于助人
职业建议	喜欢与人打交道的工作，能够不断结交新的朋友，从事提供信息、启迪、帮助、培训、开发或治疗等工作。如教育工作者（教师、教育行政人员），社会工作者（咨询、公关人员）

续表

职业类型 5	E：企业型（Enterprise）
共同特点	追求权力和物质财富，具有领导才能。喜欢竞争、敢冒风险、有野心、有抱负。为人务实，习惯以利益得失、权利、地位、金钱等来衡量做事的价值，做事有较强的目的性
性格特点	善辩、精力旺盛、独断、乐观、自信、好交际、机敏、有支配愿望
职业建议	喜欢要求具备经营、管理、劝服、监督和领导才能，以实现机构、政治、社会及经济目标的工作。如项目经理、销售、营销管理、政府官员、企业领导、法官、律师
职业类型 6	C：事务型（Conventional）
共同特点	尊重权威和规章制度，喜欢按计划办事，细心、有条理，习惯接受他人的指挥和领导，自己不谋求领导职务。喜欢关注实际和细节情况，通常较为谨慎和保守，缺乏创造性，不喜欢冒险和竞争，富有自我牺牲精神
性格特点	有责任心、依赖性强、高效率、稳重踏实、细致、有耐心
职业建议	喜欢要求注意细节、精确度、有系统、有条理，具有记录、归档、据特定要求或程序组织数据和文字信息的工作。如秘书、办公室人员、记事员、会计、行政助理、图书馆管理员、出纳员、打字员、投资分析员

（二）职业认同感和专业认同感测评

为了解学生对相关行业和具体专业的认同度，分别设计和实施了职业认同感和专业认同感测评。职业认同感采用问卷形式，以专业群为单元实施。如分别针对电力专业群和动力专业群设计测评问卷，每份问卷包括职业意愿与期望、职业意志、职业价值、职业效能四个一级指标，每个一级指标包括三个详细的问题，答案划分为五个不同的“认同程度”，即完全不同意、基本不同意、不确定、基本同意、完全同意。被试者可以根据自己的情况进行主观判断，选择相应的认同等级。同时，建立了测评结果的统计方法，对五个认同程度赋予不同的分值（见表 4—9）。分别统计单项得分和总得分，最终确定学生职业认同程度的四个等级（见表 4—10）。

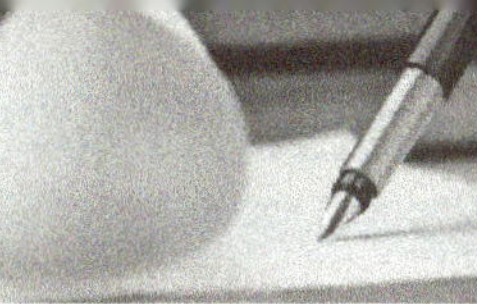

表 4—9 职业认同程度赋值方法

选项	完全不同意	基本不同意	不确定	基本同意	完全同意
分值	2	4	6	8	10

表 4—10 职业认同程度的四个等级

职业认同等级	完全不认同	基本不认同	基本认同	完全认同
分值	22～39 分	40～69 分	70～84 分	85～100 分

专业认同感则从具体某一专业的微观角度对学生进行调查，设计的 20 个选择题从学生的专业选择、专业认知、主观接受度等多方面来了解学生对所读专业的认同情况。通过结果统计和数据分析观察学生个人和群体的专业认同现状。

（三）基于开放性方案设计实施的职业能力测评

针对热工检测及控制技术专业的典型职业工作任务，开发了开放性测评试题，测试者在一个典型的职业背景下独立完成一项综合性的工作任务，要求从任务明确、信息收集、方案设计、实施、检查评估等角度进行详细设计，形成完整的方案，并在实训场地和设备上进行关键环节的操作。开放性方案设计和实施的主要目的是测评学生的基本职业能力，以及在任务实施过程中需要的沟通、协作、环保、责任意识等关键能力。

由专业负责人、骨干教师、火电厂技术专家共同参与，针对热控专业开发了两套开放性测评试题，试题（一）为“屋顶水箱自动控制系统设计”，试题（二）为“火电厂热电偶的检修”。为提高结果评定的准确性和科学性，分别针对两套试题设计了具体的评分标准，即“问题解决的空间”，评分者可以根据相应的标准对学生提交的方案进行评判，尽可能给出客观且一致的评价。两套试题在任务典型性、任务量及难度方面均保持一致性，在第一阶段和第二阶段测评时，由测评小组随机抽取一套试题，分别在两次测评中应用。

（四）基于参与和互动过程的关键能力测评

对于大一学生，尚处于大学环境适应、角色转型和职业方向探索阶段，因此，本阶段的关键能力测评重点通过设计特定的参与和互动过程，让学生在参与和互动过程中展现自己，测评小组进行主观综合评判。具体而言，则是以学生职业生涯规划设计为主线，通过学生个人参与职业认知、专业认知、职业生涯规划等活动，在和同学、老师的交流互动中展现多方面的能力和素质。

针对热控专业大一学生的关键能力测评，测评小组组织实施了职业和专业认知讨论、个人职业生涯规划设计答辩和评比、个人访谈三类活动，按照关键能力的各级指标要求，为每个活动设计了具体的评价标准。在参与和互动过程中，测评人员根据学生的表现给予相应的评价等级，并换算为对应的分值，通过评价结果汇总了解学生关键能力的总体状况和单项水平分布，并由测评小组为每位学生给出其能力培养和改进的个性化意见和建议。

（五）基于专项能力量表的关键能力测评

针对热控专业大二的学生，设计和应用了人际交往测试、学习技能测试、自我认知能力测试、情商综合测试等工具。测试采用选择答题作为主要方式，由学生根据自身状况进行主观判断。对各专项测评结果进行统计，将统计分值划分为若干区间，对应不同的能力等级，从而对学生关键能力状况进行整体评价和单项评价。

（六）基于证据收集和评判的关键能力测评

针对热控专业学生关键能力测评，设计了覆盖专业关键能力、方法关键能力和社会关键能力的 3 个二级指标、12 个三级指标的能力证据收集表，明确了各个指标对应的能力证据收集范围。能力证据包括客观证据和主观证据两大类，如专业关键能力中的“普适性能力”的证据，以英语、计算机运用和信息处理能力为主，学生获得的英语、计算机等级证书，则是客观证据。而对于社会关键能力中的“自我认知能力”，则通过学生的自我总结和评价，结合同学和老师的评价来体现，即为主观证据。在能力证据收集的基础上，设计了基于证据收集的关键能力四级评价模式。

三、各阶段测评组织实施

（一）新生职业能力背景信息测量

新生报到入学并完成入学军训后，结合大学入学教育和专业介绍，对学生开展职业兴趣、职业认同感和专业认同感调查，建立每个学生职业能力背景信息档案。背景信息测量从班级整体和学生个人两方面来反映学生的职业兴趣、专业认同状况。有利于在后阶段的职业能力测评时，动态跟踪学生知识、技能、态度的变化，开展针对性的成长辅导。热控专业测评小组在 2011 年 9 月对热控两个班共 65 名学生实施了背景信息测量。

（二）2011 年 10 月——第一阶段职业能力评价（本阶段完成了 2011 级学生的第一次职业能力测评）

组织热控 2010 级学生参与了开放性方案设计和实施，重点考查学生的基本职业能力。按随机抽取的方式，本次测评学生完成了“试题（二）——火电厂热电偶的检修”方案设计和实施。整个测评过程在热工仪表综合实训一体化场地进行。第一阶段为方案设计，学生在 3 h 内独立完成书面方案设计，完成过程中可以自行查阅书籍、网络等信息，但不能相互交流，测评老师负责现场组织，不与学生进行有关试题内容的讨论或提示。第二阶段为操作考核。针对热电偶检修、校验过程，在康斯特温度自动检定系统中进行现场操作，完成热电偶的检查、校验接线、设备启动和操作，提交校验结果。这一过程中，测评人员对照操作标准对学生完成情况现场评分，并提供安全保障，处理突发事件。第三阶段为个人答辩。组织全班学生集体参与，每位学生上台陈述自己的方案设计思路、过程和优点，接受测评专家的提问。学生在答辩阶段的表现，既可以反映其专业知识技能掌握水平和实践能力，还可以考查其自我认知、语言表达、沟通、协调等关键能力。结合学生在三个阶段的表现，形成学生基本职业能力和关键能力测评结果。如图 4—1 所示。

针对关键能力测评，将基于参与和互动过程测评、基于专项能力量表测评两种方式有机结合来实施。测评小组先后组织该班级学生开展专业认知讨论、个人职业生涯设计和答辩、师生访谈，形成了每位学生能力表现的原始

图 4—1 开放性方案设计和实施（A）

记录。同时，运用专项能力量表对学生进行测评，包括人际交往测试、学习技能测试、自我认知能力、情商等方面的测评。如图 4—2 所示。

图 4—2 基于参与和互动过程的关键能力测评

（三）2012 年 10 月——第二阶段职业能力测评（本阶段分别完成了 2010 级学生第二次评测、2011 级学生第一次测评）

两个年级学生的测评均覆盖基本职业能力和关键能力两个方面。2011 级和 2010 级学生均采用开放性方案设计和实施的形式进行基本职业能力测评。而对关键能力的测评，考虑到学生阶段差异采用不同的方式。对 2011 级学生采用基于参与和互动过程、基于专项能力量表两种方式进行关键能力测评，对 2010 级学生采用能力证据收集的形式进行关键能力测评。

2011 级和 2010 级学生在计算机分散控制系统一体化教室先后完成了开放性方案设计、实施和答辩。选用的是“试题（一）——屋顶水箱自动控制系统设计”，包括方案设计、实际操作和个人答辩三个阶段。操作设备是上海新华 XDPS 分散控制系统及与之相连的水箱液位控制实验系统。通过三阶段测评考查学生的基本职业能力和部分关键能力。如图 4—3 所示。

图 4—3　开放性方案的设计和实施（B）

针对关键能力测评，考虑到 2011 级学生以公共课和专业基础课学习为主，还处于大学适应和自我调整阶段，2011 级学生关键能力以基于参与和互动过程测评、基于专项能力量表测评相结合的方式进行（见图 4—4）。六名课

图 4—4　基于专项能力量表的关键能力测评

题组骨干成员组成的测评小组，先后组织该班级学生开展专业认知讨论、个人职业生涯设计和答辩、师生访谈，形成了每位学生能力表现的原始记录。同时，运用专项能力量表对学生进行测评，包括人际交往测试、学习技能测试、自我认知能力、情商等方面的测评。

对2010级学生则实施基于证据收集评判的关键能力评价。测评小组组织对个人关键能力证据进行集中填写登记，辅导员配合审核。随后由学生本人、班级、辅导员和教师、测评专家据此对每位学生的关键能力进行一级、二级、三级、四级评估，形成评价结果。

（四）2013年6月——第三阶段职业能力测评（本阶段完成了2011级学生第二次测评）

在2013年6月学院第六届技能节期间，对热控2011级学生两个班实施了职业能力测评。学生完成了“试题（二）——火电厂热电偶检修”开放性方案设计和实施。完成了基于证据收集的关键能力评价。图4—5所示为测评小组正在进行集中评判。

图4—5　测评小组集中评判

2010年10月—2013年6月，对热控专业2010级学生开展了两次职业能力测评，包括开放性方案设计和基于证据收集的关键能力测评。对2011级学生实施了新生职业能力背景信息测量和两次职业能力测评，即2011级学生参与了一个完整的高职学生阶段性、动态性的职业能力测评过程。通过两个年

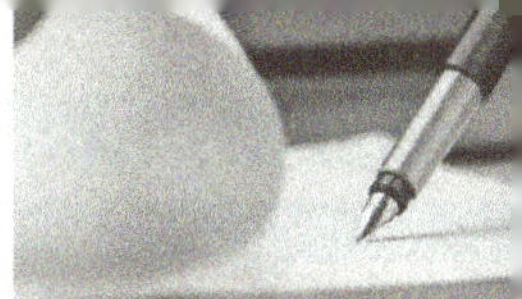

级不同阶段的测评，形成了丰富的实测数据，为课题组掌握学生职业能力发展动态，进行分析研究提供了宝贵信息。

（五）热控专业职业能力跨校测评

为进一步增加实验数据，开展对比分析。在完善热控专业职业能力测评工具和实施方案的基础上，2013 年 10 月，由 7 名课题组骨干成员组成的测评专家小组，到武汉电力职业技术学院开展了高职学生职业能力测评。组织该校生产过程自动化专业（热控相近专业）学生，应用相同的测评工具，先后完成了开放性方案设计和关键能力测评，并与系部负责人和专业骨干教师开展座谈，收集学生和老师对职业能力测评方案和实施过程的反馈意见和建议。在职业能力跨校测评过程中，得到了相关学校的大力支持和通力配合，老师和学生都表现出很高的参与兴趣，这大大鼓舞了课题组成员开展研究和应用的信心和热情。

四、测评数据统计和分析

在完成校内两个年级两个阶段的职业能力测评后，课题组对基本职业能力、关键能力测评结果进行了集中评分和统计，并确定了每位学生各项职业能力指标的得分、职业能力的等级等关键数据。为了解学生职业能力水平和结构，并对开发的各项能力评价工具效度进行检验，重点选择 2011 级热工检测及控制技术专业（1105 班）完成的两次职业能力评价数据进行统计分析。

（一）职业兴趣和职业认同感

在大一第一学期针对热控 1105 班 28 名学生开展了职业兴趣测评和职业认同感测评。表 4—11 为每位学生的职业兴趣组合，显示个人最感兴趣的三种职业类型。对排名前三名的职业兴趣进行统计，得到高职学生在六种典型的职业中所占的比例，见表 4—12。从表 4—12 可以看出，高职学生最感兴趣的三种职业分别是社会型、企业型和实用型，且社会型职业比例最高，达到 31%，企业型和实用型也分别达到 18% 和 15%，而比例最低的是艺术型和研究型。这与高职学生专业文化基础相对较弱，社会交往和动手操作意识强的整体特征是相吻合的，高职学生更倾向于从事社会类和企业工作类的活动，而不喜欢从事对专业理论要求高的研究开发工作。

表 4—11　　热控 1105 班学生职业兴趣测评结果

学号	职业兴趣组合	排名前三位的职业兴趣
1	A，S，C	艺术性，社会型，事务型
2	S，E，R	社会型，企业型，实用型
3	S，R，R	社会型，艺术型，实用型
4	C，E，S	事务型，企业型，社会型
5	A，I，S	艺术型，研究型，社会型
6	R，S，A	实用型，社会型，艺术型
7	I，S，R	研究型，社会型，实用型
8	E，S，C	企业型，社会型，事务型
9	S，E，C	社会型，企业型，事务型
10	S，I，E	社会型，研究型，企业型
11	S，A，E	社会型，艺术型，企业型
12	E，R，S	企业型，实用型，社会型
13	R，C，I	实用型，事务型，研究型
14	C，S，E	事务型，社会型，企业型
15	S，E，C	社会型，企业型，事务型
16	I，S，E	研究型，社会型，企业型
17	C，R，S	事务型，实用型，社会型
18	S，R，E	社会型，实用型，企业型
19	S，E，A	社会型，企业型，艺术型
20	R，I，S	实用型，研究型，社会型
21	S，A，E	社会型，艺术型，企业型
22	E，A，S	企业性，艺术型，社会型
23	S，E，R	社会型，企业型，实用型
24	I，S，C	研究型，社会型，事务型
25	R，C，S	实用型，事务型，社会型
26	C，S，I	事务型，社会型，研究型
27	C，R，S	事务型，实用型，社会型
28	I，A，R	研究型，艺术型，实用型

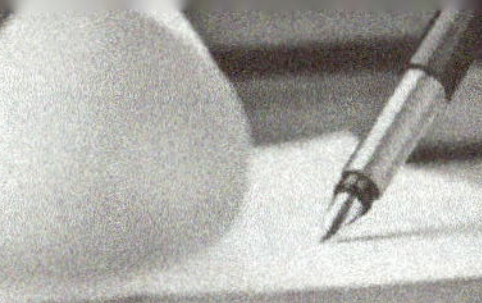

表 4—12　高职学生六种职业兴趣及所占比例（热控 1105 班为例）

职业类型	社会型	企业型	实用型	事务性	艺术型	研究型
比例	31%	18%	15%	14%	11%	11%

在开展职业兴趣测评的基础上，运用设计的职业认同感问卷，从职业意愿与期望、职业意志、职业价值和职业效能四个方面对学生的职业认同程度进行调查，并转化为代表每位学生职业认同水平的量化分值。图 4—6 所示为高职学生职业认同感和职业能力测评结果的对比，可以看出，学生“职业认同感的高低”和“最终获得的职业能力水平”两者之间并没有明显的对应关系，这说明学生在大一入学阶段，由于缺乏对本专业和未来工作岗位客观而系统的了解，在职业认知和认同方面还存在相当的主观性和盲目性。随着专业知识和技能训练的深入，其职业认同态度也逐步发生转变，由感性认识到理性认识。另外，部分学生虽然对本专业表现出较高的职业兴趣，但在学习过程中不够积极主动，并没有掌握必备的知识和技能，这也是导致职业认同水平和职业能力水平出现反差的重要原因。

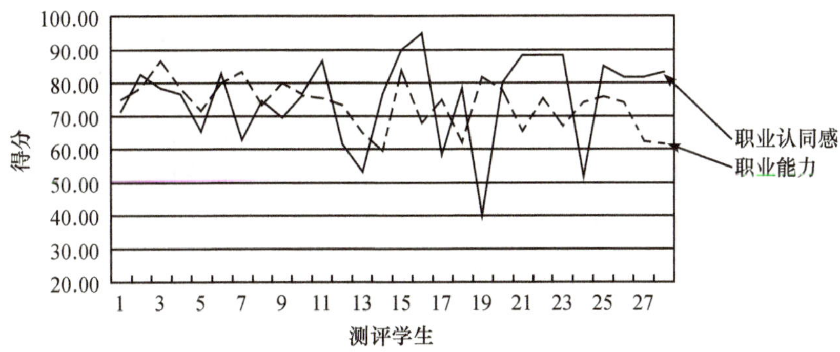

图 4—6　高职学生职业认同感和职业能力对比

（二）基本职业能力测评结果

针对基本职业能力的测评，在 1105 班第三学期和第五学期组织了两次开放性方案的设计和实施，学生先后完成两套内容类似、难度相当的测试题。图 4—7 所示为两次测评结果的对比，从该图可以看出学生高职阶段基本职业能力的培养和发展具有明显的特征，第五学期学生的得分明显高于第三学期，且前后两次职业能力水平的分布趋势基本一致，这至少可以反映两个重要信息：一是我们设计的开放性测评题目，在内容和难度上具有一致性，可以作为对同一群体进行纵向测评和对比分析的有效工具；二是通过开放性方案设计和实施，可以检验学生在不同阶段职业能力的水平。前后两次测评结果曲线呈现大致的平行关系，没有交叉点，这与每位学生职业能力均不同程度地逐步提升的客观事实是一致的，而在常规的标准化考试中，学生前后两次的成绩往往是上下浮动的，具有很大的随机性。本课题采用的开放性测评之所以能收到不一样的效果，取决于全新的开放性评价理念、严格的试题设计过程和对接能力模型的评分标准体系，缺少其中任何一个环节或是存在技术、组织方面的漏洞，都会直接影响到基本职业能力测评的信度和效度。

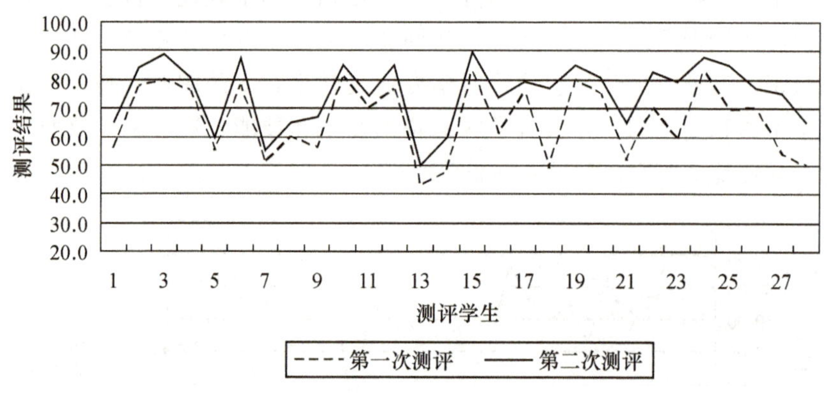

图 4—7　基本职业能力测评结果对比

（三）关键能力测评结果

针对关键能力的测评，在第三学期采用基于参与互动过程的测评与基于专项量表测评相结合的模式，在第五学期采用基于能力证据收集和评判为主的模式，图 4—8 所示为两次测评结果的对比。可以看出，高职学生关键能力的前后分布规律、变化趋势与基本职业能力是类似的，不同的是，前后两次测评中，学生关键能力均保持了较高的水平，且第二次测评得分明显高于第一次，说明高职学生在大学阶段通过参与多种素质培养活动和社会实践，其社会能力、方法能力与高中时期相比均有大幅度提升，反映了高职学生在学

习专业知识和技能的同时，个人心智模式也在快速成长并逐步定型。

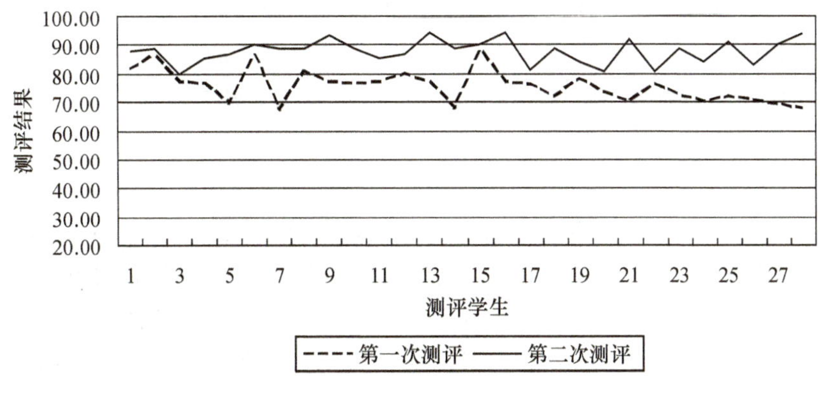

图 4—8　关键能力测评结果对比

（四）职业能力整体水平

将基本职业能力和关键能力测评结果加权汇总，得到学生职业能力评价的综合结果。如图 4—9 所示，雷达图显示的是前后两次测评职业能力的分布

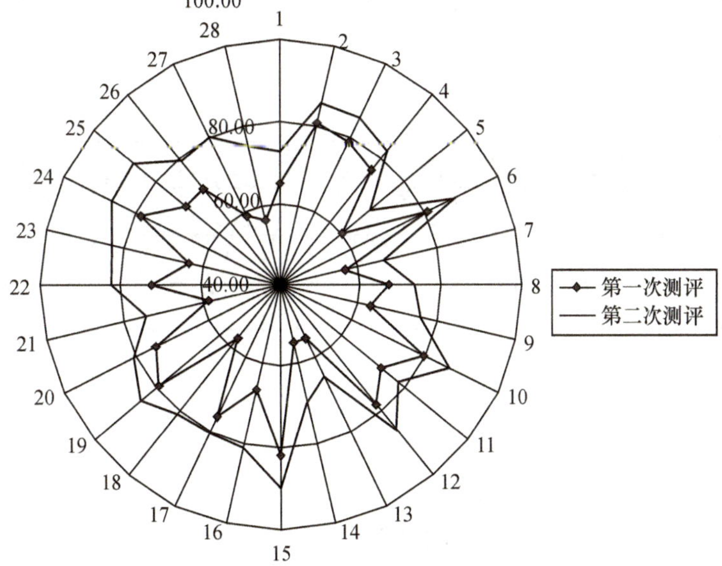

图 4—9　职业能力测评结果对比

情况，可以看出 28 名学生从第三学期到第五学期的职业能力整体变化幅度和变化趋势。与二年级测评结果相比，学生在三年级的职业能力得到了显著提升，且每位学生提升的幅度因人而异，这一纵向对比的结果为教育者客观评估学生的职业能力水平，给出个性化的成长建议是非常有用的。

（五）与传统考核方式对比

我们将 1105 班 28 名学生前 5 个学期的学业成绩进行加权汇总和排名，并将其与两次职业能力评价结果进行对比，以进一步了解职业能力评价与传统考试的区别（见图 4—10），虚线即为学生的学业成绩。从图 4—10 可以看出，学业成绩的分布与职业能力测评结果的分布存在明显的差异，部分学业成绩优异的学生，在职业能力测评中却表现平平；反过来，也有一部分学业成绩一般的学生，在职业能力测评中却表现突出。这一对比实验可以很好地印证职业能力评价体系与传统的标准化考试、课程考核的本质区别。传统考试、考核方式重在考查学生对系列课程知识和技能的掌握情况，而缺乏对学生跨专业能力的有效评价。我们设计的职业能力评价体系，包含形式多样的测评工具，从基本职业能力和关键能力两方面进行测评，可以更科学而全面地对学生的知识、技能、素养各方面进行综合评判。

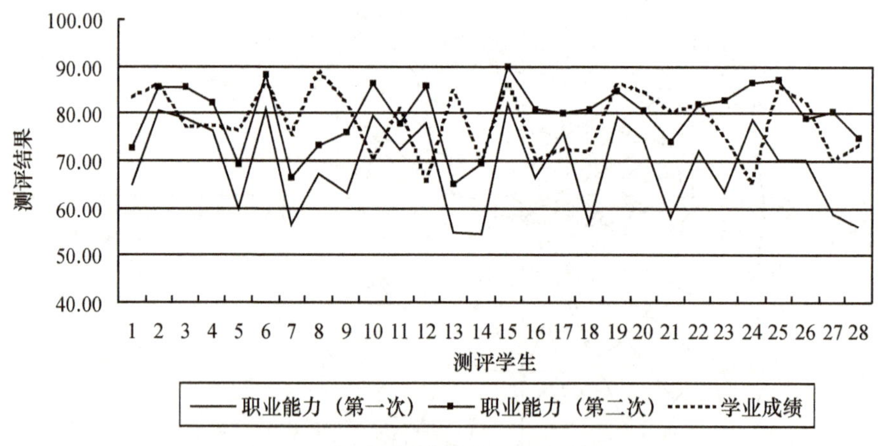

图 4—10　职业能力测评结果和学业成绩对比

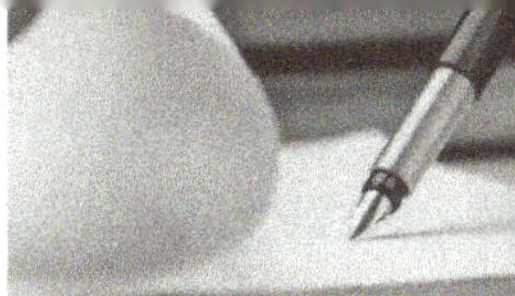

（六）各级指标的能力分布

在对职业能力整体水平统计分析的基础上，进一步分析各二级能力指标、三级能力指标的分布，以深入了解学生不同类别能力的结构和水平。图 4—11 所示为热控 1105 班专业关键能力、方法关键能力和社会关键能力的分布，可以看出，在三项关键能力中，专业关键能力和社会关键能力整体水平要高于方法关键能力，这反映了当前高职教学培养过程中，重视技能本身的训练和规范操作，而忽视在工作中方法的运用、策略的优化和应变能力的培养。另外，从该图我们还可以发现，对同一名学生而言，其具备的三项关键能力不一定是均衡发展的，甚至存在明显的优势项和弱势项，这有助于学生更客观地认识和了解自己，在学习和生活中有针对性地取长补短，不断提高完善综合素质。

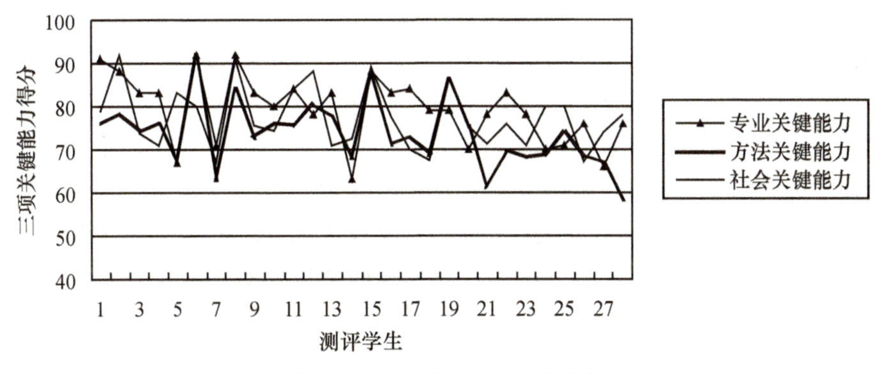

图 4—11　三项关键能力的得分

图 4—12、图 4—13、图 4—14 分别为班级学生在专业关键能力、方法关键能力和社会关键能力包含的三级指标得分水平。从图 4—12 中可以看出，专业关键能力中的拓展性能力整体水平明显低于普适性能力，反映了当前高职学生对英语、计算机之类的通用技能掌握较好，而在专业知识和技能的拓展方面还有待加强，才能提高在未来职业生涯中的跨专业、跨岗位的适应能力。

在图 4—13 显示的五项方法关键能力三级指标中，整体水平较高的是工作计划和决策的能力、分析和解决问题的能力，整体水平较低的是独立学习

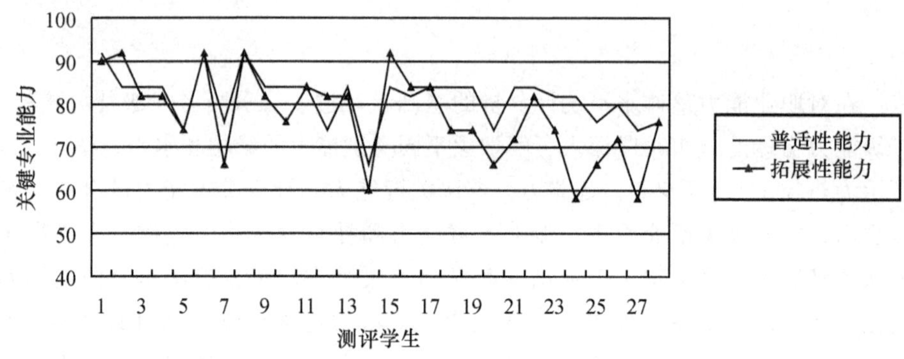

图 4—12　专业关键能力各项指标的分布

新技术的能力、职业规划和调整的能力。导致以上能力结构分化的原因是多方面的，而当前高职领域主流的教育理念和教学模式应该对高职学生方法能力的形成产生重要影响。当前推行的行动导向、任务驱动教学，强调学生对工作计划、决策、实施、评估和反馈各个环节的行动能力培养，这种对接实际工作过程的教学模式设计，有利于强化学生的计划决策能力、分析和解决问题的能力。但过于强调与现成工作模式、工作标准的对接，则不可避免地弱化了学生对新技术新设备的探索、开发和应用意识，且容易导致绝大部分学生仅仅专注于本专业及其职业岗位，而没有从更宽广的视觉来了解职业需求和自身能力的契合度，不能从宏观和微观两个层面对职业工作进行动态调整和优化。

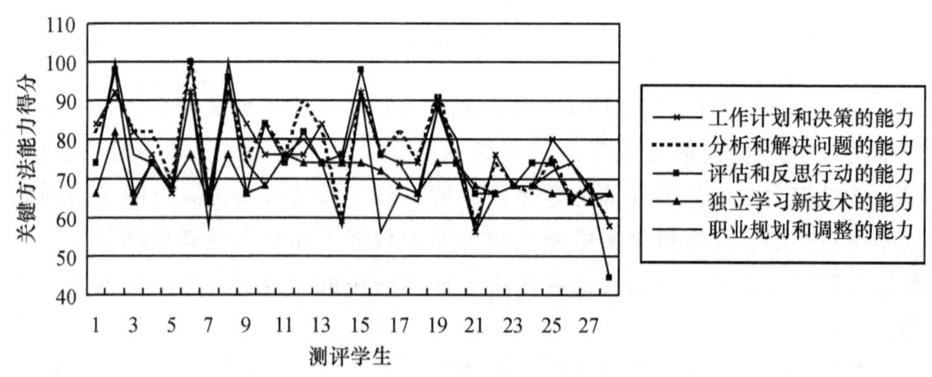

图 4—13　方法关键能力各项指标的分布

图 4—14 所示为社会关键能力包含的五项三级指标的得分分布，同样可以看出各项能力指标的明显差异。整体水平最高的是人际交往能力，这说明学生从封闭单一的中学阶段进入到开放多元的大学校园，在业余生活、人际交往、社会活动中具有更加宽广的空间和个人自由度，人际交往能力得到快速提升。而语言表达能力的整体水平在五项指标中却是最低的，这反映了当前随着网络技术的深入应用和广泛渗透，人际交往越来越依赖于电话、微信、短信、QQ 等工具。对许多年轻人而言，丰富多彩的网络虚拟世界比现实环境更有吸引力，沉迷于网络、习惯多元化的新型交流工具，则不可避免地弱化、隔离了个人对现实世界的感知和与他人面对面的交流。这一现象是值得广大教育工作者反思的，一方面，互联网技术的广泛应用和渗透是大势所趋，必然带来社会生产方式和人们生活方式的变革，我们都应该主动适应这一变化；另一方面，网络化与现实化之间到底存在怎样的互补性和冲突性，还需要进一步来探讨并找到两者的最佳平衡点，以帮助大学生理性而高效地应用网络和相关的资源、工具，获得学业进步和身心健康成长。

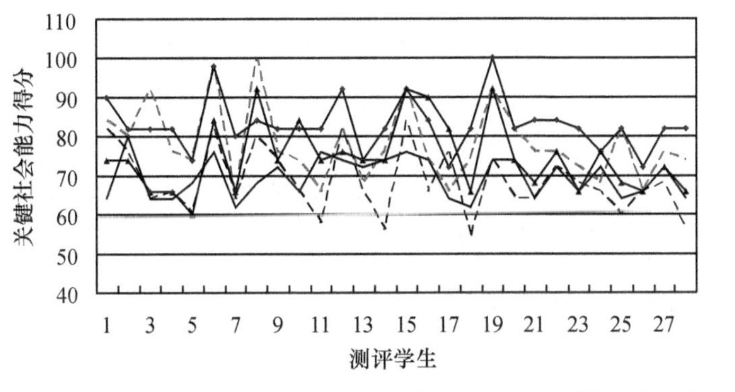

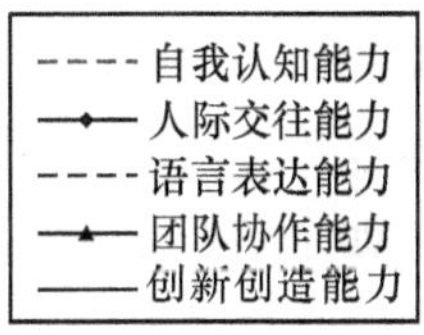

图 4—14　社会关键能力各项指标的分布

通过对班级职业能力各级指标的整体水平分析，可以帮助我们了解学生群体职业能力结构和水平的共性特点，对职业教育人才培养和教学过程进行整体反思和改进。我们还可以对每位学生职业能力测评成绩进行分析，了解个体职业能力的培养情况。图 4—15 所示为某位学生在测评七个职业能力二级指标的得分情况，很直观地展示了其各项能力的水平、优势和劣势。这一数据可以作为每位学生职业能力档案中的重要内容，对学生本人、教育者和用人单位都有重要的参考价值。

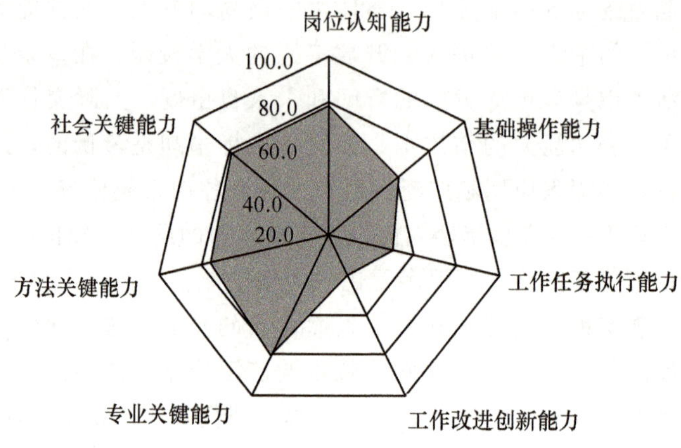

图 4—15 个人各项职业能力分布雷达图

五、能力定级和评价总结

获得学生基本职业能力、关键能力和职业能力的实测数据后，按照第三章设计的职业能力水平认定标准和等级方法，可以建立热控专业学生基本职业能力、关键能力 A、B、C、D 四个等级对应的得分区间（见表 4—13），建立四个职业能力等级对应的得分区间（见表 4—14），最终对学生在两个测评阶段具备的不同等级职业能力进行统计分析。

表 4—13 基本职业能力和关键能力的水平认定标准

基本职业能力得分	基本职业能力水平（由低至高）	关键能力得分	关键能力水平（由低至高）
$P_{A1}\in[45, 64]$	D	$P_{A2}\in[50, 74]$	D
$P_{A1}\in[65, 79]$	C	$P_{A2}\in[75, 81]$	C
$P_{A1}\in[80, 84]$	B	$P_{A2}\in[82, 87]$	B
$P_{A1}\in[85, 100]$	A	$P_{A2}\in[88, 100]$	A

表 4—14　　职业能力级别认定规则

职业能力级别	职业能力（P）的总分（$P = P_{A1} + P_{A2}$）
能力级别 1：表识能力	$P \in [50, 69]$
能力级别 2：工具性能力	$P \in [70, 79]$
能力级别 3：过程性能力	$P \in [80, 84]$
能力级别 4：设计能力	$P \in [85, 100]$

图 4—16 和图 4—17 分别显示了第一次测评和第二次测评中，学生基本职业能力和关键能力等级分布的变化。可以看出，学生在第三学期掌握的基本职业能力水平集中在岗位认知、基本操作两个层次，而到第五学期测评时，A 级的学生人数达到 8 人，C 级人数达到 12 人，仍有 4 人停留在 D 级水平，按教育目标要求，这 4 人属于没有达到培养基本要求的学生。在关键能力方面，第五学期达到 A 级水平的学生大幅度增加，这说明进入大三阶段的高职学生，其心理素质、性格特征已基本成熟和定型。

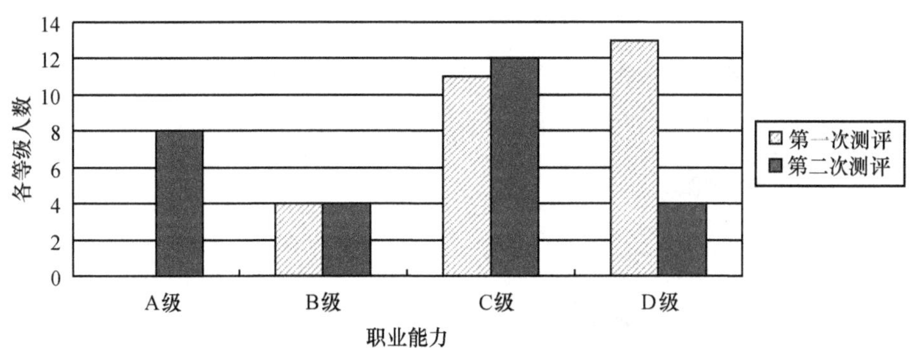

图 4—16　两次测评中基本职业能力各等级人数的对比

图 4—18 和图 4—19 为两次测评中四个等级职业能力人数统计和前后对比，第三学期测评时，绝大部分学生只达到表识能力和工具性能力，达到系统性能力的学生只占 11%，且没有学生达到设计能力。到第五学期，29%的学生达到了设计能力水平，32%的学生达到了系统性能力的水平，还有 14%的学生只具备表识能力，是属于没有达到职业能力培养目标的群体。

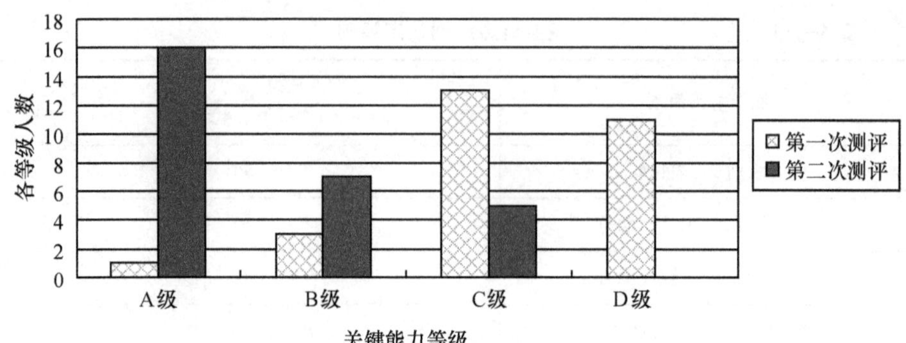

图 4—17　两次测评中关键能力各等级人数的对比

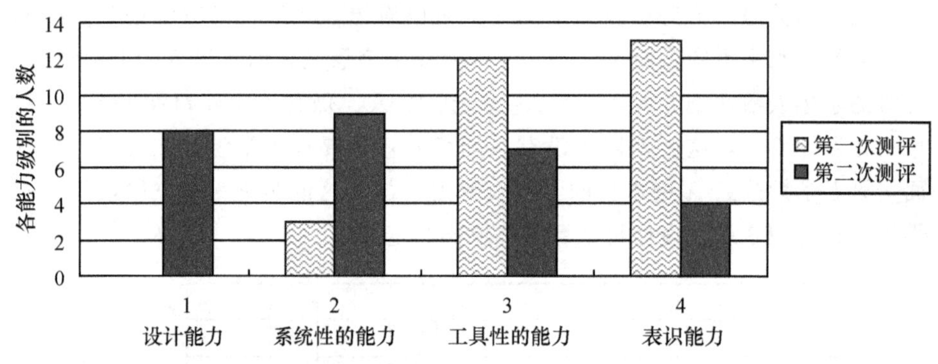

图 4—18　两次测评中职业能力各等级人数的对比

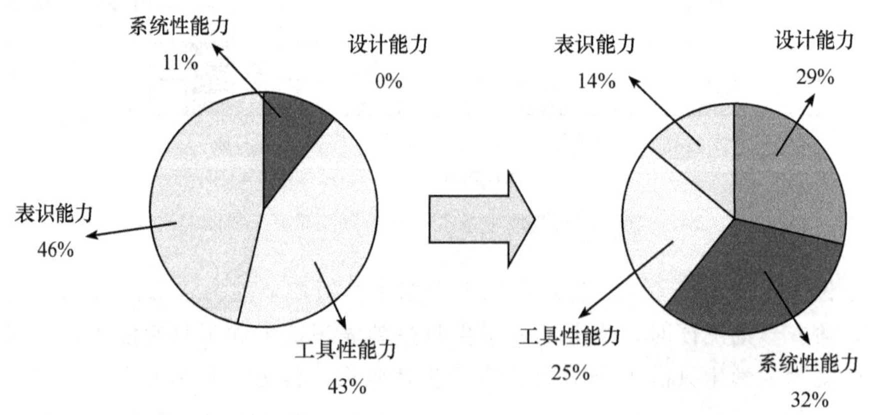

图 4—19　两次测评中职业能力各等级比例的变化

以上对热控 1105 班职业能力测评数据进行多角度的对比分析，有助于教育者和课题组挖掘实测数据背后反映的教育现实层面的信息，从而增强高职教育质量评价的科学性，为学生成长和教育教学改革提供咨询建议和决策依据。当然，在后续的研究和应用中，还有待进一步丰富测评数据的分析方法。例如，跟踪该专业毕业生未来一段时间的就业情况，收集体现毕业生成长的相关数据，如岗位变化、薪酬变化、工作满意度等，这样有助于了解学生在大学阶段培养的职业能力与未来岗位工作、职业发展之间的关联度。

针对热工检测及控制技术专业 2010 级和 2011 级学生开展的职业能力评价，涵盖了基本职业能力测评、关键能力测评及职业能力的总评和定级。在对实测数据全方位分析的基础上，测评专家小组建立了该专业职业能力评分定级的完整方案，最终得到了学生在第三学期和第五学期的职业能力评价结果。在开放性测评题目开发、评分标准制定、组织实施、评分小组培训方面，课题组依照规范的流程严谨实施，尽量提高测评工具的科学性和测评结果的可靠性。不可否认的是，对于基本职业能力、关键能力的定级分值区间划分，以及四个职业能力等级对应的分值区间划分，并没有绝对统一的标准，因而在一定程度是存在主观性的。但从实测数据的对比分析效果来看，这并不影响我们开展职业能力评价预定目标的实现。通过标准的统一性、工具的等价性和评价时间的纵向性，可以有效评估被测群体的整体职业能力水平、观察职业能力在高职各阶段的变化提升情况，以及掌握每位学生职业能力在微观层面的结构和水平，无论是从促进学生成长和发展的角度，还是从改进和完善高职教育教学过程的角度，我们构建和实施的职业能力评价体系都是够用且有效的。

第二节　输配电线路专业职业能力评价

高压输配电线路施工运行与维护专业（以下简称“输配电线路专业”）是面向电力建设企业、供电企业及其他工矿企业，培养从事输电线路架设、输配电线路运行、输配电线路检修等岗位工作的高素质技能型外线作业人才。该专业对接岗位具有职业危险性高、条件艰苦等特征，以输配电线路岗位所需职业能力为基础，结合“现场内置，学做外接”人才培养模式的特点，依托对接现场的真设备、真环境，在输配电线路专业开展职业能力评价应用，依托科学合理的职业能力评价模型，积极探索对接行业岗位的有效的职业能力测评方法并进行实施，客观地评价高职输配电线路专业学生的学习能力、职业技术水平，全面了解输配电线路专业学生职业能力培养的现状和存在的问题，增强学生的综合素质，促进高职教学改革和高职教育质量的提高，提升人才培养质量。

一、评价方案介绍

输配电线路专业职业能力评价选取输电2011级32人（输电1117班，全为男生）作为研究对象，进行相关职业背景调查，基于高职学生三维职业能力模型，对该班级学生整个高职学习期间获取的基本职业能力、关键能力等职业能力进行较为全面的分析，建立学生能力评价档案，为学生正确定位自己的职业能力提供参考依据。输配电线路专业职业能力评价方案见表4—15。

表4—15　输配电线路专业职业能力评价方案

测评内容		测评时间
输配电线路专业学生职业背景信息测评	输配电线路专业学生专业认同感测评	2011年12月和2012年12月各进行一次
	输配电线路专业学生职业兴趣测评	2012年2月
	输配电线路专业学生职业认同感测评	2012年2月和2013年2月各进行一次
第一阶段职业能力测评	第一次基本职业能力测评（针对检修和运行岗位入门者职业阶段的开放性测评）	2012年6月
	第一次关键能力测评（基于参与和互动过程的测评；基于专项能力量表的测评）	
第二阶段职业能力测评	第二次基本职业能力测评（针对检修和运行岗位提高者职业阶段的开放性测评）	2013年6月
	第二次关键能力测评（基于专项能力量表的测评）	

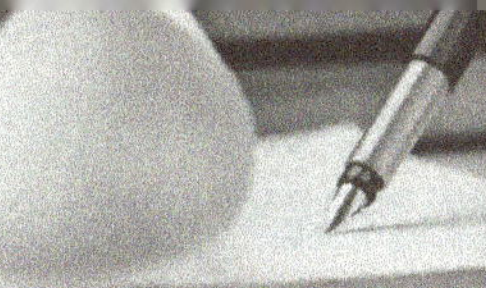

续表

测评内容		测评时间
第三阶段职业能力测评	第三次基本职业能力测评（针对检修和运行岗位能手职业阶段的开放性测评）	2013 年 11 月
	第三次关键能力测评（基于能力证据收集的测评）	

二、职业背景信息测评

在对输配电线路专业学生进行职业能力评价前，首先对测评学生进行了相关职业背景信息调查研究，学生的专业认同感、职业兴趣和职业认同感与学生的学习兴趣、获得职业能力的动机、需求和投入程度有关，影响着职业能力的发展状况。掌握学生各阶段对职业的认同情况，建立学生的信息档案，可以使学生和教师都更好地认识学生在学习专业时的态度、兴趣、动机的变化，采取措施有针对性地提高学生的认同感，为提高学生的职业能力打下良好的心理基础。

（一）测评方案

输配电线路专业职业背景信息测评方案见表 4—16。

表 4—16　　输配电线路专业职业背景信息测评方案

测评对象	测评目的	测评时间	测评工具	测评内容
输电 2011 级 30 人	对学生在进入高职院校选择所学专业进行学习时对自己学习状态和专业认同的程度进行评价	两次，分别为 2011 年 12 月学生入校三个月和 2012 年 12 月学生开始学习专业课程后。第一次测评是了解学生对专业的选择动机和直观印象，相隔一年后，尤其是学习了专业课程和进行了技能训练后，第二次测评则更准确地反映学生对专业的认同和进行专业学习的兴趣	专项能力量表——高职学生专业认同感测量量表。 该量表设 20 道题目，题目包括选择本专业的动机、进入本专业的方式、对本专业的了解及从而产生的认识认同、学习的态度、学习的方式、对自身的规划等几大部分	专业认同感测评

续表

测评对象	测评目的	测评时间	测评工具	测评内容
输电2011级30人	以心理测验的方式测试学生的职业兴趣，提供学生职业建议，学生可以了解自身的就业优势和专业情况，为他们进行职业生涯规划奠定基础	2012年2月	心理测试题（兴趣岛游戏）、职业索引。 心理测试对学生的职业倾向进行测试，通过职业索引引导学生进行职业定位。 量表由你心目中的理想职业、你喜欢的活动、你擅长的活动、你喜欢的职业、自我评分、统计和确定职业倾向、你还看重什么——职业价值观七大部分组成，在测试中，根据每个部分的选择进行相关分数统计，从而得出适合自身的职业选项	职业兴趣测评
	进行职业认同感测试，了解学生对从事线路岗位相关工作的意愿、看法、目标，从而为职业能力培养过程中对职业认同感发展的结果进行了解，为学生调整职业学习和能力发展方式，增加职业认同感提供数据参考	两次，分别在2012年2月和2013年2月进行，对学生进行专业课程学习前和学习后的职业认同感进行比较分析	专项能力量表——高职学生职业认同感测量量表。 该量表由四个维度12个指标组成，对每个指标从完全同意、基本同意、不确定、基本不同意、完全不同意五个等级中选择适合自己的选项。 高职学生职业认同感测量结果统计	职业认同感测评

（二）测评结果

1. 专业认同感测评

专业认同感测评分两次进行，测评时间相隔一年。测评学生在经过一年专业课程学习后，测评数据发生了一些变化。

（1）从本专业的学生进入专业的动机途径看。专业目录和父母引导仍是

学生选择学习专业的两大最主要因素，而87.5%的学生通过填报第一志愿进入输配电线路专业说明本专业学生生源充足，而90.6%的学生是在进行了专业了解后选择的本专业，这说明他们有初步对输配电线路专业的认同，有学习本专业的兴趣。

学生了解专业的途径以亲戚朋友介绍为主，产生这一结果应该与目前社会上对电力行业的就业前景认可有关。班主任的介绍、电视和教育网站的介绍及其他途径均有不大的比例，说明这些渠道还未充分利用，可以大力开发、增加学生了解的途径，增加对输配电线路专业的认识。通过专业学习实现就业，找到好的工作并有较大发展机会和条件是学生选择输配电线路专业的主要原因，比例超过85%，原因与目前电力建设发展迅速、就业有保证有关，因此学生都无转专业的打算。

(2) 从学生对专业了解看。进入学校后，以专业教师与学生接触介绍为主，专业介绍活动为辅的方式，学生对高职输配电线路专业有了更多的了解，而辅导员和班主任在帮助学生了解专业方面几乎没有发挥作用。在一年级的测评中专业教师成为学生了解专业的唯一途径。而学生在选择仍不太了解本专业的原因时，学习专业课前主要是没听懂专业介绍，学习专业课后，则是辅导员或专业教师没介绍。这一结果告诉我们，专业教师在帮助学生了解专业方面发挥着最大作用，事实上，在第一次测试时68.8%的学生会选专业教师介绍，也是因为在第一学期有专业教师担任他们的授课教师，在课堂上进行专业内容的补充。刚入校的学生的学习热情相对比较高，要在一开始培养他们学习专业的兴趣，对专业的良好印象和认可，这将会使学生后续真正进行专业课程学习时达到事半功倍的效果。因此，我们需要做的是一方面可以改进专业介绍的方式，专业教师应该继续加强与学生的沟通交流，引导他们认真学习；另一方面由于辅导员和班主任与学生的接触时间比专业教师还要多，因此必须充分调动他们的积极性，对学生进行专业介绍，这种作用可能更潜移默化。

一开始有6.3%的学生认为自己不适合这一专业，而在真正进行专业学习后，学生100%选择了基本适合和适合学习现在的专业，这一变化反映学生经过深入学习专业内容后增强了对专业的适应能力。在未学习专业课前，可能对专业知识的理解有难度，没有深入研究，因此75%的学生只是比入校前了解得多一点；而学习专业课后，50%的学生的了解程度增加，认为自己已经了解清楚。当然，对专业的了解和认同并不代表学生的喜爱，对输配电线路专业喜欢和感觉一般的学生差不多各占一半。

（3）从学生学习效果看。大部分学生认为自己学到了知识，选择学到很多和一般的比例均为43.8%，而随着专业学习，这一比例变为37.5%和59.4%，整体上学习效果增强，但对专业内容的理解程度有所减弱。

（4）从学生学习方式看。大部分学生都能比较认真地学习专业知识，在专业老师的推荐和自身学习需求下，大部分学生会偶尔接触专业课程的书籍和其他形式的专业知识，这一比例在前后两次测试中没有明显变化。

学生与学生的互动、与老师的互动程度不高，第一次测试中只有6.3%的学生会经常与同学交流专业知识、3.1%的学生会经常与专业老师探讨问题，当然这一比例在第二次测评中分别上升到了12.5%和34.4%，这说明学生的专业学习积极性不太高，不太喜欢与他人交流讨论。而比例升高的原因一方面是学生本身学习的主动性增强；另一方面是在专业课程的学习中项目式教学、任务驱动教学法的采用，推动学生必须加强团队配合讨论。

2. 职业兴趣测评

图4—20所示为职业兴趣测评结果。从第一选择来看，输配电线路专业学生以社会型和实用型为主，90后学生思维活跃、交际沟通能力较强，从事输配电线路工作比较适合；事务型、艺术型、研究型、企业型的学生都各占有一定比例，学生的个性多样，对未来职业的选择可以根据自己的性格特点选择更有利于发挥自己特长的工作。将职业兴趣测评结果结合学生的基本情况分析，如果以排在第一位的职业兴趣来看，理科学生以社会型和事务型为主，而文科生在艺术型和实用型上相对突出。

3. 职业认同感测评

（1）学生在“职业意愿与期望”和“职业效能”两个维度上认同感较高。没有人选择不同意的选项，除了“认为自己能成为一名优秀的电力技术人员”指标在第一次测评时有4人不确定外，其他指标在两次测评中，选择基本同意和完全同意的学生超过90%，说明学生在对电力行业及线路岗位有了一定了解后，还有很高的积极性去完成职业相关知识的学习，对自己所能达到的学习效果和职业高度有信心。

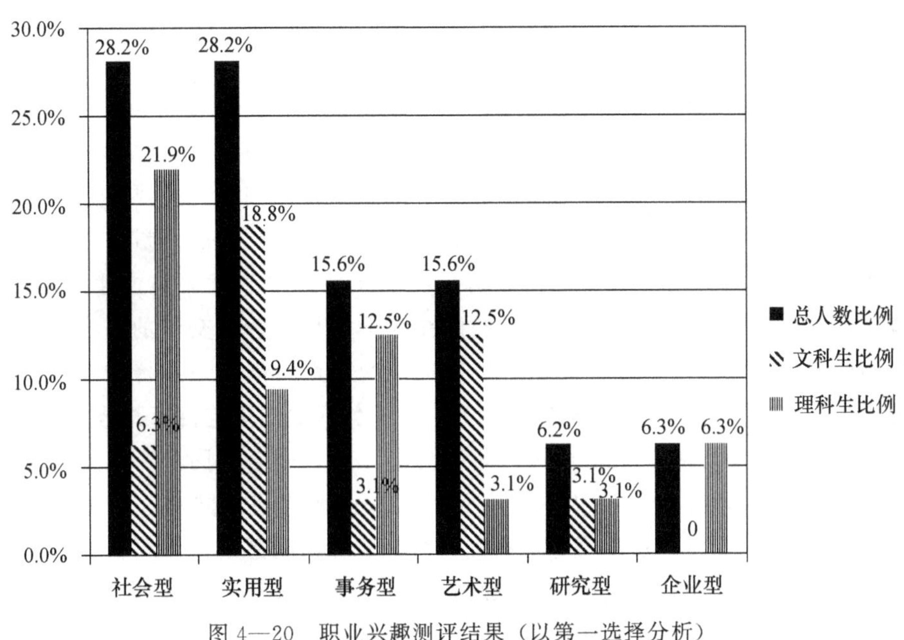

图 4—20　职业兴趣测评结果（以第一选择分析）

（2）学生对“职业意志”和“职业价值”两个维度的职业认可感相当低些。对选择并坚定电力行业作为自己的职业方面有很多不确定性。从整体上看职业意志，虽然大部分学生认为他们会在毕业后选择电力的工作，但仍缺乏职业规划，思考自己的职业方向比较少，50％以上对是否长期从事电力行业不确定，而一年后选择愿意短期从事电力工作的学生的比例从 71.9％变为 46.8％。而对于职业价值，在了解电力行业和线路岗位的工作前，学生对其认可度超过 65％，但了解后，认可度不足 45％。这说明学生在学习专业后，对从事的职业主动进行了解，可能受到线路工作辛苦、待遇一般、技术水平不高等说法影响，对从事线路相关工作的意志减弱，对该工作的社会认可度和贡献变得不确定，动摇了其认同感。

总体上看，参加测评的学生了解了电力行业的相关知识，对线路岗位知识和技能进行了学习后，对从事线路相关工作普遍持认可态度，愿意多了解、多学习相关知识，也愿意从事线路工作，对自己成为好的技术人员信心十足，但对线路工作的社会认可度和社会地位信心不足。从前后两次测评的结果上看，在职业意志和职业价值维度上学生的认同感整体上有所下降，处于怀疑态度的比例较高，造成这一变化的原因是多样的。有线路岗位高危、辛苦的客观原因，也有90后学生缺乏吃苦耐劳精神的主观原因；有社会上对从事线路岗位工作技术含量低的偏见，也与学生对电力行业的劳动所得的过高期望与真实情况的落差有关。因此，要增强学生的职业认同感，需要加强对学生身体素质、职业素养的培养，如进行晨跑、电力职业精神的宣贯。提供更多了解线路工作真实情况的渠道，如请一线的技术能手和优秀毕业生谈职业、谈经历；建立输配电线路专业群，提供在线学生与毕业生交流的平台。与学生多交流沟通，了解他们的想法，根据他们的特点给出职业选择的建议，指导学生制定职业规划，给予他们正确的引导，督促他们坚定目标并努力。

将职业认同感测评表指标进行量化计分，选“完全不同意”得1分；选“基本不同意”得2分；选“不确定”得3分；选“基本同意”得4分；选“完全同意”得5分，然后将分值相加，得到职业认同感的总体得分，分值越高表示职业认同感越高。具体的分数与等级的对应见表4—17。

表4—17　高职学生职业认同感等级

得分	12～20分	21～35分	36～55分	56～60分
等级（认同水平）	完全不认同	基本不认同	基本认同	完全认同

两次测评职业认同感水平如图4—21所示。两次测评学生的选择都是基本认同或完全认同，可以说认同率达到了100%，说明学生在职业的发展阶段上对从事输配电线路工作是认可的。两次测评结果在认同感水平上持平。

图4—22显示了两次测评结果的比较，两次测评显示了学生职业认同感的发展状况。总体上说，在接触到职业的相关内容后，学生的认同感水平呈增长趋势，大部分学生的得分都得到了提高，当然也有部分学生认同感没有发生变化或有所下降。其变化表明学生经过职业能力的培养后，学生对职业岗位有了更多的认识，对从事线路工作进行了认真思考，也受到社会大环境对电力行业看法的影响，调整了对相关指标的认同感程度。

将职业认同水平与对应阶段的职业能力测评结果进行比较，结果如图4—23所示。图中显示学生的职业认同感与职业能力水平并不呈现一致性。对职业的认同程度高是提高职业能力、学好专业知识的良好基础，但如果没有将

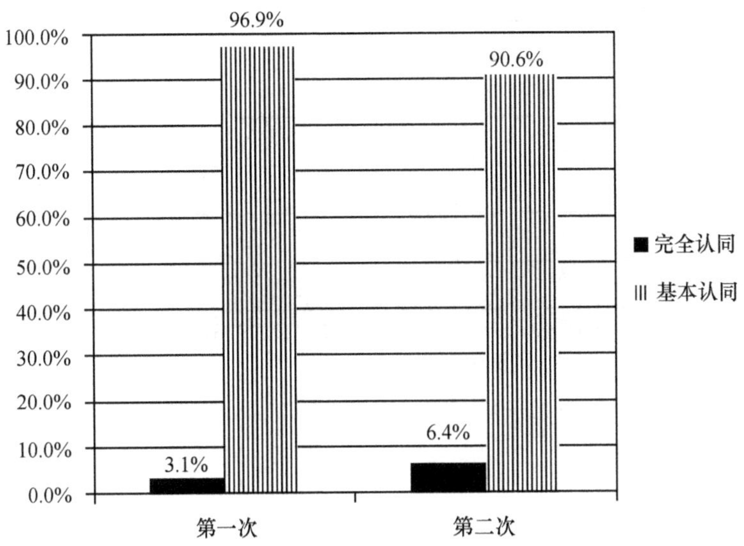

图 4—21　测评学生职业认同水平情况

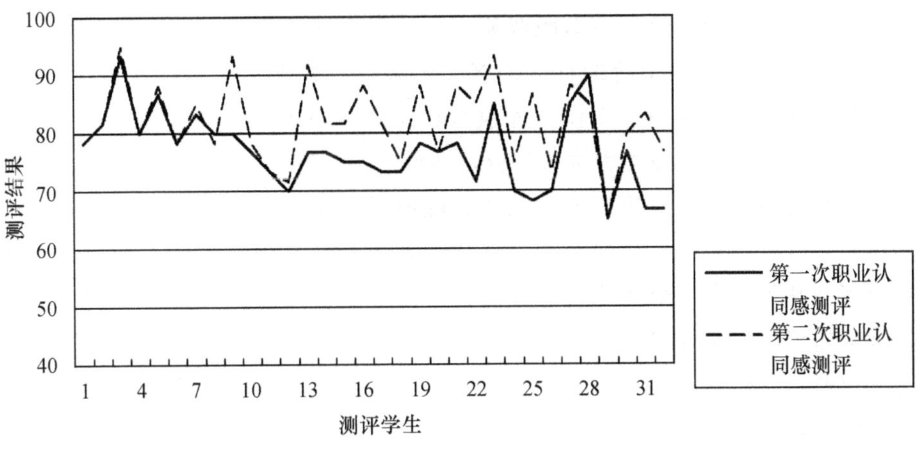

图 4—22　测评学生职业认同感结果比较

这种认同转换成学好职业知识技能的动力，并为此付出实际的努力，仍然不能具备较强的职业能力。

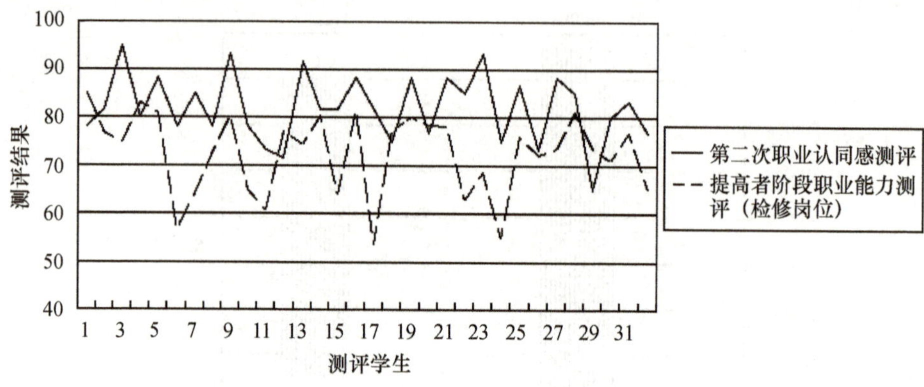

图 4—23　职业认同水平与职业能力比较

三、基本职业能力测评

（一）测评方案

输配电线路专业学生基本职业能力测评以高职学生三维职业能力模型为基础，以学生完成三个阶段（入门者、提高者、能手）的测试题目为依据，以岗位认知、基础操作、工作任务执行、改进和创新为评价指标，引入职业标准，对学生基本职业能力进行评分，评价学生的基本职业能力。

输配电线路专业对应送电线路工、配电线路工等六个职业工种，分为线路运行、线路检修等多个职业岗位，输配电线路专业的学生在未来职业生涯中可能会从事其中一个或多个职业岗位，而职业岗位间既有线路工种相同的职业能力要求，又有属于各岗位特色的职业能力要求。在进行本课题职业能力测评时，我们重点关注的是学生是否具备某个职业岗位的职业能力，如果要对整个线路职业能力进行评价，可以采用将多个岗位职业能力结合起来进行综合分析。输配电线路专业基本职业能力测评方案见表 4—18。

1. 测评时间选择说明

输配电线路专业人才培养方案中，学生实践能力的培养遵循大一为职业基础能力、大二为职业专门能力、大三为职业综合能力的递进关系，课程的安排大一为职业基础能力课程，大二、大三为职业方向和职业拓展能力课程，

表 4—18　　输配电线路专业基本职业能力测评方案

测评对象	测评目的	测评时间	测评工具	测评内容
输电2011级32人	准确评价输配电线路专业学生专业知识和技能的掌握情况，正确评估学生是否具备承担输配电线路专业岗位工作任务的能力。为学生树立正确的职业观、准确定位提供保障，为专业教师实现学生专业职业能力培养目标提供依据	2012年6月 时长60 min	开放性的测试问卷——登杆及金具识别 专项能力量表——检修岗位评分表	入门者（检修岗位）阶段的职业能力测评
		2012年10月 时长60 min	开放性的测试问卷——架空配电线路结构的认识 专项能力量表——运行岗位评分表	入门者（运行岗位）阶段的职业能力测评
		2013年6月 时长120 min	开放性的测试问卷——更换悬垂绝缘子 专项能力量表——检修岗位评分表	提高者（检修岗位）阶段的职业能力测评
		2013年10月 时长120 min	开放性的测试问卷——10 kV架空配电线路分支停电操作 专项能力量表——运行岗位评分表	提高者（运行岗位）阶段的职业能力测评
		2013年11月 时长60 min	开放性的测试问卷——10 kV架空配电线路故障巡视 专项能力量表——运行岗位评分表	能手（运行岗位）阶段的职业能力测评

课题组研究了课程与职业能力的关系及高职学生三维能力模型中关于入门者、提高者和能手的培养目标，最后认为：

（1）大一学生应该处于职业入门者阶段，学习内容是专业基础理论和技能训练，在大一结束或大二开始时以初级工的职业标准进行入门者的试题测评是可行的，用于判断学生达到入门者的程度。

（2）在大二结束时，学生完成输配电线路专业所有核心课程的学习，具备了完成各种线路运行管理与检修常规工作任务的能力，这时以中级工的职业标准和工作任务去考核，学生可以胜任相应岗位提高者阶段的对应任务。可以在大二结束或大三开学时安排进行提高者的试题测评。同时，提高者的试题也可以在大三所有课程结束，学生能力得到进一步提高后进行测评，这时可以比较学生从大二到大三毕业时职业能力是否提高及有多大程度的提高。

（3）大三的课程拓展了学生的知识面，为学生未来的职业发展奠定了基础，完善了学生的职业知识体系，而顶岗实习则为学生系统性、综合完成岗位工作任务提供了学习平台，对即将毕业的学生来说更系统综合的能力锻炼，可以实现他们从提高者向能手阶段的过渡，可以达到能手的门槛。所以在大三学生毕业时我们可以检验学生综合性任务的完成情况，进行能手的试题测评。因为时间关系，在实际测试中我们将能手的试题安排在大三第一个学期课程结束后进行。

2. 测试题目的开发

（1）测试题目的开发步骤。图 4—24 所示为输配电线路专业学生职业能力测试题目开发步骤。

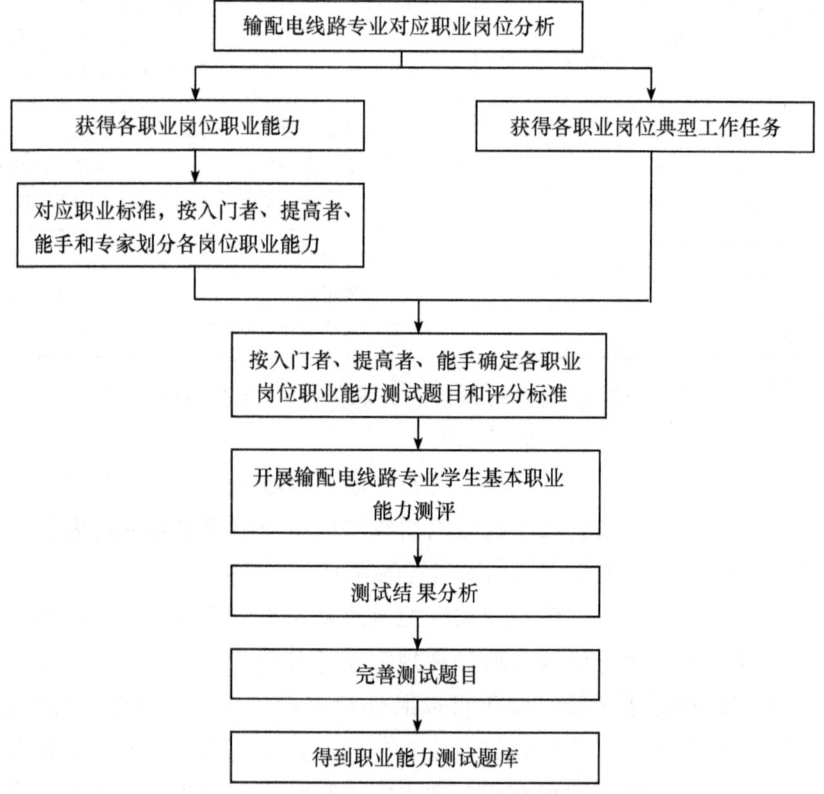

图 4—24　输配电线路专业学生职业能力测试题目开发步骤

高职学生三维职业能力模型将入门者、提高者、能手和专家四个职业发展阶段作为内容维度，体现高职学生职业能力发展规律，根据企业和社会对高职层次输配电线路专业人才的需求和专业培养目标，本专业的学生应当要实现从入门者到提高者、部分学生能达到能手阶段的职业成长；而从职业等级看，高职培养学生应该达到高级工的职业等级。因此，我们可以将职业能力的四个发展阶段——入门者、提高者、能手、专家与职业标准中的职业资格等级进行对接，引入职业标准中对应的职业要求，衡量职业能力发展阶段的实现情况，得到学生在大学各个阶段职业能力发展的规律。表 4—19 是输配电线路专业职业发展阶段与职业等级的对应关系。这里要说明的是，基本职业能力测评虽然引入了职业标准，但与传统的职业资格等级考试中片面强调学生的某项专业能力不同，我们以完整的工作任务作为测评内容，并不只是技能的评分。

表 4—19　输配电线路专业职业发展阶段与职业等级的对应关系

职业发展阶段	职业等级	大学阶段
入门者	初级工	大一
提高者	中级工	大二
能手	高级工	大三
专家	技师、高级技师	就业后

注：技师和高级技师不属于高职培养的范围，因此，在测评中只考虑入门者、提高者、能手三个阶段。

（2）测试题目的构成。输配电线路专业进行职业基本能力测试的主要工具是开放性的测试题，由不同职业能力发展阶段的不同职业岗位的完整的工作任务构成。每个学习范围、每个职业岗位都对应一套测试题目，在测评输配电线路学生的职业能力时，我们根据参加测评的学生职业能力发展阶段、衡量职业能力水平的岗位对象，来确定选用哪一套测试题目。

目前我们开发的测试题库里包含六套题，分为两个岗位：线路检修岗位和线路运行岗位。每个岗位分为入门者、提高者和能手，分别设置了一套相应难度的试题，能完成某一阶段的试题则认为其达到了某一阶段。表 4—20 给出了运行岗位三套题与内容维度的关系。

表 4—20　　内容维度与试题的关系

岗位＼试题＼内容维度	入门者	提高者	能手
输配电线路检修	登杆及金具识别	更换悬垂绝缘子	配电变压器事故抢修
配电线路运行管理	架空配电线路结构的认识	10 kV 架空配电线路分支停电操作	10 kV 架空配电线路故障巡视

（3）测试题目的特点

1）以输配电线路职业岗位典型工作任务为载体，涵盖了工作岗位的内容、工作要求、工作标准及工作流程，引入电力行业职业标准，要求按照电力行业标准化作业流程完成测试，严格、规范。

2）包含岗位的典型工作任务及与之相关的职业教育培养目标，任务和培养目标分为不同的等级，分别针对初学者、提高者、能手；每个岗位的三套题既是完整独立的测试题目，又有连贯性，体现了从简单到复杂、从局部到整体、从认识线路到处理故障的岗位职业能力发展的特点。

3）与职业技能鉴定试题相比，试题从内容上更加注重将专业理论与实际操作相结合，旨在考核测评学生的全局观念和职业活动能力，每套试题都具有一定的开放性；每道题目都包括完整的行动模式，由情境描述和一系列典型的工作任务完成要求构成，从获取学习与工作任务的有关信息开始，经过制订计划、做出决策、实施、检查、控制、评价的六个阶段。

4）测试题目仅对学生基本职业能力状况做出评价，与教学计划或课程标准无关。

5）解题时，参加测评的学生对每一步都要给出思路正确的说明。

3. 评分表的设计

输配电线路专业学生基本职业能力评分表有以下特点：

（1）设置指标的可操作性。进行学生基本职业能力测评，要对被试者所完成的题目内容进行评定，我们以高职学生三维能力模型职业基本能力的 4 个二级指标和 10 个三级指标为依据进行评分，每项指标设置的评分点针对不同岗位的入门者、提高者、能手阶段的具体职业能力要求，由现场专家、专业骨干教师集体讨论和论证确定，使评分点能较全面准确地衡量该职业指标的符合程度，具有可操作性，便于评分者的理解和使用，为准确评价学生基本职业能力提供保障。

表 4—21 为课题组设计的一种测评评分表。整个评分表采用四分量表的形式。

表 4—21　　基本职业能力测评评分表（大二综合）

二级指标	三级指标	具体要求	评价			
			完全符合	基本符合	基本不符合	完全不符合
岗位认知	表层性	对工作环境能较快熟悉				
		岗位工作任务明确、分工分配合理				
	概念性	能用规范、专业的语言来陈述				
		对重要概念能理解，并能进行相关分析				
基础操作	直观性	作业指导书编写科学规范，条理清楚				
		工作票及相关资料填写规范，信息齐全、清晰				
		工作流程清晰明了				
	功能性	能解释各个设备的作用				
		能根据需要选择合适的设备及相关配件的型号				
		能正确使用工器具安装、修理线路设备				
工作任务执行	系统性	能构建完整的线路系统，实现送电的功能				
		能考虑到系统中各环节间相互影响，能及时调控				
	关联性	能制定合理的实施步骤，进行阶段性的控制				
		各角色分工合作，能相互配合运行				
		有明确的整体目标和阶段性目标				
	目标性	具体操作中以安全第一为原则，并考虑可靠性				
		编制作业指导书，在实施中始终围绕目标进行				

续表

二级指标	三级指标	具体要求	评价			
			完全符合	基本符合	基本不符合	完全不符合
工作改进与创新	安全性	能从安全角度理解操作中的各项要求				
		能根据实际操作中出现的问题，改进危险点、危险源分析方案				
		能从安全角度改进作业方式				
	经济性	重要设备及相关材料、配件选择时是否在多个对象对比中择优，实现性价比最高				
		是否考虑到流程的精简和优化，降低整体成本				
		是否考虑到后期运行费用				
	创新性	是否对操作全程提出个性化或创意的问题				
		是否在完成运行操作后，总结时提出了建设性意见				
诚实客观	自我评价	能正确评价自己，清楚自己的不足				
	互相评价	能正确评价他人，尊重他人成果				
总评						

（2）评分表体现职业工作特点。输配电线路工作是极其讲究团队配合的工作，其功能性和综合性的任务较少能由个人独立完成，工作任务完成情况取决于团队每位成员的表现。因此，除了第一阶段的简单任务是由学生独立完成进行评分外，后两个阶段每位学生每套试题的评分应该由团队分和个人分构成。以检修岗位为例，在完成提高者的测评题目——更换悬垂绝缘子时，需要三位学生分别承担工作负责人（监护人）、杆上电工和地面电工角色共同

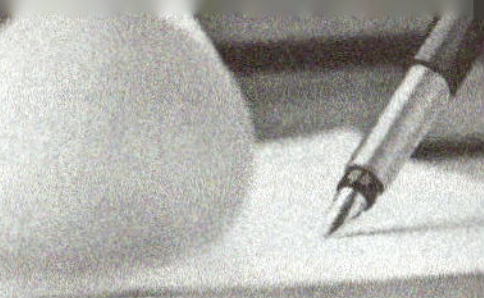

完成。因此，我们针对这三种分工的工作要求设计了不同的测评评分表，同时对整个团队合作的综合评价也设计了测评评分表，给出了对应的指标评分点，可以衡量团队工作完成情况、个人在完成工作中起到的作用，较全面地评估学生的基本职业能力水平。整个评分表的设置见表 4—22。

表 4—22 评分表的设置

测评岗位	职业阶段	评分表分类
输配电线路检修	入门者	个人评分表
	提高者、能手	团队评分表+个人评分表（杆上电工、地面电工、工作负责人）
配电线路运行管理	入门者	个人评分表
	提高者、能手	团队评分表+个人评分表（运行人员、工作负责人）

（二）测评过程

输配电线路专业学生基本职业能力评价分为三个阶段。

1. 第一阶段

在输电 1117 班完成线路专业基础学习后进行，共两题，分别作为线路运行和线路检修的入门级别测试。每位学生均在测评教师的组织引导下，独立完成该阶段两道试题（注：在涉及杆上作业时需按安全规程配备辅助人员）。由三位课题组成员对学生的各环节表现独立评分。

测评小组成员通过对学生从开作业前的班组会议到引导学生制订计划、现场操作，检验学生线路岗位适应能力、班组认识能力、基本技能等，从而为了解学生学习本专业的学习现状获取了丰富的证据，为分析学生职业能力发展规律提供了数据，如图 4—25 所示。

2. 第二阶段

在学生大二课程结束后，此时他们已经完成了大部分线路运行和线路检修岗位工作内容的学习和技能的锻炼，不仅入了门，而且要达到提高者的阶段，因此设置综合性任务。以大二检修岗位测评为例，学生不仅自身要能计划、实施岗位复杂的工作任务，还要能和同事团结合作，分工明确，共同完成。

测试三人为一小组，共同完成测试题目。要全面正确评价学生该岗位职

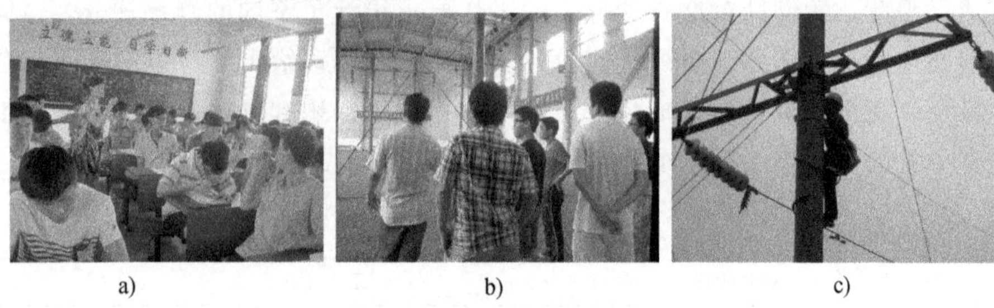

a) b) c)

图 4—25 第一阶段组织测评

a）组织班前会议讨论、计划 b）现场引导 c）登杆测试

业能力，应该综合考虑学生担任工作中所有角色的表现。因此，同一试题，每个小组需要完成三次。每道试题学生需轮流扮演一遍试题任务中不同的角色，分别进行评分，将各个角色的评分进行综合；同时，学生的角色表现会影响团队表现，因此需要对团队进行三次评分，将团队评分和个人角色评分综合评价学生的职业能力。受师资资源限制，在测评过程中，有三位评分者对团队的表现进行独立评分，三位评分者同时分别针对一个角色个人表现部分进行评分，如图 4—26 所示。

a) b)

图 4—26 第二阶段组织测评

a）团队配合 b）实施检修

3. 第三阶段

在学生完成全部大学课程后，从职业能力发展阶段看，我们希望他们能继续巩固或提升到提高者的阶段，部分优秀的学生能达到能手的阶段，这是

高职教育培养的理想目标，因此针对能手阶段，学生在大三第一学期结束时进行一道运行题的测试。

通过三个阶段的测评，测评组掌握了输电专业学生在线路运行和检修两个岗位所需职业能力发展道路上的轨迹，为进行分析提供了宝贵的数据，通过分析有助于研究职业能力评价的客观性、合理性和有效性。

（三）测试结果

输配电线路专业学生基本职业能力测试每次由三名以上课题组成员共同评分，分别对团队表现、各角色扮演进行评分，取平均分作为测试结果，尽可能保证评价的有效性、真实性。

1. 评分权重说明

由于我们采取了分工合作的测评模式，那么对每位学生的某个岗位、某个职业阶段的评价依据就不能是试题实施过程中，学生扮演某一个角色的评分，而应该综合考虑学生在该试题中所有角色上的表现，得出综合评分。因此，专业教师、现场专家共同讨论，确定了每个角色和团队所占的不同权重比例，评分对象评分权重见表 4—23。将每个评分对象的评分乘以对应的权重再得分相加，得到某岗位某职业阶段的评分情况，作为岗位基本职业能力的评分。

表 4—23　　评分对象评分权重

岗位 \ 权重 \ 评分对象		工作负责人/监护人	杆上电工	地面电工	运行人员	团队/个人	总计
输配电线路检修	入门者	—	—	—	—	1	1
	提高者	0.1	0.3	0.2	—	0.4	1
	能手	0.25	0.2	0.15	—	0.4	1
输配电线路运行管理	入门者	—	—	—	—	1	1
	提高者	0.3	—	—	0.35	0.35	1
	能手	0.45	—	—	0.2	0.35	1

从表 4—23 中可以看到，在提高者这个阶段，应该注重的是学生完成该项任务的操作水平，而从提高者进入能手后，不仅仅需要掌握熟练的技能和正常完成工作，对如何组织、协调工作，处理工作中问题的要求变得更高，

因此工作负责人的权重增加。对输配电线路专业核心岗位工作任务而言，团队的良好配合是保障工作质量的关键，个人不仅要各司其职，还要相互监督、合作，才能圆满安全地完成任务，因此团队的权重比例比较大。

2. 测试数据计算

按照不同权重对各项三级指标进行计算后，综合得到四个二级指标“基本操作”“工作任务执行”“工作改进与创新”的实际得分。计算基本职业能力水平时，需要根据不同阶段对四个二级指标赋予不同的权重，从而保证基本职业能力评价的适应性和有效性，具体的权重分配见表 4—24。

表 4—24　　基本职业能力计算权重

二级指标 / 权重 / 职业阶段	岗位认知	基本操作	工作任务执行	工作改进与创新
入门者	60%	25%	10%	5%
提高者	20%	40%	30%	10%
能手	10%	30%	45%	15%

入门者主要要求岗位认知，因此这个阶段，岗位认知所占的比例最大；而提高者要求能进行简单操作，完成工作任务，所以基本操作和工作任务执行的比例较大；能手是在能完成操作的同时，更具备组织协调、应付工作中问题的能力，因此这个阶段对工作任务执行看得更重些；高职教育培养的是技能型高素质人才，在高职学生职业能力培养过程中对工作改进与创新能力的要求就相对会低一些，但随着职业发展对这方面的要求也是逐步增加的，因此，每个阶段给出了这项指标的不同权重。

3. 基本职业能力测评结果

按照表 4—23、表 4—24 的要求计算出的检修岗位、运行岗位基本职业能力测评结果分别如图 4—27、图 4—28 所示。

从图 4—27 中可以看到，以检修岗位来说，学生入门者测评的分数大部分在 70 分以上，说明能较好地完成入门者的测试，即达到职业标准的初级工水平。而提高者的要求有明显提高，因此学生的分数有所下降，但总体上得分在 60 分以上的占大多数。两条曲线的走向并不呈现一致性，有些学生能保持职业能力的稳步提升，各个阶段的职业能力水平都比较好；有些学生可能

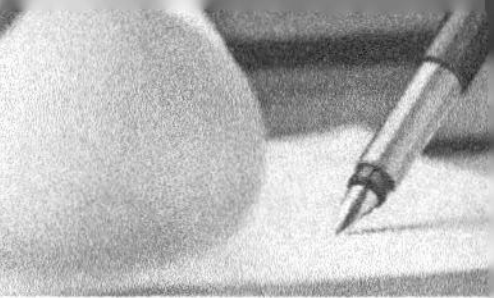

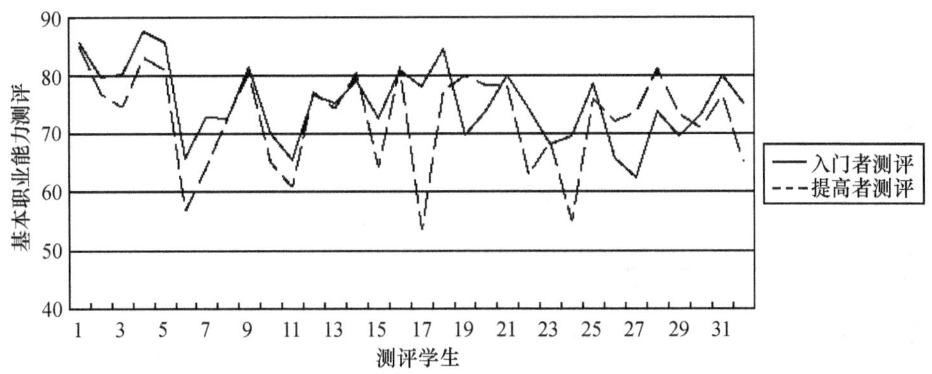

图 4—27　检修岗位基本职业能力测评结果比较

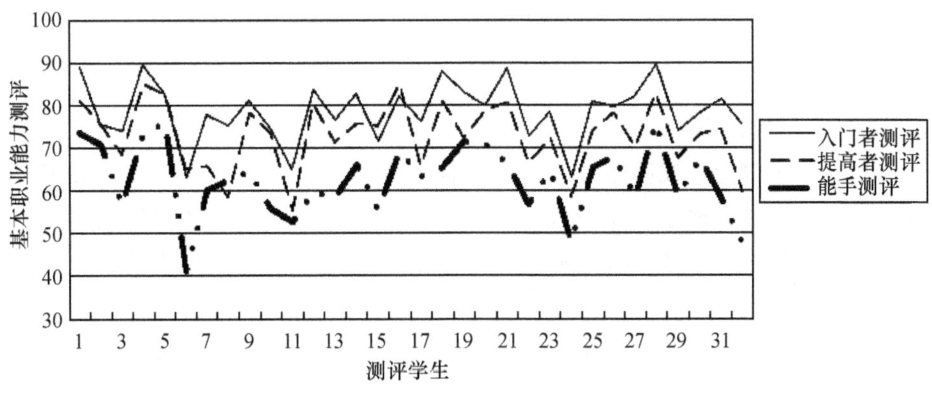

图 4—28　运行岗位基本职业能力测评结果比较

在入门者时掌握职业能力一般，但经过学习培养，到提高者阶段职业能力得到了提升；当然也有学生能很好地达到入门者的要求，但学习不努力，或对专业缺乏兴趣，使得提高者阶段的测评结果不理想。

运行岗位学生完成了从入门者到能手的三个阶段的测评，其结果与检修岗位类似。图 4—28 所示为运行岗位基本职业能力测评结果比较。

以提高者测评为例，图 4—29 反映了检修岗位和运行岗位测评的比较。从图中可以看到，学生在两个岗位上的表现是有差别的。有些学生检修和运行的职业能力都比较好，但也有些学生检修的能力高于运行的能力，或运行岗位的表现好于检修岗位。这样分岗位的测评结果可以让学生更好地了解自己职业能力方面的缺陷，从而有针对性地加强训练和学习。

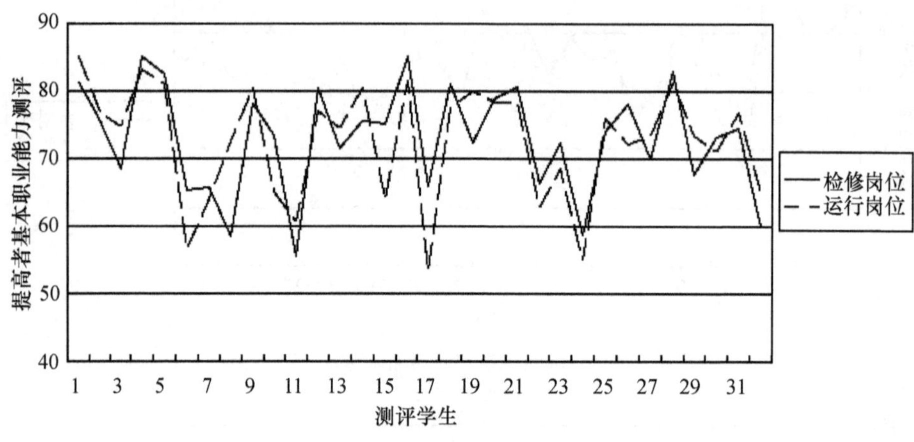

图 4—29 检修岗位和运行岗位测评的比较

4. 职业阶段判定

由于整个输配电线路专业学生职业能力评价试题是按照职业生涯发展的入门者、提高者、能手三个阶段，根据不同岗位的职业能力要求不同有针对性地分别设置的。因此，我们通过基本职业能力测评去评估学生的职业能力水平，看学生的职业能力是否达到了我们的预期阶段。以 60 分作为达到某个阶段的合格线，图 4—30、图 4—31 分别为运行岗位、检修岗位基本职业能力测评反映的学生职业阶段。

从图 4—30 可以看出，针对运行岗位，大一基本职业能力测评结果显示 32 名学生均达到了入门者的阶段，不需重新训练。大二的测评中有 29 人合格，通过率为 90.6%，大部分学生具备了运行岗位的基本工作要求；3 人不合格，未达到提高者的阶段，其技能水平、专业知识都有待进一步提高。作为高职培养的追求目标，能手这个层次对高职学生专业内容的综合性要求较高，在测评中有 20 位学生达到了这个要求，他们能对给出的任务进行较完整的组织实施，对一些特殊问题下的反应处理比较及时，综合素质较高；当然也还有 12 位学生还不能较好地将知识进行融会贯通，胜任更高职业要求的线路工作。整体来说，以职业标准来衡量，全部学生达到了入门者的职业阶段，均能胜任职业工种运行相关的初级工工作，90% 以上的学生能完成中级工的

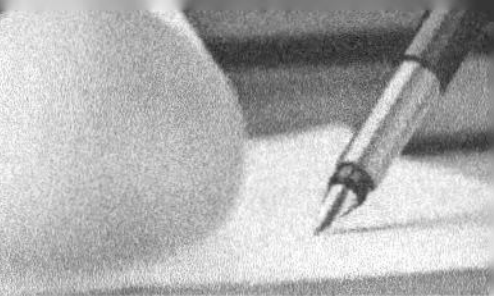

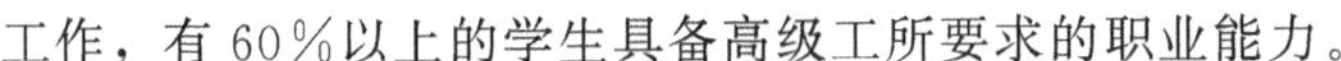

工作，有60%以上的学生具备高级工所要求的职业能力。

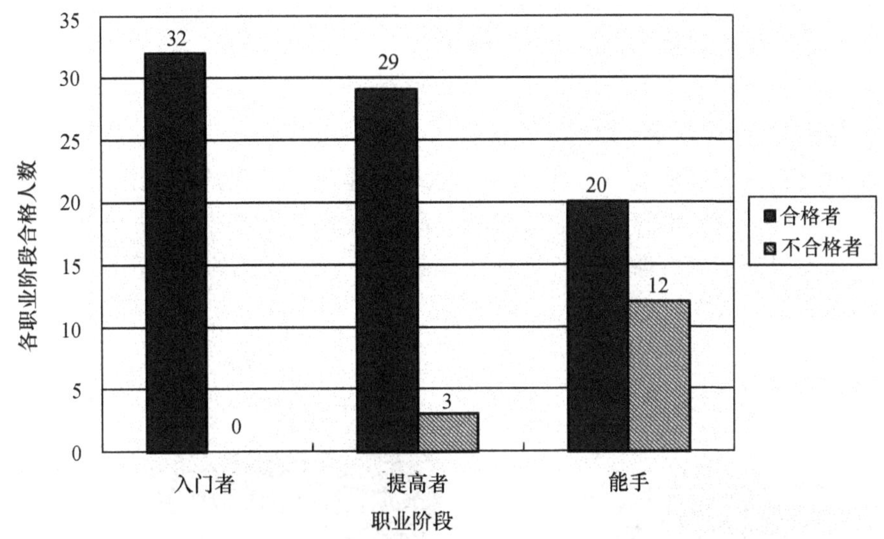

图4—30 运行岗位各职业阶段人数

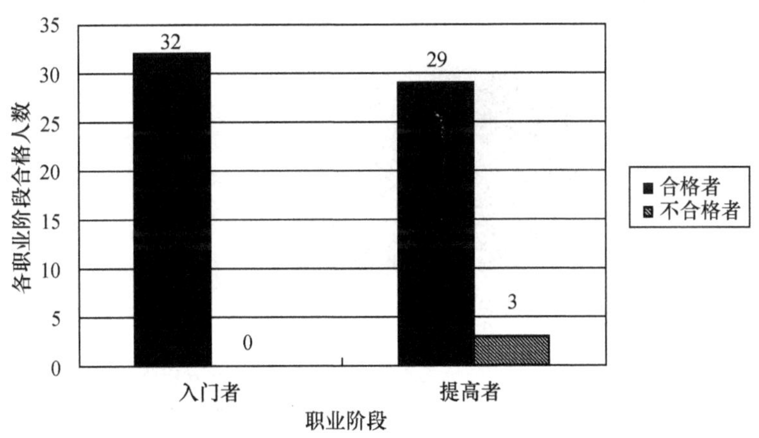

图4—31 检修岗位各职业阶段人数

从图4—31可以看出，32名学生均达到了检修入门者的阶段，不需重新训练。在提高者阶段，有90.6%的学生能顺利完成检修岗位的工作任务，掌握检修工作的知识和技能都比较熟练，较好地达到了这一阶段的培养目标。

图 4—32 所示为基本职业能力测评运行岗位各个分数段的人数分布。从图中可以看到，无论处于哪个职业阶段，能达到该阶段的基本职业能力要求的学生都是绝大多数。随着职业等级的升高和要求的增多，80 分以上职业能力较强的学生比例会有所下降，但仍有部分学生，如在提高者阶段有 1/4 的学生得分在 80 分以上，这些学生无论在专业知识的运用、专业技能的熟练程度上都比较突出，能较好地完成测评试题，体现了高素质的职业能力水平。在能手阶段，因为该阶段的能力要求对高职学生来说是比较高的，因此要获得比较高的分数是困难的，22%的学生能得到 70 分以上的分数，说明他们的基本职业能力水平较高。

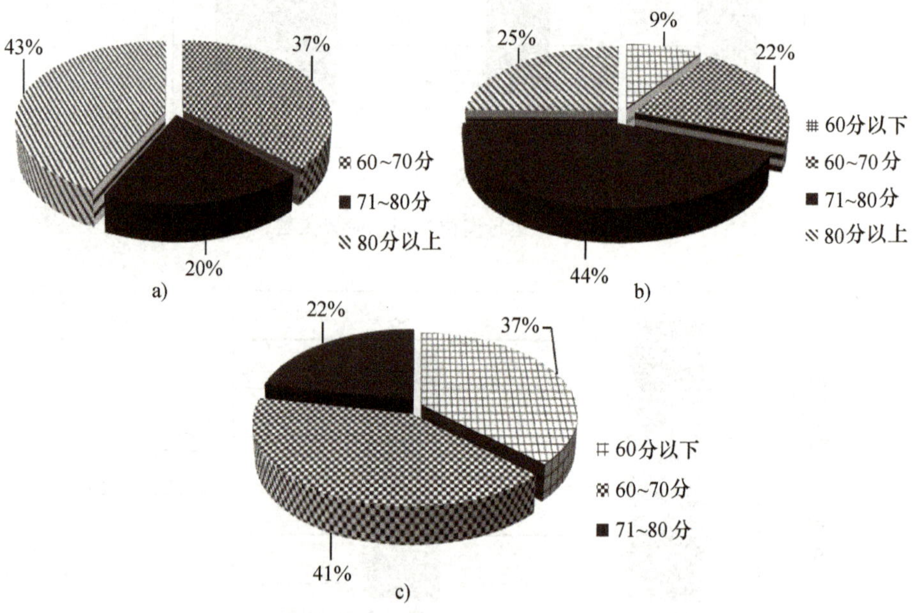

图 4—32　运行岗位基本职业能力测评各分数段人数

a）入门者阶段测评　b）提高者阶段测评　c）能手阶段测评

四、关键能力测评

（一）测评方案

输配电线路专业关键能力测评方案见表 4—25。

表 4—25　　输配电线路专业关键能力测评方案

测评对象	测评目的	测评时间	测评工具	测评内容
输电 2011 级 32 人	关键能力是使毕业生在以后的工作中能适应不断变化的岗位、工作任务和工作环境，具备跨专业的职业行动能力。对学生进行关键能力的测评，可以了解参加测评的学生大学三年在职业能力方面的努力、进步、不足和成绩，了解学校从专业课堂到课后活动对学生关键能力培养所起到的作用，为全面科学评价学生的职业能力级别提供依据	2011 年 12 月和 2012 年 3 月	基于参与和互动过程测评为主——包括“认识专业”主题讨论汇报；学生职业生涯规划设计和“职业生涯，路在脚下”主题汇报；师生访谈 专项能力量表——认识专业评分表、职业生涯规划评分表，量表从“工作计划与决策”“分析和解决问题的能力”“评估和反思行动的能力”“自我认知能力”“语言表达能力”“团队协作”六个指标确定了具体的评分点	第一次关键能力测评
		2013 年 6 月	基于参与和互动过程测评——师生访谈。 专项能力量表——关键能力测评评分表，对基本职业能力测评中学生体现出的方法能力、社会能力进行评价	第二次关键能力测评
		2013 年 11 月	基于能力证据收集和评判为主——关键能力测评证据登记表，记录反映学生普适性能力等 12 个三级指标的能力证据。 专项能力量表——关键能力测评表（四级，一级评价主体为学生本人，二级评价主体为班级，三级评价主体为辅导员和任课教师，四级评价主体为测评小组，通过四级评价共同构成对学生关键能力评价的结论）	第三次关键能力测评

（二）测评过程

1. 第一次测评

考虑到2011级学生以公共课和专业基础课学习为主，还处于大学适应和自我调整阶段，2011级学生大一关键能力以基于参与和互动过程测评、基于专项能力量表测评相结合的方式进行。课题组成员组成的测评小组，先后组织该班级学生开展专业认知讨论、个人职业生涯设计和答辩、师生访谈，形成了每位学生能力表现的原始记录。同时，运用专项能力量表对学生进行测评，包括人际交往测试、学习技能测试、自我认知能力、情商等方面的测评，获得对学生第一次关键能力的原始数据。

下面主要对“认识专业”测评和职业生涯规划测评进行说明。

（1）“认识专业”测评。整个测评分为两个部分：第一部分，学生制作“我眼中的××”Word文档或手写文档，提交一份不少于2 000字的认识专业报告；第二部分，学生根据“我眼中的××”制作认识专业PPT文档（5 min），分小组合作完成，并进行阐述汇报。

在测评工作前，2011年12月14日由测评小组成员向学生讲解了本次测评的目的，布置了题目并对题目进行了说明，对报告和PPT提出了具体要求。2011年12月22日，4人一组，小组合作完成汇报PPT文档并派代表上台展示。测评安排3名教师对参加测评学生的报告和汇报独立评价，从展示的PPT质量和发言者的语言表达能力等方面进行评价。测评结束后，3名教师讨论确定给出综合评价，并对整个测评活动进行了点评，如图4—33所示。

（2）职业生涯规划测评。职业生涯规划测评分为两个部分：第一部分，学生制作“职业生涯规划书”Word文档或手写文档，提交书面材料；第二部分，“职业生涯，路在脚下”主题活动。

2012年3月，学生从职业规划的意义，就业的方向和岗位，自我评价，大学三年在专业能力、方法能力、社会能力方面的培养目标，合理规划大一、大二、大三的阶段目标等方面逐一进行了职业生涯规划的汇报，由3名教师独立评价书面报告和汇报情况，并做出点评，如图4—34所示。

2. 第二次测评

2011级学生大二时，已经融入大学生活，通过各种校内外活动、与教师

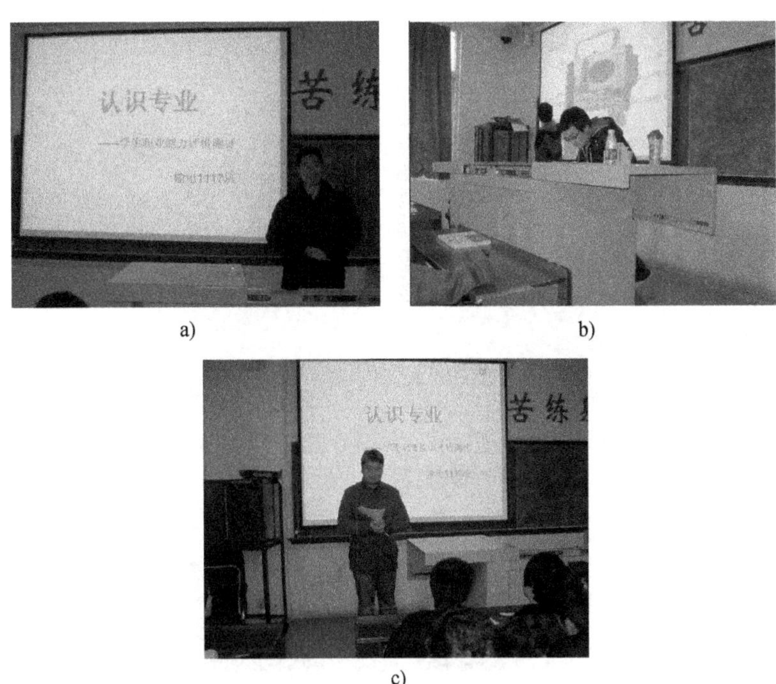

图 4—33 职业认知能力评价

a）测评前的说明 b）测评学生汇报 c）测评者点评

进行专业问题的探讨、完成各种任务，进一步提高自身的关键能力。该阶段的关键能力仍以基于参与和互动过程测评、基于专项能力量表测评相结合的方式进行。由于这个阶段是高职学生职业能力培养的最重要阶段，基本职业能力的提升与关键能力的提高是紧密联系、同步进行的，学生要出色地完成岗位工作任务，除了良好的专业素质，还需要良好的方法能力、社会能力。因此，课题组在进行基本职业能力测评中，会同时进行关键能力的测评，以此为主要依据，结合对学生访谈、其他活动中的表现作为提高者阶段关键能力测评的数据。

3. 第三次测评

第三次关键能力测评以整个大学三年的表现为对象综合评价。由学生提供相应的能力证据说明，自我评价关键能力指标的评价等级，班级、辅导员/

a) b) c)

图 4—34 职业生涯规划测评

a）测评学生汇报 b）测评小组评价 c）测评者点评

任课教师、测评小组三方根据学生大学三年的各方面成绩和表现及学生填写的关键能力测评证据表综合评价。

在进行测评前，我们首先找了几位学生进行了关键能力测评证据登记表的填写，对其中的问题进行了讨论解释，形成了该登记表的样本。输配电线路专业关键能力测评在 2013 年 11 月 26 日下午进行。测评小组成员向学生解释了本次测评的目的和意义、对指标及能力证据收集范围进行了解释，给出了个人获得的相关能力证据的填写要求，通过样本向学生进行了具体的解释说明。要求学生仔细回顾大学三年的表现，给出具体的说明。同时学生还完成了关键能力测评表（一级）的填写，要求根据自己的实际情况对自己的关键能力给出客观的评价。

随后又组织输电 1117 班的班干部、辅导员、测评小组成员从不同角度对

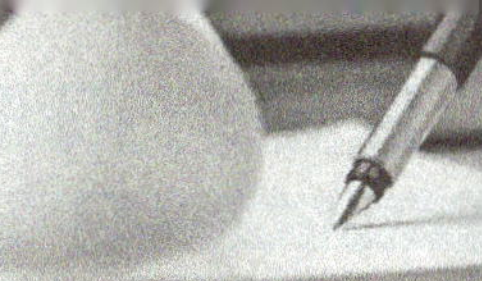

学生进行了关键能力的评价，完成了关键能力测评表（二级、三级、四级）。

（三）测评结果

1. 第一次测评

（1）“认识专业”测评。基于已建立的高职学生职业能力指标体系，对方法能力和社会能力进行了评分，包括工作计划与决策、分析和解决问题的能力、评估和反思行动的能力、自我认知能力、语言表达能力、团队协作六个三级指标。测评结果见表4—26。

表4—26　　职业认知能力评价汇总表

二级指标	人数百分比			
	优	良	中	差
工作计划与决策	31.3%	35.4%	33.2%	0
评估和反思行动的能力	15.6%	62.5%	15.6%	6.3%
分析和解决问题的能力	15.6%	46.9%	37.5%	0
自我认知能力	59.4%	28.1%	12.5%	0
语言表达能力	6.3%	78.1%	15.6%	0
团队协作	25%	50%	25%	0

作为输配电线路专业学生职业能力测评的第一次活动，整体上说比较圆满。学生能认真参与，60%以上的学生得到了良和优的评价，作为入门者来说算是一个很好的开始。当然，在测评过程中也暴露了学生计划不周全、信息处理能力不强、缺乏评估反思意识、语言逻辑性不强、PPT制作水平不高等问题。在接下来的专业教学中，建议教师要正确引导学生，着重培养学生发现问题和解决问题的能力，提高岗位职业能力。

（2）职业生涯规划测评。对输配电线路专业学生职业生涯规划进行评价包括对“职业生涯规划书”的报告和个人职业生涯规划PPT汇报进行评价。基于已建立的高职学生职业能力指标体系，对方法能力和社会能力进行了评分，包括工作计划与决策、分析和解决问题的能力、评估和反思行动的能力、自我认知能力、语言表达能力、团队协作六个三级指标。测评结果如图4—35所示，测评有效率为100%。

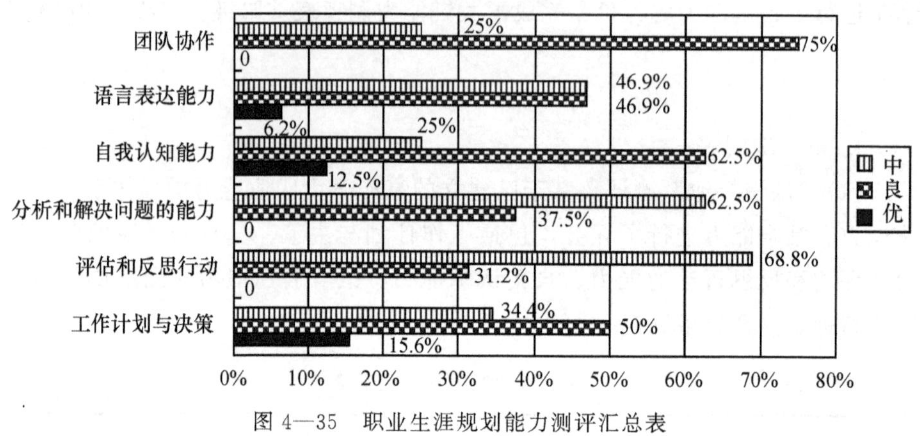

图 4—35 职业生涯规划能力测评汇总表

通过让学生认识自己的职业倾向与兴趣、认真思考自己的大学规划、制订职业生涯规划、进行展示汇报，帮助学生确定了职业能力目标和提高的途径，锻炼了他们的语言表达、PPT 制作等方面的能力，从而为后续职业能力的培养和评价奠定了基础。

2. 第二次测评

图 4—36 显示的是第二次测评的基本职业能力与关键能力的比较。在进行学生基本职业能力测评过程中所体现出来的方法能力和社会能力与基本职业能力并不呈一致性。说明学生的专业方面的职业能力与跨专业的通用关键

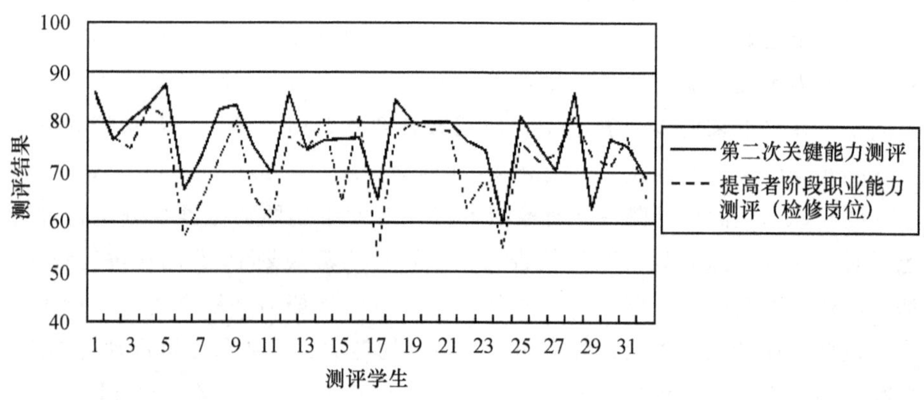

图 4—36 基本职业能力与关键能力的比较

能力并不完全相关，两种能力应该采取不同的提升方法，齐头并进，共同提高。

3. 第三次测评

进行测评数据分析时，我们将各级测评的等级转化为标准分值，求平均值得到综合分，关键能力指标的评价等级和标准分值见表4—27。其中第三次关键能力测评中，关键能力测评表有一级、二级、三级、四级四个等级，需要按四个测评主体的分值权重算出综合分，各级评价主体及权重表见表4—28。

表4—27　　关键能力指标的评价等级和标准分值

评价等级	优	良	中	差
标准分值	100	80	60	40

表4—28　　关键能力各级评价主体及权重表

评价主体	学生本人	班级	辅导员和任课教师	测评小组
评价等级	一级	二级	三级	四级
权重	0.1	0.1	0.4	0.4

第三次测评采取多主体评价方式。从最后的测评情况看，学生一般对自我评价比较高，没有学生给出中和差的评价，班级评价基本都为优，这说明在评价的过程中，学生本人和班级评分者比较主观，在进行评价过程中的态度可能不够严肃，不能很好地根据实际情况进行评价。而辅导员、任课教师和测评小组的评价相对更客观。因此，测评的评分者与测评对象的关系越密切，受主观干扰越严重，评分的公正性就会受到影响。由于学生本人和班级评分所占比例不高，辅导员、任课教师和测评小组的评分更客观，四级评价主体的综合评分结果总体上说还是比较真实地反映了学生的关键能力水平。

图4—37所示为三次关键能力测评的结果对比。

从图4—37可以看出，第二次、第三次测评得分均高于第一次的得分，说明经过大学阶段学生自主学习意识增强，通过多种社会实践、职业素质培养的反复训练，其方法能力、社会能力都得到了明显提高。而第二次和第三次的测评由于所隔时间只有半年，而且作为评价证据的侧重点略有不同，所以并未出现第三次测评得分均高于第二次得分的情况，而是各有高低，应该说两次测评结果的综合能较好地反映高职学生在大学结束时其关键能力的水平。

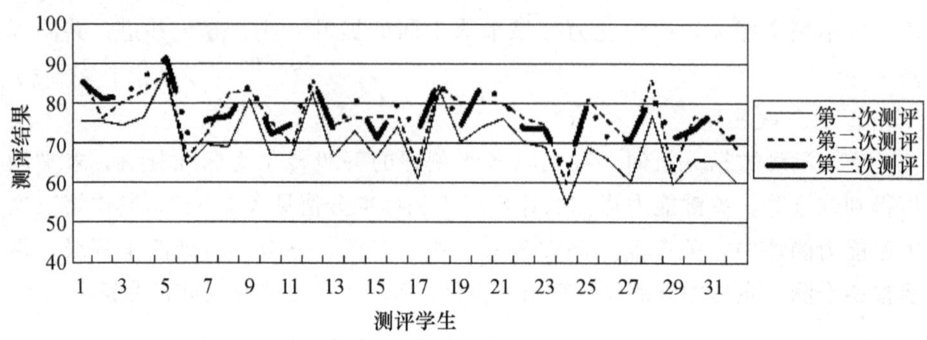

图 4—37　关键能力测评结果对比

通过对关键能力各项指标分布的具体情况分析，可以深入了解学生关键能力的具体构成和能力倾向。图 4—38 所示为第三次关键能力测评，输电 1117 班学生专业关键能力、方法关键能力和社会关键能力的分布。

由图 4—38 可以看到，专业关键能力、方法关键能力、社会关键能力这三个关键能力的二级指标的人数分布呈现两头低中间高的正态分布，得分大部分在 70～90 分，大部分学生掌握了一定的职业工作方法和学习方法，具备了外语、计算机等相关技能，具有与他人交流、合作等能力，能力水平以中等为主，有部分学生表现比较积极，注重自己各方面能力的培养，能力比较突出，也还有极个别学生的能力水平较差，没有认真锻炼自己的能力。

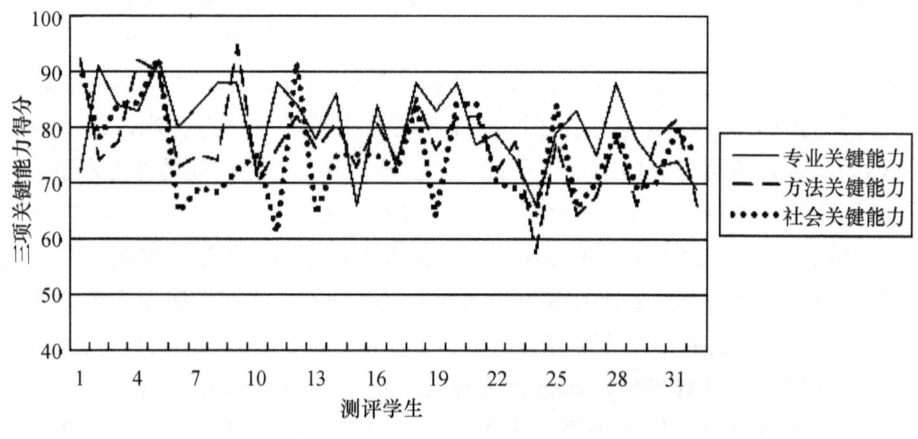

图 4—38　三项关键能力的得分

图 4—38 显示，专业关键能力的整体水平较高，得分普遍较高，而方法关键能力、社会关键能力的水平比较一般，优秀的不多，中等水平的居多。对于学生个体而言，专业关键能力、方法关键能力、社会关键能力的水平没有一致性，某一项能力较强，而其他项能力可能较弱，这可能受到学生的兴趣、特点等因素影响。学生可以通过测评了解自己的长处和短处，从而有针对性地改进，取得全面素质的进步；教师也可以通过测评更加了解每位学生的优点，可以因材施教，通过挖掘他们的潜力，鼓励指导他们发挥特长，帮助他们提高能力水平。

图 4—39、图 4—40、图 4—41 分别为班级学生在专业关键能力、方法关键能力和社会关键能力包含的三级指标得分水平。

(1) 学生专业关键能力的分析

图 4—39 中的曲线表明，学生的普适性能力和拓展性能力的培养没有什么直接联系。输配电线路专业的学生其他专业领域学习积极性虽然相对不高，但 90 后学生因为接触计算机、网络等较多，掌握计算机、英语等这些通用技能的程度较高，普适性能力以中等水平为主。由于专业的特殊性，输配电线路专业的学生具有较好的吃苦耐劳品质，因此，他们参与社会实践尤其是从事输配电线路方面的兼职锻炼的比例很高，一方面锻炼自己，另一方面减轻家庭负担，在专业技能拓展方面表现较为出色。

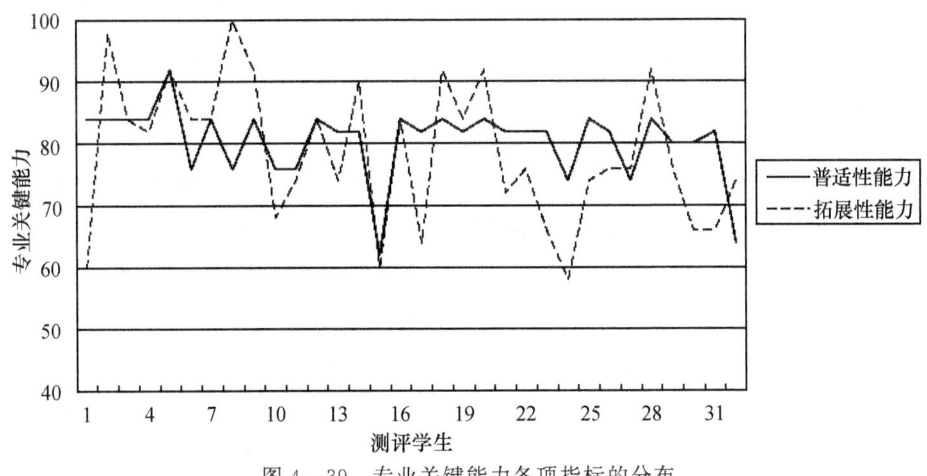

图 4—39　专业关键能力各项指标的分布

（2）学生方法关键能力的分析

从大一开始我们进行了多次关于学生的方法关键能力的测试，经过大学三年的培养，主要是通过各科专业课程行动导向教学法的全面实施，学生在学习中通过大量任务计划、决策、实施、评估反馈等训练，锻炼工作计划和决策、分析和解决问题、评估和反思行动等能力，从图 4—40 中的曲线，我们认识到：

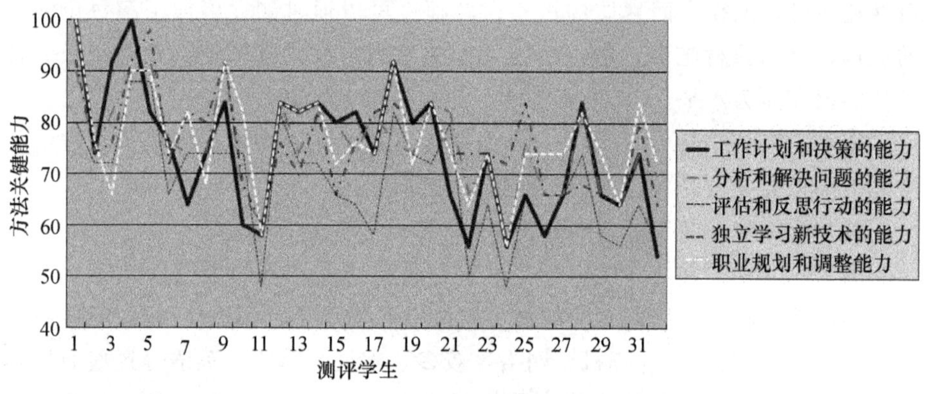

图 4—40　方法关键能力各项指标的分布

1）学生工作计划和决策、分析和解决问题这两项能力水平提升是同步的，而且整体水平比较高，这说明高职教育理念下各种教学模式、教学方法对培养学生的方法能力是有效的，输配电线路专业对接岗位，提供真实的工作环境，使学生开展专业学习就是在完成工作任务，从而可以较好地培养这两方面的能力。

2）评估和反思行动的能力水平相对较弱，水平较高的比例极少，高职教学告诉学生是什么、怎么做，但对为什么这么做、如何做得更好关注不多，学生习惯被动接受、执行即可，而压缩了思考的空间，因此我们需要对这部分能力的培养进行反思改进。

3）输配电线路专业的学生都是男生，男孩子动手能力强，对新知识、技术的好奇，使他们会主动学习感兴趣的事物，但由于专业课堂对这些新技术的讲授相对较少，学生独立学习能力一般，使他们虽具有一定的独立学习新技术的能力，但水平不高。因此，应该通过讲座、第二课堂等方式加强在新技术、新设备方面的指导，提高他们独立学习的能力，让他们能具备适应未

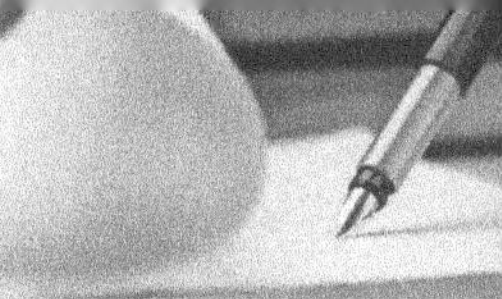

来工作随科技发展而带来的各种变化革新。

4）学生对输配电线路专业的定位比较清楚，对学习该专业面临的困难也有所准备，在整个大学生活中又不断受到专业训练，所以学生对自身有比较清晰的定位，对未来职业规划更有专业针对性，因此具有较强的职业规划和调整能力，这说明关注学生的职业成长，及时解决他们在这条道路上的困惑，给予指导，帮助他们制定职业规划，学生这方面的能力水平就会得到提高，使他们能更好地适应未来职业道路上的问题。

（3）学生社会关键能力的分析

从图4—41中的曲线可以看到学生人际交往能力和团结协作能力整体水平较高，而语言表达能力整体水平最低。由于参加丰富多彩的校园活动，与同学的共同生活，积极参加兼职、企业锻炼等社会实践，输配电线路专业学生的人际交往能力很强，而该专业的工作极其注重团队合作精神，因此在三年的训练中，学生培养了良好的团结协作能力。语言表达能力较差，这是因为手机、笔记本电脑、平板计算机等电子产品的多功能，学生能随时连接到互联网上网、玩游戏、看小说，也可以通过微信、QQ交流表达，这些信息社会进步的产物不仅会影响学生的课堂学习效果，干扰学生的独立思考问题，也会减少学生说话交流的时间。我们要肯定的是，多样的交流方式、互联网上庞大的资源、高科技的电子产品使我们能及时记录、获取我们想要的信息，增加我们沟通的频率，丰富我们的业余生活，而且我们已经习惯了它们的存

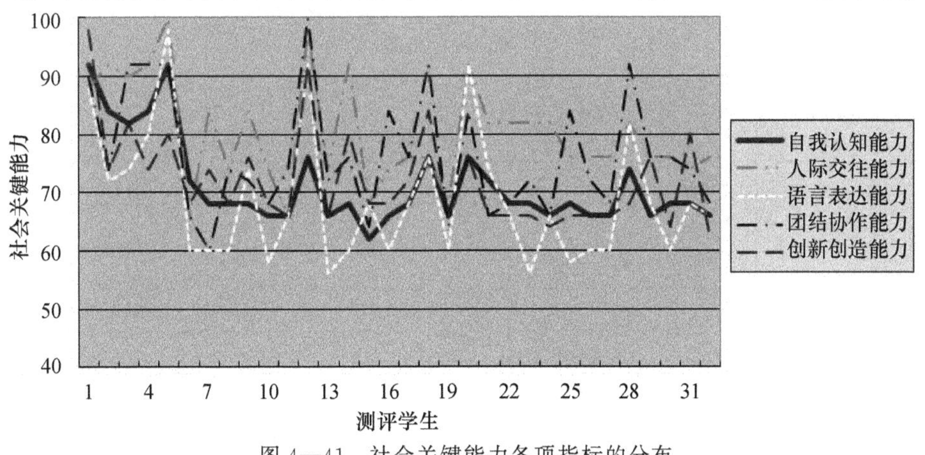

图4—41 社会关键能力各项指标的分布

在，只是我们要注意的是要适量，不能让生活被这些外物所主导。过分依赖这些会使我们的创造性降低，图 4—41 就显示学生的创新创造能力比较弱，这也是大部分大学生都存在的问题，主动思考、发现问题的能力水平不高，会使我们的说话水平降低，使我们面对面的沟通表达变差。社会能力在未来学生的职业生涯中起到非常重要的支撑作用，这要引起我们的重视，积极探索社会能力培养的方式，如加强对学生自制能力的培养，提供更多有益的活动使学生离开网络、加强交流，针对学生兴趣进行专题讨论、实践制作，增加他们的创新意识等，提升高职学生的职业能力。

五、职业能力定级和评价总结

基于高职学生三维职业能力模型，利用三年的时间，对输配电线路专业学生整个高职学习期间获取的职业基本能力、关键能力等职业能力进行评价，从而客观地评价高职输配电线路专业学生的职业能力水平和职业素养，为促进该专业的学生全面、和谐、可持续发展提供依据，提高社会对该专业学生职业能力的认可度。

在前期确定基本职业能力、关键能力测评成绩后，按照两项能力的不同要求权重（见表 4—29），算出职业能力的综合评分，最终确定学生的职业能力等级，输配电线路属于生产和建设类行业，在计算职业能力的综合评分时，基本职业能力的权重是 66%，关键能力的权重是 34%。

表 4—29　　各测评指标权重

一级指标	权重	二级指标	权重		
			第一次测评	第二次测评	第三次测评
关键能力	34%	专业关键能力	12%		
		方法关键能力	12%		
		社会关键能力	12%		
基本职业能力	66%	岗位认知	40%	13%	6%
		基础操作	17%	27%	20%
		工作任务执行	6%	20%	30%
		创新创造	3%	6%	10%

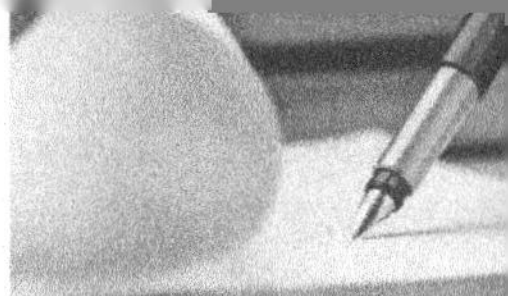

按照高职学生三维能力模型，能力级别维度由表识能力、工具性能力、过程性能力、设计能力四个维度构成，所属能力级别分别为能力级别 1、能力级别 2、能力级别 3、能力级别 4。这四个能力级别是逐级递增的，但能力特征又是相互独立、互不关联的。将能力级别维度与内容维度进行结合，入门者阶段的基本职业能力与关键能力对应能力级别 1，提高者阶段的基本职业能力与关键能力对应能力级别 2，能手阶段的基本职业能力与关键能力对应能力级别 3，专家阶段的基本职业能力与关键能力对应能力级别 4，由于我们测评的职业阶段只有入门者、提高者、能手，因此，其能力级别也只考虑前三个级别。将检修岗位和运行岗位进行综合（由于检修岗位还未进行能手阶段的测评，故能手阶段以运行岗位测评结果进行分析），作为基本职业能力的结果，结合关键能力判定结果，按照表 4—29 的权重进行计算，综合得出职业能力的结果。参考职业资格等级合格的分数，同时听取了现场专家对岗位职业能力与职业阶段匹配的意见（至少胜任完成一半以上的岗位工作为合格），以 60 分作为职业能力级别达到的合格线，如果未达到该能力级别，则认定为低一级的能力级别。三次测评结果如图 4—42 所示。

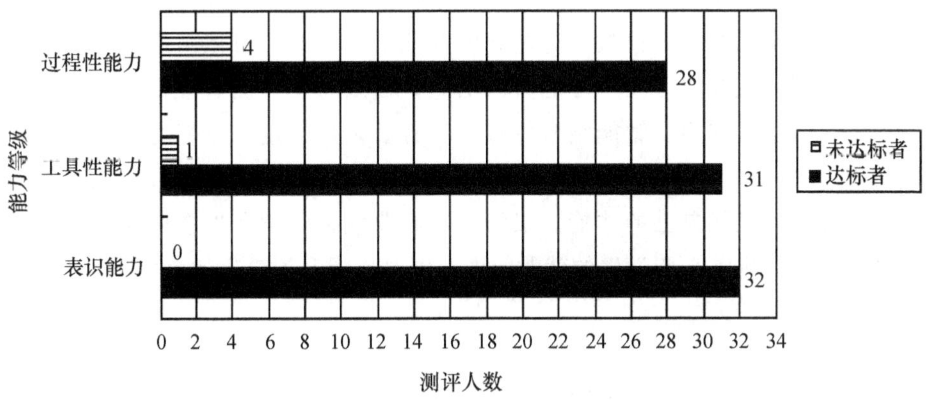

图 4—42　职业阶段各等级人数

在入门者阶段测评中，全部 32 名学生达到了表识能力；在提高者阶段测评中，有 31 名学生达到了工具性能力，1 名学生仍处于表识能力水平；在能手阶段测评中，有 28 名学生达到了过程性能力级别，4 名学生仍处于工具性能力或表识能力级别。整体来看，在本专业各个学习阶段，大部分学生都达到了我们预期的培养目标，达到了相对应的职业等级。

综合三次测评结果，得到学生的职业能力等级，如图 4—43 所示。

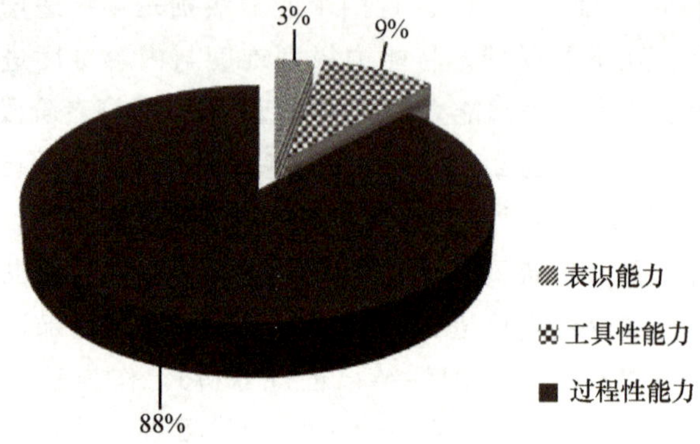

图 4—43　职业能力各等级比例

经过三年高职学习，测评学生中，88%达到了过程性能力的水平，9%达到了工具性能力，只有 3%处于表识能力水平，应该说没有达到职业能力培养目标的人数很少，大部分学生都达到了输配电线路专业职业能力培养的目标。

以“三维职业能力模型”为基础的职业能力测评，可以帮助测评者准确捕获被测者的职业能力及关键能力的信息，可以帮助被测者准确认识自身的学习能力、反应能力、智能结构特点。调查发现，经过职业能力测评的输电 2011 级 90%以上的学生非常清楚自己的能力特点是什么，明白在什么样的岗位上工作更能施展自己的才能。很明显，职业教育的职业性在职业能力测评的推动下，促进了高职学生的就业能力，同时也提升了学生的自信心。

六、改进思考和建议

课题组以高职学生三维职业能力模型为基础，对输配电线路专业学生进行了职业能力测评，得到了丰富的实证数据，从职业背景信息、职业基本能力、关键能力等方面来评估学生的职业能力水平。在进行实证研究的过程中，也发现了一些需要改进的地方，包括：

首先，虽然我们对输配电线路专业的一个班级全程跟踪了三年的职业能力发展情况，但未与其他没有进行职业能力评价的班级横向比较。

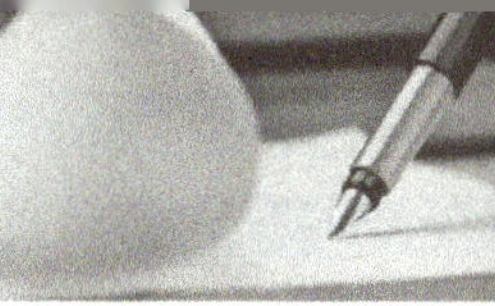

其次，虽然评价了输电1117班每位学生的职业能力水平，建立了他们的职业能力档案，但将职业能力测评结果反馈学生后，给学生对职业能力测评的解释建议、跟踪指导学生的反思从而改变学习方式促进他们自身的职业能力提高等方面的工作做得不多。

最后，根据职业能力评价的情况，思考改进输配电线路专业的职业教育和人才培养的工作还处于起步状态。

下一步课题组的工作还包括：

第一，通过对参加测评的学生进行顶岗实习和毕业工作的跟踪调查，进一步研究学生测评的职业能力结果与企业岗位所需职业能力的对应关系。

第二，建立学生职业能力测评后续跟踪机制，在输配电线路专业的各个年级全面展开职业能力测评，反馈学生测评结果，建立跟踪档案，与学生沟通他们对自己职业能力测评结果的看法，及时帮助学生明确努力的方向，制定改进的措施，观察指导他们的职业能力训练过程，促进学生职业能力的提高。

第三，对学生职业能力得分不高的指标分析原因，找到学生职业能力培养的薄弱地方，促进输配电线路专业人才培养和课程改革。

第四，对输配电线路专业职业能力测试题目进行完善，丰富题库内容，能对学生的职业能力进行更全面的评价。

第三节　火电厂集控运行专业职业能力评价

一、评价方案介绍

全国电力类高职院校普遍开设火电厂集控运行专业。该专业参照集控运行值班员职业技能标准设计人才培养目标中专业能力培养目标，采用火电仿真系统开展实践教学，主要面向发电企业培养高端技能型人才。

课题小组按照高职学生职业能力评价基本框架和指标体系，结合火电厂集控运行专业人才培养途径、必需的职业基本能力、专业实训环境，设计了集控专业学生基本职业能力测评方案。通过对被测人员情况纵向分析和同专业人员的横向比对，提高测评方案的可靠性、适用性及应用价值。

二、测评工具设计

（一）集控专业基本职业能力分布及评分点要求

根据课题组职业能力三维模型及指标体系，课题小组将职业能力指标（*Y* 轴）与能力维度（能力层次 *Z* 轴）、内容维度（成长规律 *X* 轴）进行对应分析和优化；将基本职业能力二级指标 4 个评分项、三级指标（*Y* 轴）10 个评分点，分别对应内容维度（*X* 轴）“入门、提高、能手、专家”，形成职业能力发展过程的分布关系（见表 4—30）；结合集控专业具体的工作内容和职业能力期望，明确了各内容维度基本职业能力的含义和要求（见表 4—31）。

（二）职业能力各级指标分值计算

以高职学生职业能力培养目标、企业职业岗位的能力需求为价值导向，设定“专家”基本职业能力为标准参照系，采用“完全符合、基本符合、基本不符合、完全不符合”四个分量用于评分者对测评结果进行分析（见表 4—32）。

三级指标的实际得分 P_{cm}（$m=1, 2, \cdots, 10$），为该三级指标 Cm 所对应的评分点实际得分的平均值乘以 10（见表 4—33）。

二级指标的实际得分 P_{bn}（$n=1, 2, 3, 4$），为该二级指标所属的所有三级指标的实际得分的平均值。一级指标“基本职业能力”实值得分，为其所属的所有二级指标的实际得分的平均值（见表 4—34）。

（三）集控专业基本职业能力测试题目的开发基础及原则

1. 开发测试题目的基础

一是按照能力发展逻辑规律排列的难度范围（见表 4—31）；二是采用实践专家研讨会确定的职业典型工作任务（见表 4—35）。这些任务是半开放性的，允许学生在符合职业技术、技能标准的情况下，给出不同的答案。主要评价被测试者四个方面的内容。

表 4—30　　基于职业能力三维模型的能力分布

职业能力级别（Z 轴）	能力级别 4：	设计能力				设计能力
	能力级别 3：	过程性能力			过程性能力	过程性能力
	能力级别 2：	工具性能力		工具性能力	工具性能力	工具性能力
	能力级别 1：	表识能力	表识能力	表识能力	表识能力	表识能力
一级指标	二级指标	三级指标	入门（X 轴）	提高（X 轴）	能手（X 轴）	专家（X 轴）
基本职业能力（Y 轴）	岗位认知	表层性	表层性	表层性	表层性	表层性
		概念性	概念性	概念性	概念性	概念性
	基础操作	直观性		直观性	直观性	直观性
		功能性		功能性	功能性	功能性
	工作任务执行	系统性			系统性	系统性
		关联性			关联性	关联性
		目标性			目标性	目标性
	工作改进和创新	公益性				公益性
		经济性				经济性
		创新性				创新性
关键能力（Y 轴）	专业关键能力	普适性能力		普适性能力	普适性能力	普适性能力
		拓展性能力		拓展性能力	拓展性能力	拓展性能力

续表

一级指标	二级指标	三级指标	入门（X 轴）	提高（X 轴）	能手（X 轴）	专家（X 轴）
关键能力（Y 轴）	方法关键能力	工作计划和决策的能力			工作计划和决策的能力	工作计划和决策的能力
		分析和解决问题的能力			分析和解决问题的能力	分析和解决问题的能力
		独立学习新技术的能力				独立学习新技术的能力
		评估和反思行动的能力				评估和反思行动的能力
		职业规划和调整能力				职业规划和调整能力
	社会关键能力	自我认知能力	自我认知能力	自我认知能力	自我认知能力	自我认知能力
		人际交往能力		人际交往能力	人际交往能力	人际交往能力
		语言表达能力			语言表达能力	语言表达能力
		团队协作能力			团队协作能力	团队协作能力
		创新创造能力				创新创造能力

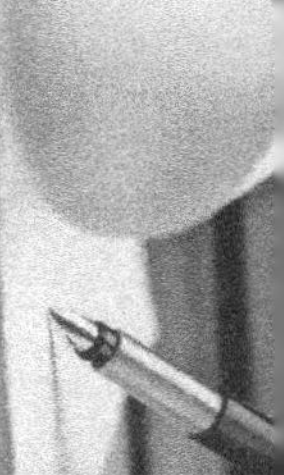

表 4—31　　集控专业基本职业能力各评分点的要求

内容及要求（X 轴）			入门	提高（50 分）	能手（75 分）	专家（100 分）
基本职业能力（Y 轴）	岗位认知	表层性	能描述本职业的工作环境	能描述本专业就业岗位的工作性质和基本工作内容	能描述本专业就业岗位的主要工作任务	能描述本专业就业岗位的工作重点、难点
		概念性	能识别本专业工作常用工器具、设备名称	能运用专业基本概念和原理、设备图及系统图，描述设备工作原理、电力生产过程	能运用专业技术理论解读电力生产技术指标、生产技术规程、危险点防控措施	能描述本专业领域技术应用现状及技术改进设想
	基础操作	直观性	能了解工器具准备事项	能以文字、图表等记录形式记录工作内容	能以规范格式书写工作任务计划书、实施方案	能针对本专业技术工作难点，拟订可行的解决方案
		功能性	能完成工器具准备	能操作工具完成简单产品的加工，以及辅助设备、局部系统工作状态检查或单项指标调节	能独立操作设备及系统完成单一目标、分项工作任务	能组织本专业领域技术方案的实施
	工作任务执行	系统性			能运用所操作的设备及系统工作过程中所反馈的参数等信息，判明设备、系统运行状态	能运用所负责的生产区技术、经济、安全指标参数，判明生产状态
		关联性			能综合分析所操作的设备、系统运行状态和周边相关环境、设备、系统状态对本岗位工作的影响	能综合分析所负责的生产区内各岗位生产状态，相关协作部门及人员生产状态对本生产区工作的影响

续表

内容及要求（X 轴）			入门	提高（50 分）	能手（75 分）	专家（100 分）
基本职业能力（Y 轴）	工作任务执行	目标性			能明确岗位任务目标，有计划地进行工作实施、工作检查采取预防措施、排除故障	能制定任务目标和工作计划，分解任务，组织岗位人员有效地开展实施、检查工作，审核预防措施、指挥事故处理、协调并消除外部干扰
	工作改进和创新	经济性				能在设计和实施中采取降低成本、提高效益的优化或改进措施
		公益性				能在设计和实施中采取防止事故、降低劳动强度、方便操作的预防措施和办法
		创新性				能突破传统思维和习惯做法，有解决具体工作问题及提高工作效益的方案、设计或作品

表 4—32　　集控专业基本职业能力各评分点要求及相应分值

按照“专家”基本职业能力要求				
符合要求程度	完全符合	基本符合	基本不符合	完全不符合
能力的含义及要求	“专家”基本职业能力要求（为标准参照系）	“能手”基本职业能力要求	“提高”基本职业能力要求	“入门”基本职业能力要求
分值	10	7	4	0

表 4—33　　基本职业能力某三级指标分值计算示例

二级指标	三级指标	具体要求（评分点）	评价等级			
			完全符合	基本符合	基本不符合	完全不符合
指标 B_n	指标 C_m	评分点 1	10			
		评分点 2		7		
		评分点 3			4	
分值	$P_{cm}=(10+7+4)/3\times10=70$		10	7	4	

表 4—34　　基本职业能力一级、二级指标分值计算

一级指标	一级指标分值	二级指标	二级指标分值	三级指标	三级指标分值
基本职业能力	$\sum P_{bn}/4$ ($n=1, 2, 3, 4$)	岗位认知 $B1$	$P_{b1}=(P_{c1}+P_{c2})/2$	表层性 $C1$	P_{c1}
				概念性 $C2$	P_{c2}
		基础操作 $B2$	$P_{b2}=(P_{c3}+P_{c4})/2$	直观性 $C3$	P_{c3}
				功能性 $C4$	P_{c4}
		工作任务执行 $B3$	$P_{b3}=(P_{c5}+P_{c6}+P_{c7})/3$	系统性 $C5$	P_{c5}
				关联性 $C6$	P_{c6}
				目标性 $C7$	P_{c7}
		工作改进和创新 $B4$	$P_{b4}=(P_{c8}+P_{c9}+P_{c10})/3$	公益性 $C8$	P_{c8}
				经济性 $C9$	P_{c9}
				创新性 $C10$	P_{c10}

表 4—35　集控专业基本职业能力测评之工作任务分析

分类项目		对应内容维度的岗位层级				典型工作任务分析
		入门	提高	能手	专家	
基本职业能力指标	岗位认知	岗位：运行实习生；工作范围：参加班组工作会	岗位：辅助设备运行值班员；工作范围：参加班组工作会，汇报辅助设备及系统运行状态	岗位：机组主设备运行值班员岗位；工作范围：参加班组工作会，汇报锅炉、汽轮机、电气等主设备及系统运行状态；按技术规程，布置助手辅助性运行检查及操作工作任务	岗位：机组集控运行值班员（单元长）；工作范围：组织班组工作会，根据汇报情况，组织运行工作情况分析活动；根据运行指令，提出班组工作任务目标	班组工作会
	基础操作	工作范围：准备设备巡视工具、安全器材；协助完成设备巡视及记录工作	工作范围：设备及系统定期巡查；辅助设备及系统启停操作	工作范围：锅炉、汽轮机、电气等主设备及系统的启停操作	工作范围：单元机组的启停操作	设备及系统定期巡查；机组启动运行；机组停止运行
	工作任务执行	—	工作范围：辅助设备及系统的运行状态判断及处理	工作范围：锅炉、汽轮机、电气等主设备及系统的运行调节、监控、故障处理	工作范围：单元机组运行状态监视　单元机组负荷协调控制　单元机组事故处理协调	机组运行监视；机组运行调节；机组负荷控制；机组事故处理
	工作改进与创新	—	—	工作范围：主设备经济性运行措施；主设备安全提前防控措施	工作范围：指导并考核主岗位经济性；审核并布置危险点、危险源等事故防控措施	经济性运行方案；安全运行方案

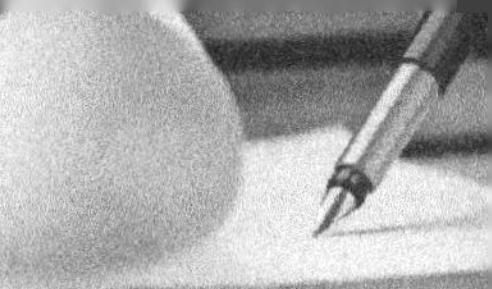

续表

分类项目	对应内容维度的岗位层级				典型工作任务分析
	入门	提高	能手	专家	
专项工作任务分析	工器具准备	设备及系统定期巡查； 辅助设备及系统启停操作	锅炉运行； 汽轮机运行； 发电机运行； 主设备及系统事故处理	机组运行； 机组事故处理	—

（1）对职业工作的认知程度。

（2）对职业工作的操作正确和熟练程度。

（3）对职业工作中为实现任务目标的计划、组织、实施、评价等环节及内容的全面程度。

（4）对职业工作的合作程度。

2. 开发测试题目的原则

（1）测试题目涵盖职业和企业实践中的某个现实问题。

（2）测试题目应综合火电厂集控运行各典型工作任务，按照集控运行值班员职业能力要求设计，沿 X 轴向前兼容各岗位层级的专项工作任务。

（3）测试题所采用的典型工作任务不局限于特定型号的火力发电机组（仿真系统），可应被测试者要求采用他们熟悉的系统和设备（仿真）。

（4）测试题目按照培养目标和能力发展逻辑规律，采取不同深度和广度的综合性解决方案，关注被测试者职业能力在纵向（Y 轴）和横向（X 轴）等两个方向的发展情况。

（5）测试的题型是开放式的，没有标准化的“正确”和“错误”答案，而是根据特定要求，给出不同的解决方案。

（6）被测试者完成综合性解决方案，采用笔试和操作两种形式。

（7）笔试题以集控运行工作方案规划为主，并用相应的描述形式记录；操作题以合作完成实践工作任务为主，反映集控运行职业特有的工作方式和方法。

（8）要求被测试者以符合职业要求的专业态度和方式（根据自身能力发展水平）完成测试题目，记录过程和结果并说明理由。

（四）集控专业基本职业能力的测评方式

每个职业都必须通过实践的方式才能学会，火电厂集控运行又是一个必须团体合作完成的工作，所以，被测人员必须在仿真或真实的职业工作环境下，按照发电企业的管理方式、组织流程、生产方式和技术标准，合作完成综合性的典型工作任务。

综合性的典型工作任务采用3～5人的小组合作完成。根据被测试者工作范围（见表4—35）及表现出来的能力层次（见表4—31），区分小组成员的能力差距和等级。

本专业职业能力测评方式主要采用观察法＋笔试法，弥补观察法无法准确鉴定社会现实这一不足。引入询问法、小组讨论法，弥补短时间测试中被测试者个人能力展示不充分这一不足。四种测评方式综合运用到专业学生职业能力测试中。

（1）观察法。主要考查“工作小组成员”如何自我定位、自我管理，如何独立判断和灵活、正确地反应，如何开展工作交流、执行和协作，如何反思和提高工作效益。

（2）笔试法。主要考查“工作小组成员”工作过程记录、计划、方案与标准的接近程度。

（3）询问法。主要配合观察法，准确区分“工作小组成员”能力等级。

（4）小组讨论法。主要考查“工作小组成员”沟通技巧、组织能力、压力处理和人际关系的敏感度，能否达到职业岗位专家级要求。

三、测评过程

（一）集控专业测试样本及评分者的选择

本项目小组针对本专业人才在不同职业教育培养模式下形成的职业能力进行评价。选择已完成火电厂集控运行专业理论及实践训练的高职学生参加测试。学生可以在第三学年末参加测试，目的是评价他们是否已经发展了一定的职业能力。二年级学生在完成专业理论与实践训练后，可以解答测试题。从中也可以区分两者之间的能力差距。本项目小组先后选择了湖南、湖北、江西等省三

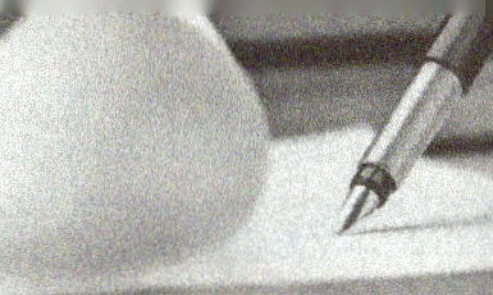

所电力职业技术学院火电厂集控运行 90 名三年级学生参加了测试（见表 4—36）。

用于职业能力测评的工具的质量如何，取决于每一名评分者对被测试者行为、表现、答案做出的评分结果的接近程度（评分者信度）。本项目小组选择了具有集控运行实际工作经验及集控技能鉴定考评员作为评分者，并在评分前进行评分方案的培训，保证评分者信度。

表 4—36　　集控专业基本职业能力评价参加测试学生一览表

参与学校	专业	年级	学生人数	测评时间
长沙电力职业技术学院	火电厂集控运行专业	2011 级	60	2013 年 6 月
武汉电力职业技术学院	火电厂集控运行专业	2011 级	15	2013 年 10 月
江西电力职业技术学院	火电厂集控运行专业	2011 级	15	2013 年 10 月

（二）集控专业测试题案例

根据集控专业基本职业能力测试题目的开发原则，特别是“测试题目应综合火电厂集控运行各典型工作任务，按照集控运行值班员职业能力要求设计，沿 X 轴向前兼容各岗位层级的专项工作任务”。本项目小组拟定了“单元机组启动前的准备”“单元机组冲转、并网、升负荷”“单元机组停运”“单元机组大型事故处理”等综合性典型工作任务。现示例如下：

1. 测试题的任务说明

表 4—37 所示为“单元机组冲转、并网、升负荷”测试题的任务说明。

表 4—37　　“单元机组冲转、并网、升负荷”测试题的任务说明

（1）任务情境描述：
某燃煤火电机组，正在进行单元机组冷态启动，炉侧参数已具备汽轮机冲转前条件，现由你们当值班组（3～5 人）接管运行 1 h，请遵循交接班制度进行接班，按单元机组运行值班要求分工合作，完成机组冲转、并网、升负荷至 10%额定负荷，确保至少启用一套制粉系统在运行。
（2）测评方案的任务要求：
1）合理进行人员分工，进行作业前组织。 2）制作交接班参数记录表，并在接班时进行填写。 3）制作各主要设备运行时的操作票，并在运行时进行填写。 4）进行事故预想，填写危险点、危险源预控方案。 5）进行作业后无主持人讨论，开展评价。

续表

(3) 测评方案的实施环境和辅助工具：
1) 实施环境。在火电仿真实训室完成运行操作，由指导老师启用标准工况（工况要求：单元机组冷态启动；炉侧，燃油点火升温升压至汽轮机冲转前参数，符合投制粉系统条件；机侧，相应机侧辅助系统均已运行，ETS保护未投；电侧，电气送电完成，发变组保护未投）。 2) 辅助工具。准备阶段，可以参考运行规程、教材等，或通过网络查询相关信息。运行操作阶段，可带自行准备好的操作票、参数记录表、危险点及危险源预控方案等。无主持人讨论阶段，自备相应工具。

2. 测试工作流程

测试工作流程见表4—38。

表4—38　测试工作流程

过程一：获取信息，进行人员分工及组织（上机操作前完成）
任务及要求：分析情境描述及任务要求，请和老师沟通，获取关键信息。 (1) 分析任务，明确有哪些工作需要完成。 (2) 分析岗位，明确完成以上工作所需的岗位人员。 (3) 你有哪些问题需要和老师进行沟通。
过程二：制订计划（上机操作前完成）
任务及要求：根据要完成的任务，制订以下工作计划。 (1) 人员定岗，拟订各运行岗位人员名单。 (2) 任务分配，明确各岗位人员工作任务、工作目标及时间要求。
过程三：做出决策（上机操作前完成）
任务及要求：在获取信息，明确分工后，请完成以下运行前决策。 (1) 填写交接班前主要参数记录表。 (2) 填写交接班后各阶段各主要设备或系统运行操作票，并审核。 (3) 制定危险点及危险源预控方案。 (4) 制定工作总结和评价阶段的无主持人讨论组织策划方案。

续表

过程四：任务实施（上机操作）
任务及要求：在老师指导下启动火电仿真程序，调用指定运行工况，运行过程中不得保存及重新调用工况，如若保护动作，则按事故进行处理恢复。按计划实施单元机组原定运行计划操作，并填写工作记录。 （1）进行班组作业前[工作交代]。 （2）作业期间按要求操作并填写[记录表]及[操作票]。 （3）运行操作主要记录表。（老师填写）
过程五：检查控制（运行操作后 10 min 内完成）
任务及要求：针对运行操作过程中的实际情况，完成以下工作。 （1）填写运行过程中的异常现象，布置[防控措施]。 （2）发现违章操作、错误操作，填写[操作票修改意见]。
过程六：总结和评价（运行操作后，20 min 内完成）
任务及要求：请以无主持人讨论方式，对本次运行操作情况进行讨论，并进行相应总结。完成以下工作。 （1）[学生自评分表]。（针对无主持人讨论评分） （2）[学生互评分表]。（针对无主持人讨论评分） （3）无主持人[讨论记录表]。（老师记录） （4）职业能力测评评分表，（老师评分，针对整个测评过程评分）

注：例如“[分析任务]”为评分者主要观察内容，“[操作票]”为被测试者主要笔试内容。

3. 能力测试评分表及评分依据具体说明

测试过程中的评分依据见表 4—39。

表 4—39　　各评分点在测试过程中的主要分布

三级指标	评分点（具体要求）	过程					
		一	二	三	四	五	六
表层性	岗位明确、职责清晰	√					
	任务明确、分工分配合理	√	√				
概念性	能用规范、专业的语言来陈述				√		√
	对重要概念能理解，并能进行相关分析			√		√	

续表

三级指标	评分点（具体要求）	过程					
		一	二	三	四	五	六
直观性	参数记录表项目安排有利于记录			√			
	操作票符合规范，有利于操作			√			
	无主持人讨论策划方案条理清楚			√			
功能性	参数记录表各项目能从安全经济角度反应机组实际运行状态			√	√		
	操作票内容填写符合规程、危险点分析合理			√	√		
	无主持人讨论时间节点分配合理，能抓住讨论要点，有利于讨论实施			√			
系统性	能构建完整启动流程，并按操作票实施操作				√		
	清楚运行过程中参数间相互影响关系，能及时调控相关系统及参数				√		
关联性	各角色分工合作，能互相配合运行				√		
	参与无主持人讨论，以取得一致结论为目标，顾全大局						√
目标性	有明确的整体目标和阶段性目标				√		
	具体操作中遵守安全第一原则，并考虑经济性				√		
	能根据运行实际情况及时调整方案				√		
经济性	能从总体经济性角度分析，怎样尽快达到目标负荷					√	
	能总结运行过程中，哪些操作可提高运行经济性					√	
公益性	能从安全角度改进操作票					√	
	能从实际操作中出现的错误，改进危险点、危险源分析方案					√	
创新性	是否在完成运行操作后，总结时提出了建设性意见					√	
	在无主持人讨论过程中是否有创新性观点						√

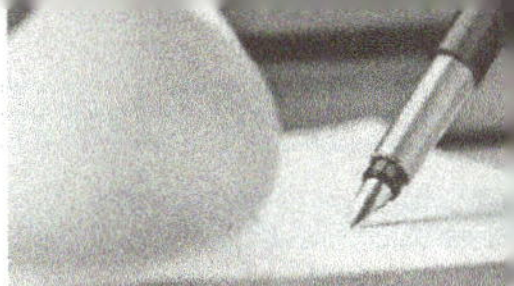

四、测评结果及数据分析

（一）对基本职业能力测评结果的整体分析

“岗位认知、基础操作、工作任务执行、工作改进和创新”等二级指标分值（满分 25 分，见图 4—44）折算为基本职业能力分值（满分 100 分，见图 4—45、图 4—46）。

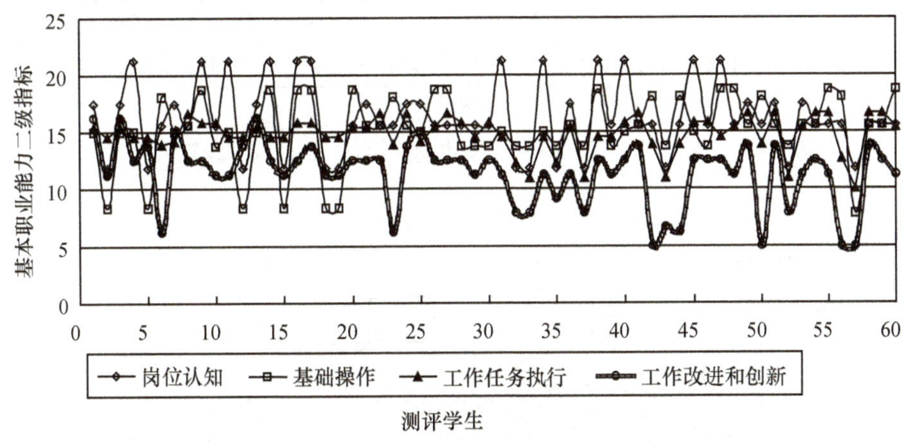

图 4—44　某学院 60 名被测学生基本职业能力二级指标分值曲线

按照行业集控运行职业技能现场专家水平，对某学院 60 名学生进行测试，其基本职业能力平均值为 58 分。其中 65～70 分的 8 人达到或接近“能手”层次，占 13%；60～64 分的 27 人，占 45%；55～59 分的 6 人，占 10%；50～54 分的 7 人，占 12%；40～49 分的 12 人，占 20%；40 分以下的 1 人处于“入门”层次，占 2%。反映出学院距离高技能人才的培养目标还有一定的差距。

如图 4—45 所示，按测试顺序所反映出来的所测学生基本职业能力分值大部分处于 60～70 分区间，即被测学生接近于“能手”水平层次。

通过对被测学生基本职业能力分值按高低排序分析（见图 4—46）。“岗位认知”分值高对基本职业能力的形成具有较大的正面影响，“基础操作”分值低对基本职业能力的形成具有较大的负面影响。“工作任务执行”“工作改进

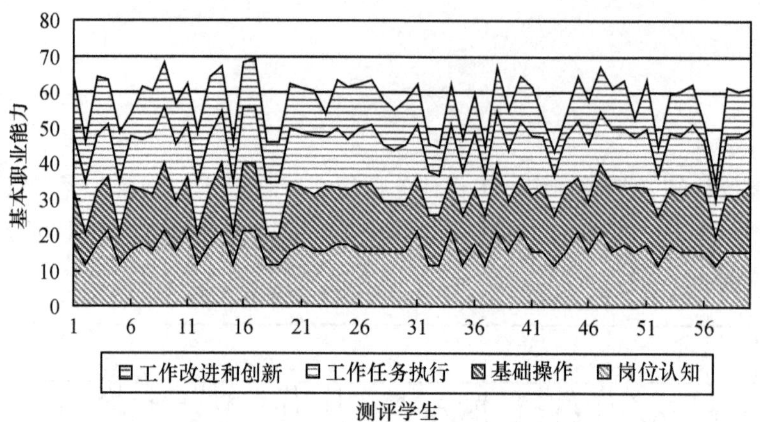

图 4—45　某学院 60 名被测学生基本职业能力分值曲线（按测试顺序）

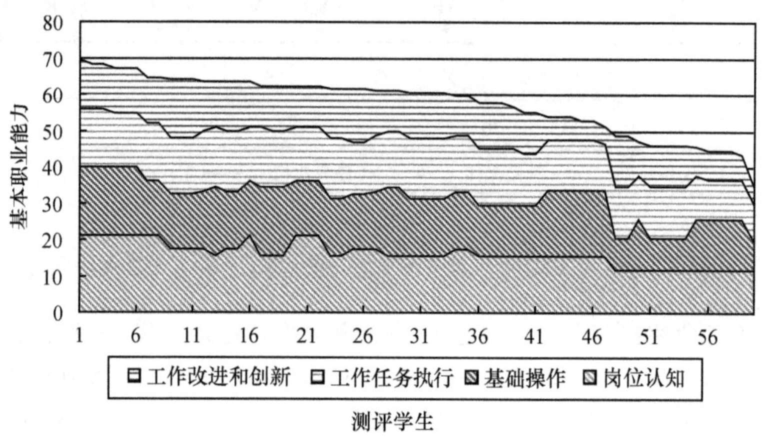

图 4—46　某学院 60 名被测学生基本职业能力分值曲线（按分值高低顺序）

和创新”能力的发展以“岗位认知”“基础操作”能力为基础。反映出被测学生较好地理解工作任务，掌握必要的概念和理论，熟悉操作步骤、任务执行流程，有利于工作任务的全面完成。反之，如果任务不清、概念不明，或涉及操作步骤、任务执行流程的计划制定、任务决策方面的能力欠缺，对后续的工作任务执行、工作改进和创新会带来不利影响。基本职业能力表现优秀的专业学生，其四项能力需得到全面的发展。从其他三项能力优秀的学生得

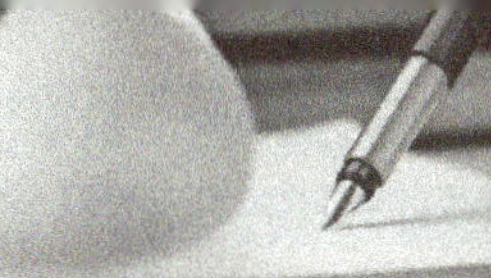

分整体数据来看，被测高职学生在“工作改进和创新”方面存在明显不足，一方面被测学生“工作改进和创新”知识需要加强，另一方面被测学生“工作改进和创新”意识需要加强。

（二）对基本职业能力测评结果的个体比较

对某学院被测学生“岗位认知、基础操作、工作任务执行、工作改进和创新”等二级指标的分析，分为三个方面：一是被测群体的二级指标各项平均分值，如图4—47所示；二是被测个人的三级指标分值，如图4—48所示（三级指标分值每项100分，本图按10分制表示）；三是被测个人与被测群体平均分值的比较，如图4—49所示（二级指标折算为一级指标，每项满分分值为25分）。

由图4—47可知，某学院60名被测学生基本职业能力二级指标平均分值呈依次下降趋势。按折算后分值“专家”为25分、“能手”为17.5分、“提高”10分、“入门”为0分，该院被测学生普遍处于“提高”和“能手”中间层次，其中“岗位认知”“基础操作”“工作任务执行”接近能手层次。

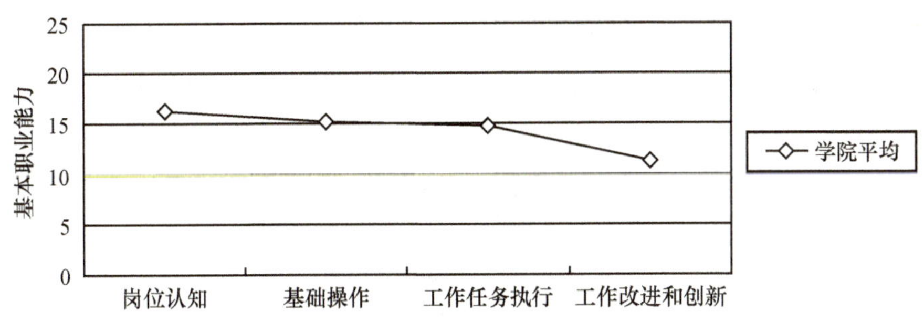

图4—47　某学院60名被测学生基本职业能力平均分布曲线

由图4—48可知，某被测学生在“表层”“概念”“关联”“公益”“创新”等三级指标达到“能手”要求，在其他指标上存在不足。

由图4—49可知，某被测学生（同上）在四项二级指标所指的能力上超出学院平均水平，在“岗位认知”“工作改进和创新”方面能力突出，四项能力接近“能手”水平层次，有向“专业”水平层次发展的潜力。

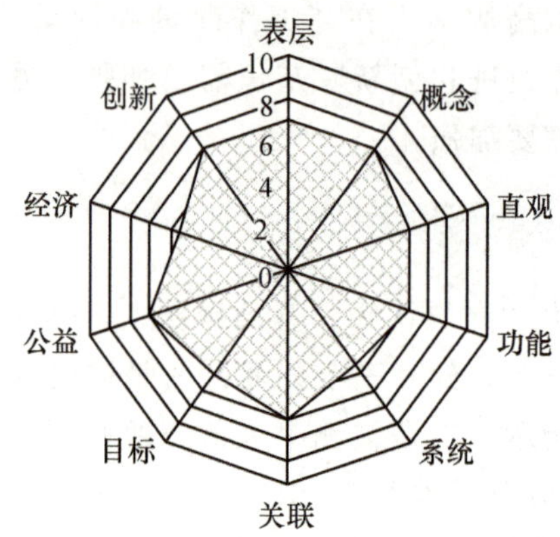

图 4—48 某被测学生基本职业能力轮廓图

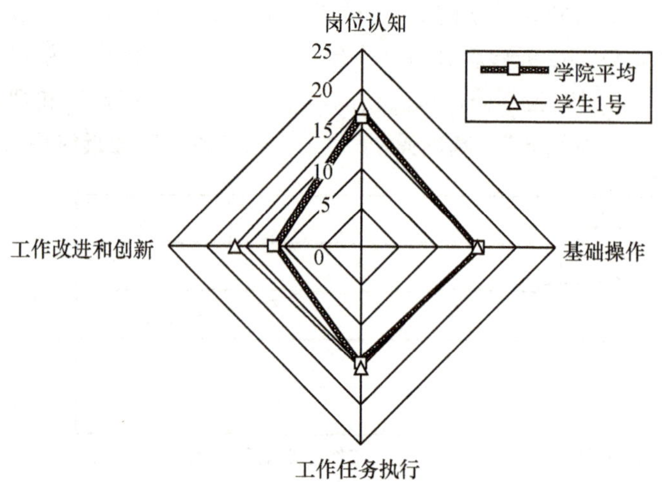

图 4—49 某被测学生基本职业能力与平均值的比较

（三）对不同院校学生基本职业能力测评结果的比较

将三个学院测评数据按基本职业能力三级指标均值分布进行对比分析，其分布如图 4—50 所示。从图示结构可以看出，三个院校学生基本职业能力评价处于“提高型”和“能手型”层次之间，距离“专家型”仍有较大差距。

院校一学生能力分布较平衡，院校二和院校三学生能力分布畸形，主要

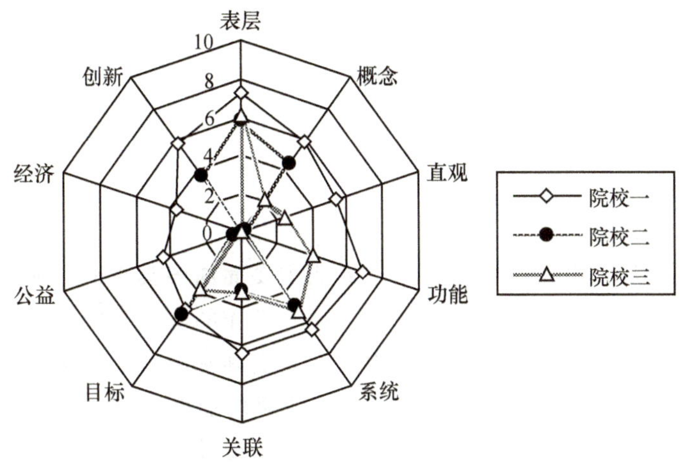

图 4—50　三个学院基本职业能力三级指标均值分布图

差距体现在公益性、经济性、创新性等方面。院校二学生基本职业能力的直观性、功能性、公益性、经济性四项分值均接近于 0，院校三学生基本职业能力的公益性、经济性、创新性三项分值均接近于 0。结合现场测试情况分析，在测试前对院校二、院校三的评分者及被测学生的测试程序、要求等方面指导不足，导致测试成绩反映被测者能力的失真。

五、测评总结

集控专业职业能力评价主要集中在应用职业能力模型的研究成果，以基本职业能力测试为重点，以证据收集为辅助，实践并改进测评方案。通过有效的测评活动，得出接近并反映被测人员实际情况的测评结果，为学生自我提高、教学改革提供有价值的参考依据。

在此过程中，完成了基于职业能力三维模型的能力分布的分析；根据高职学生职业能力培养目标、企业职业岗位的能力需求导向，设定了“专家”基本职业能力为标准参照系；确立了集控专业基本职业能力测试题目的开发基础及原则；设计了以集控专业综合性的典型工作任务为载体，采用观察法＋笔试法为主的测评方式，提高了测试内容与职业的对接程度。不同层次的评分点及测评工作贯穿学生完成工作任务的全过程，简化了测评的环节和工作量。

第四节　市场营销专业职业能力评价

一、评价方案介绍

长沙电力职业技术学院市场营销专业主要面向各类工商企业、供电企业培养从事市场营销实务操作、策划与管理等工作的高端技能型人才。依据核心岗位所必需的职业能力，依托校内外实习实训基地，形成融入职业素质教育的“三对接工学交替”人才培养模式。按照职业能力评价整体方案，结合本专业人才培养目标和人才培养模式的特点，设计了阶段性、动态性的本专业职业能力测评方案。具体见表4—40。

表4—40　市场营销专业职业能力评价整体方案

测评范围	测评对象	测评阶段	测评时间	测评内容
长沙电力职业技术学院	市场营销专业（2011级）营销1121班	第一阶段职业能力评价	2012年6月	关键能力测评（基于参与和互动过程的测评）
			2012年12月	1. 职业认同感测评 2. 基本职业能力测评（开放性方案设计和实施）
		第二阶段职业能力评价	2013年12月	1. 基本职业能力测评（开放性方案设计和实施） 2. 关键能力测评（基于能力证据收集的测评；基于专项能力量表的测评）

二、具体的测评工具

1. 职业认同感测评

为了解高职市场营销专业学生对相关行业和职业的认同度，以问卷形式设计和实施了职业认同感测评。每份问卷包括职业意愿与期望、职业意志、职业价值、职业效能四个一级指标，每个一级指标包括三个详细的问题，答案划分为五个不同的“认同程度”，即完全不同意、基本不同意、不确定、基本同意、完全同意。被试者可以根据自己的情况进行主观判断，选择相应的认同等级。同时，建立了测评结果的统计方法，对五个认同程度赋予不同的分值（见表4—41）。分别统计单项得分和总得分，最终确定学生职业认同程度的四个等级（见表4—42）。

表4—41　　职业认同程度赋值方法

选项	完全不同意	基本不同意	不确定	基本同意	完全同意
分值	1	2	3	4	5

表4—42　　职业认同程度的四个等级

职业认同等级	完全不认同	基本不认同	基本认同	完全认同
分值	12～20分	21～35分	36～50分	51～60分

2. 基于参与和互动过程的关键能力测评

职业关键能力是一种隐性、可迁移、载体多元化的能力。在高职学生的不同成长阶段和能力培养状态过程中，应采取不同的评价途径和工具进行关键专业能力、关键方法能力和关键社会能力的测评。

基于参与和互动过程的关键能力测评主要是在高职学生处于大一阶段时进行。大一阶段，学生尚处于大学环境适应、角色转型和职业方向探索阶段，其关键能力测评重点通过设计特定的参与和互动过程，让学生在参与和互动过程中展现自己，测评小组进行主观综合评判。具体而言，则是学生进行职业生涯规划设计，参与演讲比赛、礼仪展示等过程中，在和同学、老师的交流互动中展现多方面的能力和素质。

针对市场营销专业大一学生的关键能力测评，测评小组组织实施了个人职业生涯规划设计及答辩、演讲比赛、礼仪展示三类活动，按照关键能力的各级指标要求，为每个活动设计了具体的评价标准。在参与和互动过程中，测评人员根据学生的表现给予相应的评价等级，并换算为对应的分值，通过评价结果汇总了解学生关键能力的总体状况和单项水平分布，并由测评小组为每位学生给出其能力培养和改进的个性化意见和建议。

3. 基于开放性方案设计实施的职业能力测评

企业要求营销人员应该具备积极的进取心、坚持不懈的态度、与其他人良好沟通的技巧、给人信任度及在商谈中营造舒适氛围的能力、一定的市场调查能力、一定的营销策划能力、较强的市场开拓能力、较强的市场组织与管理能力。

为测评市场营销专业学生具有的基本职业能力，针对市场营销专业的典型职业工作任务，开发了两套开放性测评试题，在学生相应学习阶段（即大二、大三）分两次实施测评。测试题由营销专家、教师团队共同开发，其中测试题（一）为“设计市场调查方案”，测试题（二）为“制定营销策划方案”，分别对学生具有的市场调查能力、营销策划能力等职业能力进行测评。要求测试者在一个典型的职业背景下独立完成一项综合性的工作任务，从任务明确、信息收集、方案设计等角度进行详细设计，形成完整的方案。

为提高结果评定的准确性和科学性，分别针对两套试题设计了具体的评分标准，评分者可以根据相应的标准对学生提交的方案进行评判，尽可能给出客观且一致的评价。两套试题在任务典型性、任务量及难度方面均保持一致性，在第一阶段和第二阶段测评时，由测评小组随机抽取一套试题，分别在两次测评中应用。

4. 基于证据收集和评判的关键能力测评

高职学生进入大三阶段，除完成专业课程学习、技能实训之外，还大量参与学院、班级、社团组织开展的各类素质教育和社会实践活动，以及学生会、共青团委工作，得到了多方面的体验和能力锻炼，并积累了相关的成果。学生关键能力的测评主要是以收集学生在这期间取得的相关能力证据为基础，并进行由学生本人、班级干部、辅导员和任课老师实施的四级评价模式来实现。

（1）收集相关能力证据。针对市场营销专业学生关键能力测评，设计了覆盖专业关键能力、方法关键能力和社会关键能力 3 个二级指标、12 个三级指标的能力证据收集表，明确了各个指标对应的能力证据收据范围。

（2）关键能力四级评价模式。在能力证据收集的基础上，设计了基于证据收集的关键能力四级评价模式。一级评价为学生本人自评；二级评价由班级干部、学生代表建立测评小组对所有学生进行集中评价；三级评价由辅导员和任课教师组成测评小组进行集中评价；四级评价则由测评专家小组来实

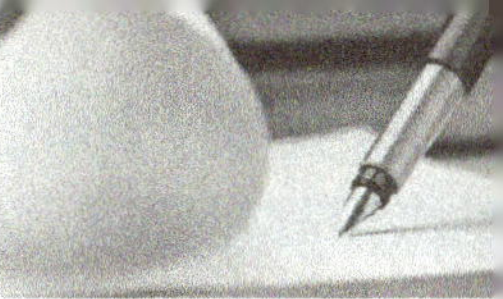

施。各级评价结果具有不同的权重，一级至四级评价结果所占权重分别为0.1、0.1、0.4、0.4。在具体评价过程中，各评价主体针对制定的评价参考准则，对各级指标给予优、良、中、差四个等级，然后将四个等级换算成标准分值，结合权重统计出每位学生最终的关键能力评价结果。

三、测评组织实施过程

关于市场营销专业学生职业能力评价方案的测试，课题组选择了长沙电力职业技术学院2011级营销1121班历经三年、分两个阶段来实现。

1. 第一阶段职业能力评价

课题组对营销1121班实施的第一阶段职业能力测评是分两次进行的，分别在大一第2学期和大二第1学期组织完成。

(1) 2012年6月——第一次职业能力测评。2012年上学期，课题组结合学院第五次技能节活动，对营销1121班学生进行了基于参与和互动过程的关键能力测评。本次测评主要通过组织全体学生参加职业生涯规划设计大赛、技能节演讲比赛及礼仪展示竞赛等三类活动来实施。测评过程中，测评小组先后组织该班级学生开展专业认知讨论、个人职业生涯设计和答辩、师生访谈，形成了每位学生能力表现的原始记录；同时，针对学生在各项活动中的表现及评价标准，给出相应的评价等级及分值评定。最终由专家组汇总评价结果，分析学生关键能力的总体状况和单项水平分布，并给出每位学生能力培养和改进的个性化意见和建议。

(2) 2012年12月——第二次职业能力测评。2012年12月，对处于大二的营销1121班学生进行了第二次职业能力评价。本次职业能力主要实施了职业认同感测评、基本职业能力测试两项。

1) 职业认同感测评。2012年10月对市场营销专业营销1121班32名学生实施了职业认同感测评。该班学生刚进入大二阶段，已完成了部分专业基础课程学习及基础技能实训，有的同学还利用课余时间在服务企业兼职，对本专业及相关职业有了一定程度的了解。本次测评对学生开展职业认同感调查，补充原有每位学生职业能力背景信息档案，为后阶段动态跟踪学生知识、技能、态度的变化，深入进行职业能力测评打下基础。

2) 基本职业能力测评。2012年10月，课题组组织营销1121班32名学生实施了基于开放性方案设计的基本职业能力。这是学生关于本专业基本职业能力的第一次测评，测试题为试题（一）——设计市场调查方案，整个测评过程在市场营销实训室进行。根据测试环境要求，市场营销实训室在拥有50套办公桌椅及计算机配置的基础上，另配备了两台打印机，并设置了网络环境；测试由学生本人随机从职业能力测试题库中抽取一套试题进行。测试第一阶段为设计方案，学生在150 min内独立完成书面方案设计，完成过程中可以自行通过网络收集信息，测评老师负责现场组织，并安排最终文稿打印。测试第二阶段为学生个人答辩。组织全班学生集体参与，每位学生上台陈述自己方案设计的思路、过程和优点，接受测评专家的提问。学生在答辩阶段的表现，既可以反映其专业知识技能掌握水平和实践能力，还可以考查其自我认知、语言表达、沟通、协调等关键能力。结合学生在上述两个阶段的表现，形成学生基本职业能力测评结果。

2. 第二阶段职业能力评价

2013年12月，对处于大三的营销1121班学生进行了第三次职业能力评价。本次职业能力主要实施了基本职业能力测试和基于证据收集和评判的关键能力测评两项。

(1) 基本职业能力测评。课题组组织营销1121班学生在市场营销实训室第二次实施基于开放性方案设计的基本职业能力。测试选用的是试题（二）——制定营销策划方案，包括制定方案、个人答辩两个阶段。结合学生在上述两个阶段的表现，形成了学生基本职业能力测评结果。

(2) 基于证据收集评判的关键能力测评。对营销1121班学生实施基于证据收集评判的关键能力评价。测评小组首先组织学生对个人关键能力证据进行了集中填写登记，辅导员配合审核。随后由学生本人、班级干部、辅导员和教师分别对每位学生的关键能力进行一级、二级、三级、四级评估，最终由测评专家形成评价结果。

四、测评结果和数据分析

课题组对市场营销专业营销1121班学生完成了职业能力评价测评工作后，对测评过程中收集的三个阶段测评结果和数据进行了集中评分和统计，并确定了每位学生各项职业能力指标的得分、职业能力的等级等关键数据。

为了解学生职业能力水平和结构，并对开发的各项职业能力评价工具效度进行检验，具体进行了以下方面的分析。

1. 职业认同感测评结果分析

（1）学生职业认同感测评结果。本次职业认同感测评从职业意愿与期望、职业意志、职业价值和职业效能四个方面对学生的职业认同程度进行调查，将每位学生职业认同水平量化为具体分值。测评结果见表 4—43。参与测评的 32 名学生中，职业认同等级选择完全认同的学生为 12.5%，选择基本认同的学生为 78.1%，选择基本不认同的学生为 9.4%，没有学生选择完全不认同。

表 4—43　　职业认同感测测评结果统计表

学号	得分	职业认同等级	学号	得分	职业认同等级
1	47	基本认同	17	40	基本认同
2	41	基本认同	18	48	基本认同
3	49	基本认同	19	40	基本认同
4	39	基本认同	20	46	基本认同
5	50	基本认同	21	40	基本认同
6	47	基本认同	22	48	基本认同
7	43	基本认同	23	52	完全认同
8	28	基本不认同	24	46	基本认同
9	52	完全认同	25	45	基本认同
10	47	基本认同	26	49	基本认同
11	45	基本认同	27	48	基本认同
12	48	基本认同	28	48	基本认同
13	37	基本认同	29	51	完全认同
14	41	基本认同	30	33	基本不认同
15	37	基本认同	31	52	完全认同
16	35	基本不认同	32	44	基本认同

（2）学生职业认同感和职业能力对比分析。职业能力测评结束后，将营销 1121 班学生职业认同感和职业能力测评结果进行了对比，如图 4—51 所示。可以看出，学生“职业认同感的高低”和“最终获得的职业能力水平”两者之间存在着一定的联系，这说明学生进入大二阶段，随着专业知识学习

和技能训练的深入，增强了对所学专业和未来职业岗位的认识，其职业认同态度与大一入学阶段相比逐步发生转变，在职业认知和认同方面的主观性和盲目性大大降低。同时，此阶段学生职业认同态度也影响了其后续学习和职业能力提升的主观能动性。

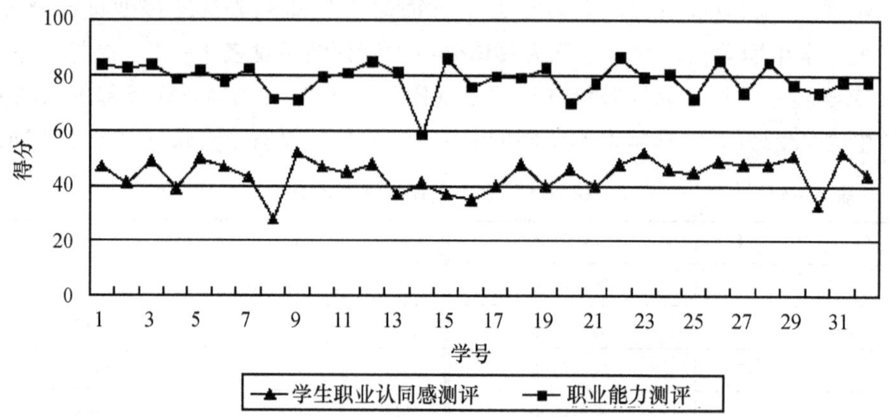

图 4—51 学生职业认同感和职业能力测评结果对比

2. 基本职业能力的测评结果分析

针对基本职业能力的测评，营销 1121 班分别于第三学期和第五学期组织了两次开放性方案的设计测试，学生先后完成两套内容类似、难度相当的测试题。现将两次基本职业能力测评结果进行对比，如图 4—52 所示。从该图前后两次测评结果曲线呈现趋势分析，可反映出第五学期学生的测评得分明显高于第三学期，每位学生职业能力均不同程度地逐步提升，且前后两次职业能力水平的分布趋势基本一致，这充分体现出了学生高职阶段基本职业能力的培养和发展特征。

在分析测评结果的同时，还有效地证明了本次基本职业能力测评方法和工具的可行性。一方面本次设计的开放性测评题目，在内容和难度上具有一致性，可以作为对同一群体进行纵向测评和对比分析的有效工具。另一方面通过开放性方案设计测试，可以检验学生在不同阶段职业能力的水平。在常规的标准化考试中，学生不同阶段的考试成绩往往存在上下浮动现象，具有一定的随机性。

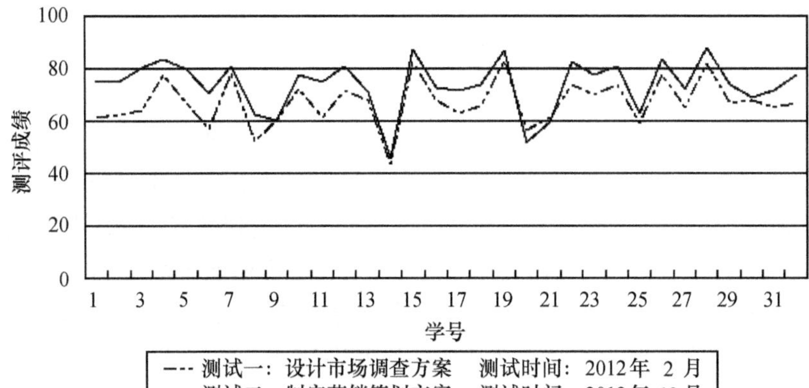

图 4—52　两次基本职业能力测评结果对比

3. 关键能力测评结果分析

针对营销 1121 班实施的关键能力测评，在第三学期采用基于参与互动过程的测评模式进行，在第五学期采用基于能力证据收集和评判为主的模式进行，两次测评结果的对比如图 4—53 所示。可以看出，该班学生关键能力前后两次测评曲线的分布及变化趋势与基本职业能力有相似之处，第五学期学生测评成绩普遍明显高于第三学期，绝大部分学生关键能力均有不同程度提升。比较图 4—52，发现学生关键能力的提升程度高于基本职业能力，表明高

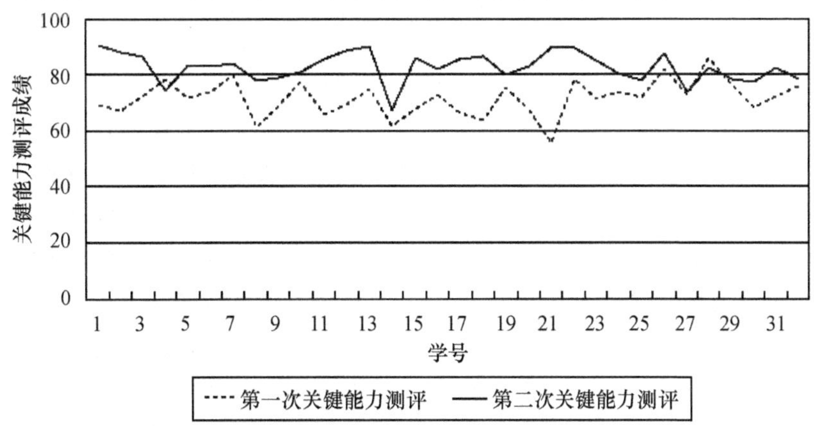

图 4—53　两次关键能力测评结果对比

职学生在大学阶段学习专业知识和技能的同时，通过参与多种素质培养活动和社会实践，其社会能力、方法能力也在快速成长。

4. 职业能力整体水平分析

将基本职业能力和关键能力测评结果加权汇总，得到学生职业能力评价的综合结果。营销 1121 班 32 位学生前后两次职业能力测评的分布情况如图 4—54 所示。由该图可以看出，该班学生从第三学期到第五学期的职业能力整体变化幅度和变化趋势，即每位学生在三年级的职业能力均得到了不同程度的提升。这一纵向对比的结果客观地评估了学生整体及个体的职业能力水平，并有利于评估学院对学生素质及技能的培养质量。

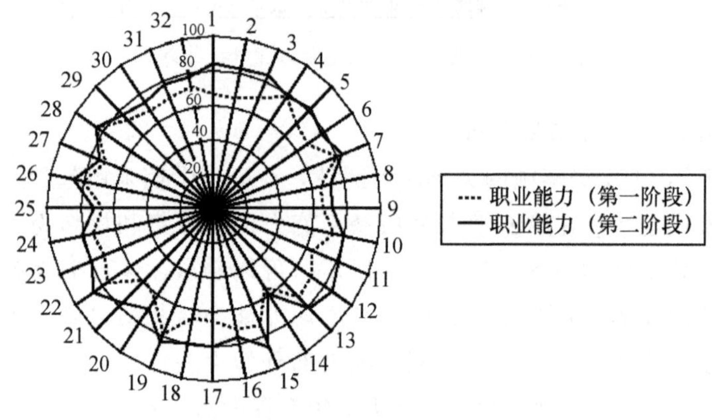

图 4—54　两次职业能力测评结果对比

5. 职业能力测评与传统考核方式对比分析

为进一步了解职业能力评价与传统考核对学生进行测评的效果区别，我们将营销 1121 班 32 名学生前五个学期的学业成绩进行加权平均计算，并将平均值与两次职业能力评价结果进行对比，如图 4—55 所示。从该图可以看出，学生学业成绩的曲线变化与职业能力测评结果的分布并不完全趋于一致。这一现象很好地印证职业能力评价体系与传统课程考试存在着根本的区别。传统课程考试重在考查学生掌握课程知识和技能的情况，即专业方面，但缺乏对学生素质、社会能力、方法能力的有效评价，本次运用的职业能力评价体系，可以更科学而全面地对学生的知识、技能、素养各方面进行综合评判，从而有效弥补传统考试方式的不足。

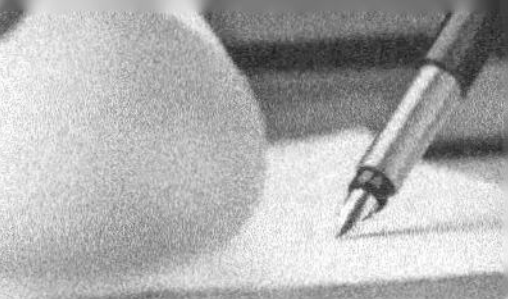

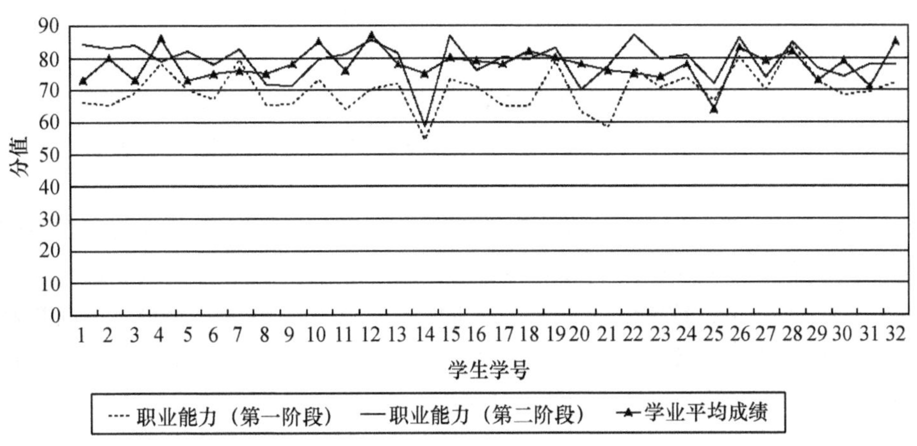

图 4—55　两次职业能力测评结果对比

6. 关键能力各级指标的能力分布

在对职业能力整体水平统计分析的基础上，需进一步分析各二级能力指标、三级能力指标的分布，以深入了解学生不同类别能力的结构和水平。图4—56 所示为营销 1121 班专业关键能力、方法关键能力和社会关键能力的分

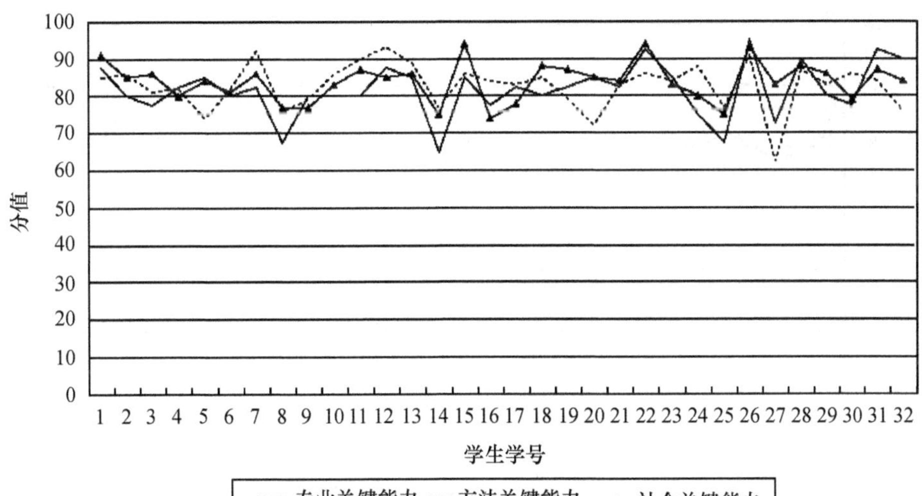

图 4—56　三项关键能力测评结果对比

布，可以看出，在三项关键能力中，方法关键能力整体水平与专业关键能力、社会关键能力相当，这反映了当前高职教学培养过程中，重视技能本身的训练和规范操作，及工作中方法的运用、策略的优化和应变能力的培养收到了一定的成效。特别是社会关键能力培养达到了预期目标，已然成为营销专业学生的能力优势。

另外，从该图我们还可以发现，对同一位学生而言，其具备的三项关键能力不一定是均衡发展的，甚至存在明显的优势项和弱势项，这有助于学生更客观地认识和了解自己，在学习和生活中有针对性地取长补短，不断提高综合素质。同时也能够发现每位学生的个性与特长，便于学校因材施教，以便引导学生发挥其个人特点以适应不同岗位的要求。

图4—57、图4—58、图4—59分别为班级学生在专业关键能力、方法关键能力和社会关键能力包含的三级指标得分水平。

(1) 学生专业关键能力分析。从图4—57中可以看出，专业关键能力中的拓展性能力整体水平明显低于普适性能力，反映了当前高职学生对英语、计算机之类的通用技能掌握较好，而在专业知识和技能的拓展方面还有待加强，必须加强专业能力培养，才能在未来专业工作岗位上向纵深发展，成为高端技能人才。

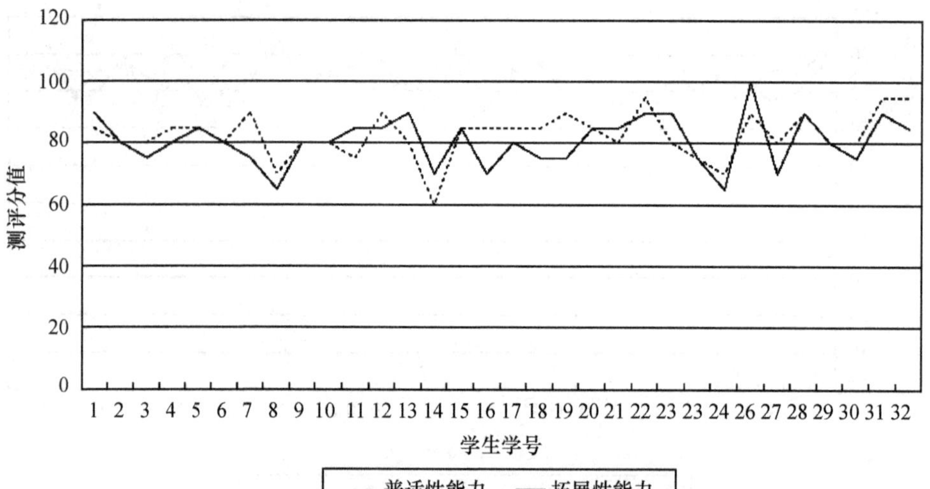

图4—57 专业关键能力对比分析

（2）学生方法关键能力分析。在图 4—58 显示的五项方法关键能力三级指标中，整体水平较高的是工作计划和决策能力、分析和解决问题的能力，整体水平较低的是独立学习新技术的能力、职业规划和调整的能力。导致以上能力结构分化的主要原因是，当前高职领域教学模式是行动导向、任务驱动，强调学生对工作计划、决策、实施、评估和反馈各个环节的行动能力培养，因此反映在学生方法关键能力水平上，工作计划和决策能力、分析和解决问题的能力相对较高。而在高职阶段，特别是对于营销专业而言，随着互联网营销技术的发展，营销理论与实践发生了颠覆性变革，高职教育在互联网营销教学方面还是一片有待开发的处女地，加之高职学生整体文化素质较低，自我管理学习能力较差，更谈不上对学生独立学习新技术能力的培养。此外，高职教育中，过分强调技术与执行，缺少对学生通过不断总结与反思提高工作成效能力的培养。

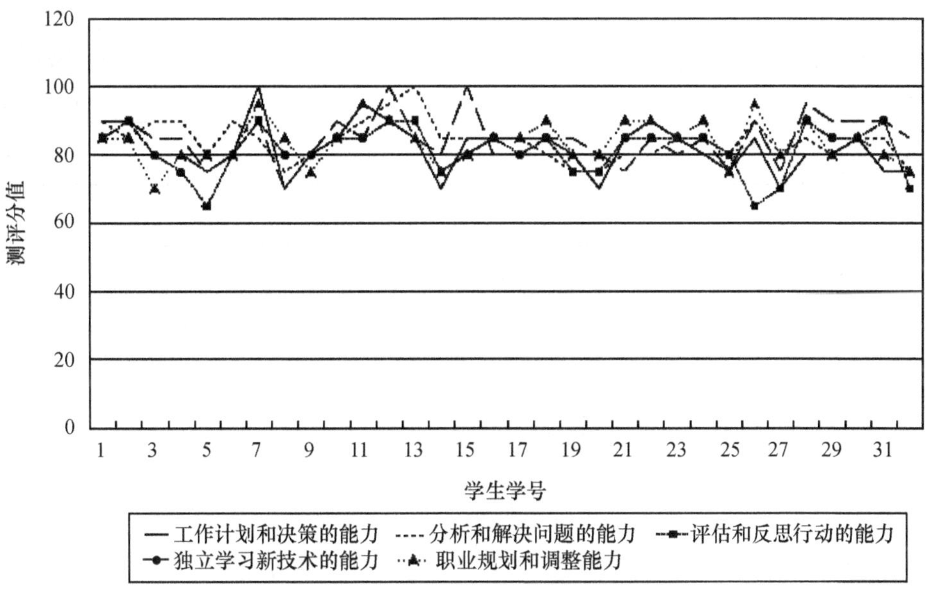

图 4—58　五项关键方法能力对比分析

（3）学生社会关键能力分析。图 4—59 所示为社会关键能力包含的五项三级指标的得分分布，同样可以看出各项能力指标的明显差异。整体水平最高的是人际交往能力，这说明学生在中学阶段为了应对应试教育，绝大部分时间埋头学习，没有过多的时间用于人际关系的培养。进入高职阶段，课业任务相对较轻，学习形式更加多元，特别是实训时间较长，为培养学生的交际能力、沟通能力提供了广阔空间。而创新创造能力的整体水平在五项指标中却是最低的，这反映了传统的营销作为一门成熟的学科和技术，经过长时间的实践与理论积累，创新空间已经非常有限，而互联网营销非常前沿，涉及互联网技术与营销技术的深度融合，对高职学生而言，在此领域创新缺乏必要的理论与技术素养，也没有必要消耗太多精力投入此类课程的开发。对营销专业而言，语言表达能力与团队协作能力十分重要，这两方面能力得分均处于较为理想的水平，说明高职教育的理念与教学模式是颇有成效的。

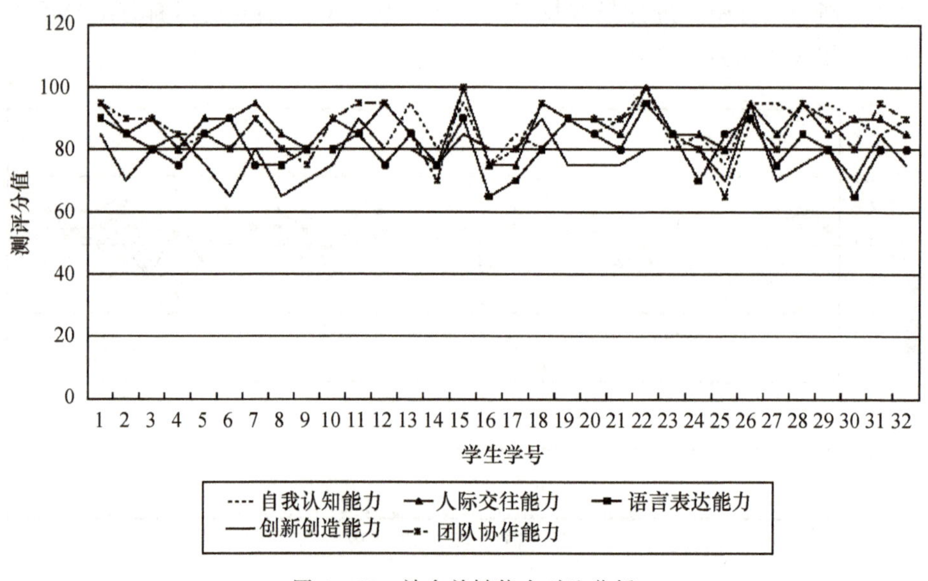

图 4—59　社会关键能力对比分析

（4）学生个人职业能力情况分析。通过对班级职业能力各级指标的整体水平分析，可以帮助我们了解学生群体职业能力结构和水平的共性特点，对职业教育人才培养和教学过程进行整体反思和改进。我们还可以对每位学生职业能力测评成绩进行分析，了解个体职业能力的培养情况。图 4—60 所示为某位学生测评七个职业能力二级指标的得分情况，很直观地展示了其各项能力的水平、优势和劣势。这一数据可以作为每位学生职业能力档案中的重要内容，对学生本人、教育者和用人单位都有重要的参考价值。

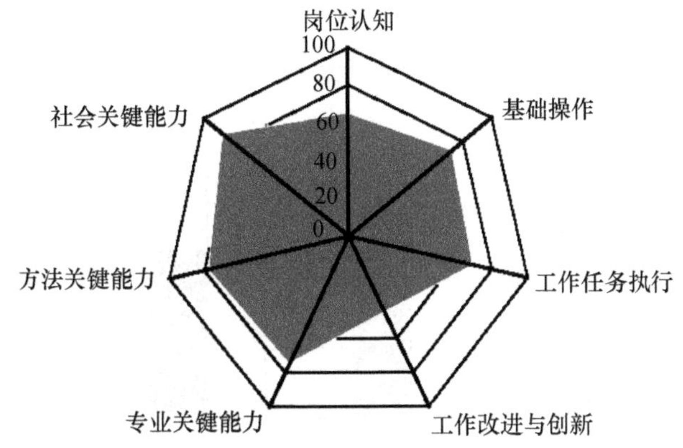

图 4—60　个人各项职业能力分布雷达图

7. 学生职业能力测评等级结果分析

在完成学生职业能力测评并取得实测数据后，按照职业能力水平认定标准和等级方法，建立市场营销专业学生基本职业能力、关键能力 A、B、C、D 四个等级对应的得分区间（见表 4—44），对学生在两个测评阶段具备的不同等级职业能力进行统计分析。

表 4—44　　　　基本职业能力和关键能力的水平认定标准

基本职业能力得分	基本职业能力水平（由低至高）	关键能力得分	关键能力水平（由低至高）
$P_{A1}\in[45, 60]$	D	$P_{A2}\in[50, 60]$	D
$P_{A1}\in[61, 75]$	C	$P_{A2}\in[61, 75]$	C
$P_{A1}\in[76, 84]$	B	$P_{A2}\in[76, 84]$	B
$P_{A1}\in[85, 100]$	A	$P_{A2}\in[85, 100]$	A

（1）基本职业能力测评等级结果分析。如图 4—61 所示，反映了第一阶段测评和第二阶段测评中学生基本职业能力等级分布的变化。可以看出，学生在第三学期测评时，处于 C 级的学生较为集中，深入分析发现学生掌握的基本职业能力水平主要集中在岗位认知、基本操作两个层次。到第五学期测评

时，达到A级的学生人数有3人，达到B级人数有15人，达到C级人数有12人，仍有2人停留在D级水平，按教育目标要求，这2人属于没有达到培养基本要求的学生。

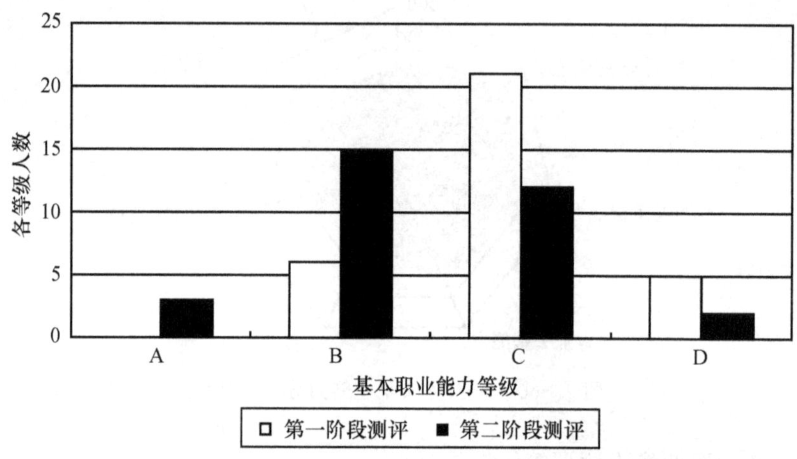

图4—61　两次基本职业能力测评等级情况对比

(2) 关键能力测评等级结果分析。如图4—62所示，反映了第一次测评和第二次测评中学生关键能力等级分布的变化。可以看出，在关键能力方面，第五学期达到A级和B级水平的学生大幅度增加，这说明进入大三阶段的高

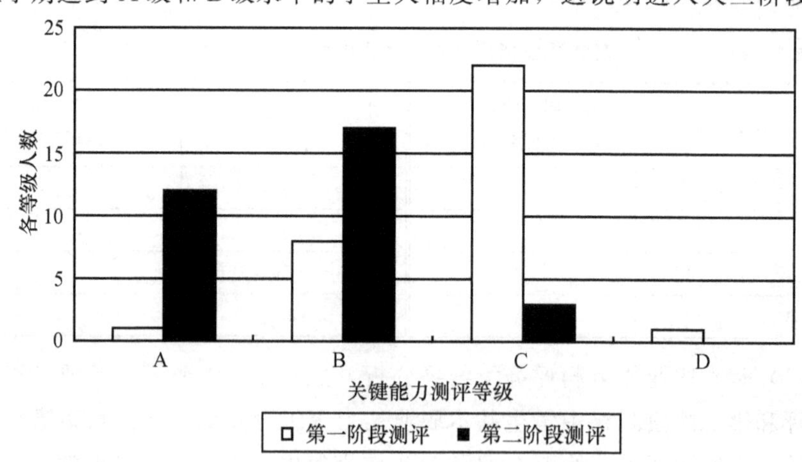

图4—62　两次关键能力测评等级情况对比

职学生，其心理素质、性格特征已基本成熟和定型。

上述从多角度对营销 1121 班职业能力测评数据进行了对比分析，有助于发现高职教育阶段营销专业学生在学习不同阶段的成长规律，揭示现行教学模式、教学理念与学生职业能力养成间的必然联系，以及社会环境变化对学生能力培养的影响，通过对这些信息的深度分析，可以不断优化教学理念与培养模式，因时而变、顺应环境变化改进教学方法，培养适应现代市场营销的技能型人才，提高学生的认可度和市场对本专业品牌的认同度。

五、职业能力测评总结

针对市场营销专业 2011 级 1121 班学生开展的职业能力评价应用，涵盖了基本职业能力测评、关键能力测评及职业能力的总评和定级。为做好测评工作，课题组从测评对象的选定、测评工具的选择、测评时间的长度及测评、定级方法和技术的应用等多方面进行精心设计，严格按照既定程序和流程组织实施，尽量提高测评工具的科学性和测评结果的可靠性。尽管评价维度的确定、定级分值区间的划分、分析方法的选择存在一定的主观性，得出的结论不一定十分精确，但从最终的分析结果来看，定性分析的结论与我们对营销专业学生的定性判断趋于一致，特别是所有的结论与营销专业学生的个性化特点契合度非常高，充分说明课题组设计的测评定级方案是科学的，所选择的工具和测评的方法是得当的，也说明我们建立的测评体系是可靠的，具有很好的应用前景。当然，测评体系仍有可改进的空间，需要我们在以后更广泛的应用中不断总结。

第五章 以评价反馈促进职业能力培养

第一节　高职学生专业能力的培养

职业教育的本质是帮助人们获得职业应用型技能型职业的能力和资格①，从功能的角度来看，高职学生的专业能力是其从事所在职业工作所必需的能力，是胜任本职工作，赖以生存的核心本领，强调专业的应用性、针对性，注重专业知识和技能的掌握。

职业能力作为职业教育的培养目标已经普遍被接受。在职业教育领域，德国学者建立的职业能力理论最具影响力。1999 年，德国正式提出将职业能力划分为专业能力、方法能力和社会能力，得到了职业教育界的广泛认可和接受。随着技术的快速升级和工作岗位的革新，职业能力的内涵在不同的国家和地域、不同的教育体制中，体现出差异性和变迁性。尽管对职业能力的定义和提法多种多样，按照某一职业普遍特征确定的典型工作任务，是职业能力的共同体现背景，职业能力的核心内涵是在理解、反思、评估和完成职业任务中兼顾知识技能获得和人格培养，并获得适应跨职业和解决未知问题的能力，因此，我们可以将高职学生职业能力分为胜任本职岗位的基本职业能力和跨专业的关键能力，两者作为职业能力的内容维度，呈现并行互补的关系。

专业能力作为个体能力结构中的客观存在，无疑是职业能力不可缺少的一部分。认识高职学生的专业能力，首先应当辨识其特定的教育背景。社会专门人才大致可以分为学术型、工程型、技术型、技能型四种，每一类人才能力结构中都包含专业能力，且内涵具有显著的差异性。专业教育为学术性

① 欧阳河. 职业教育基本问题初探［J］. 中国职业技术教育，2005（4）.

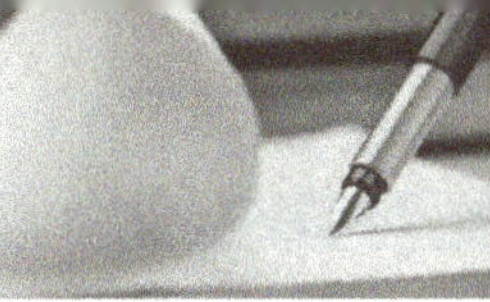

工程性教育，培养专业性职业的人才。职业教育为技术技能性教育，培养技术技能型专门人才。

职业教育的本质决定了职业教育以人为本，以岗为纲，在教育体系中具有不可替代的地位。我们按照职业岗位的一般变化规律，按照职业工作的层次递进规律，将岗位认知、基础操作、工作任务执行、工作改进和创新作为高职学生基本职业能力的四个逐步递进的层次。如果从务实和操作层面探讨高职学生的专业能力培养，则基本职业能力应该是专业能力所指的主要内涵，因为基本职业能力是与所学专业对应的本职岗位所需的知识和技能，是解决“生存”问题的能力。当然，我们还应该兼顾考虑专业关键能力的培养，即外语、计算机应用等普适性能力和其他专业有关的拓展性能力，在培养过程中，这部分的能力是与岗位工作内容和要求紧密结合且相互渗透的。

岗位认知——了解本职业工作环境、基本工作职责、工作流程，理解和掌握本专业工作所需的表面性、概念性的知识。如熟悉火电厂主要生产系统、流程和特征，掌握热工理论、机械基础、电工基础、自动控制等基本知识和原理。

基础操作——具备一般专业工具的知识和使用技能，但还未涉及这些基础知识、技能与要从事工作的关系及在其中的作用，因此，这些基础操作技能呈现独立性、功能单一性的特征，如焊接、钳工、仪表使用等基本的操作技能。

工作任务执行——具备本职业工作任务的执行能力，可以胜任一般性的工作，即具备使学生能在本职业岗位上“立足”的基本职业能力。这一阶段的专业能力要求职业者具备工作流程执行、工作关系协调和专业性的沟通能力。

工作改进与创新——在熟练掌握本职业工作所需技能的基础上，综合考虑技术、劳动组织、经济和环境因素，具备对工艺过程、技术细节、设备等进行改进和创新的能力，使劳动者具备较强的职业竞争力，能成为本职业中的业务骨干或专家。

一、专业能力的培养现状

近年来，随着我国职业教育加大国际交流借鉴，加快教育理念和教育模式革新，高职学生的专业能力培养取得了明显的成效，积累了一系列宝贵经验。但随着职业教育整体环境的变化、社会人才需求结构调整及就业岗位结构和标准更新，高职学生专业能力培养还存在多方面差距和不足，主要体现在以下几个方面。

（一）专业能力目标对接不到位

实现学生的专业能力培养，首先要有明确的能力培养目标。当前，高职院校对学生专业能力目标定位不够清晰，大多局限于专业课程的教学实施和专项能力的培养，而没有从一个完整的职业岗位环境中来考查并明确专业能力的内容及要求。学校的专业能力培养与就业岗位的专业能力要求对接不到位。进一步加大现场调研力度，明确专业人才培养目标，构建符合学校办学定位、与行业企业产业发展所需的高素质技能型人才相适应的专业设置动态调整体制显得十分迫切。在专业动态调整基础上，需要明确毕业生的就业岗位和就业去向，实现能力目标的动态调整和优化。

（二）专业能力支撑体系有待完善

高职学生专业能力培养的支撑体系主要包括技能实训场地、专业教学资源和师资队伍。目前，高职院校的实训条件得到了明显提高，但在校内外实训资源衔接、实训场地功能开发和整合、实训场地使用模式等方面都有待改进。完善的专业教学资源是实现行动导向教学有效实施的必要条件。包含数字化、网络化、学习资料库、现场工作案例库等类型丰富的教学资源需要进一步建立和规范，结构合理、优势互补，能及时跟进技术革新和岗位要求变化的专业教师梯队需要打造。

（三）专业能力培养模式有待优化

能力本位已成为职业教育界的共识。能力开发的教学理念、学习领域的课程方案、行动导向的教学过程已在职业院校广泛推行，并积累了很多宝贵经验。目前，职业院校在课程模式改革、教材建设等方面取得了一系列成绩和经验，但需要进一步明确专业能力目标，突出工学结合，创新校企合作机制，使专业能力培养的路径体现专业能力的四个发展阶段特征，创新和完善

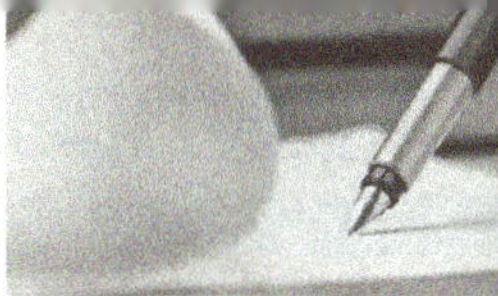

专业能力培养的模式和方法。

（四）专业能力质量监控有待跟进

质量是高职教育的生命线。对学生职业能力进行有效及时的测评，是引导学生成长，改进高职教学过程的必要环节。专业能力、方法能力和社会能力的测评方法路径，既有相同的共性，又有各自的特点。目前，高职院校在专业能力培养方面，普遍存在“重输入，轻反馈或无反馈”的问题。即片面强调培养方法途径的改进，但缺乏对专业能力培养质量的科学测评。

二、专业能力的培养原则

基于以上对高职学生专业能力内涵的理解和当前专业能力培养现状的分析，我们认为，高职学生的专业能力培养，应当遵循以下四个基本原则。

（一）以岗为纲原则

职业教育是为想要成为技术应用型技能型人才的人提供的一种教育服务，其培养目标有鲜明的技术技能职业性，与本科教育、研究生教育有明显的区别。专业能力的培养首先应当坚持以岗为纲原则，突出其实践性和应用性，应当面向特定的职业岗位（群），对岗位工作目标、任务和要求进行全面的分析，构建虚拟或真实的工作环境，实现专业能力的培养。

（二）阶段发展原则

职业教育不是简单“传授书本上的学习内容”的过程，而是发展设计能力和职业行动能力的过程。一般而言，人的职业成长过程分为初学者、提高者、能手和专家四个阶段。具体到每个岗位而言，专业能力的形成和发展普遍呈现四个递进的过程，即岗位认知、基础操作、工作任务执行、工作改进与创新，因此，专业能力的培养应当体现人的职业成长逻辑规律，遵循岗位递进特征进行设计。通过科学的分析找到一系列职业的典型工作任务，并对这些典型工作任务进行系统化的排列，进而建立科学、规范的职业教育课程体系，实施有效的专业教学模式。

（三）动态反馈原则

专业能力的培养是一个循序渐进的过程，是在教师、学生、学习和工作环境等多个角色和多方面因素的互动及综合影响下实现的。要实现专业能力培养的预期目标，需要对学生掌握专业能力的状况进行实时和动态的评估，找到差距和不足，以改进和完善相关的培养环节，才能维持这一过程的科学有序发展，确保专业能力的培养质量。

（四）包容开放原则

随着科学技术的日新月异变化，社会劳动岗位和生产组织模式发生着快速的变革。传统的职业能力培养模式中，严格按照某个（类）具体就业岗位的知识和技术要求来培养职业人才，虽有利于培养质量的掌控，并具有较高的培养效率，但劳动者面向新岗位、新职业时，其适应能力却受到限制，因此，专业能力的培养在坚持以岗为纲的同时，还要体现包容和开放，及时跟进岗位（群）的发展动态和趋势，形成能力培养目标和培养模式的动态调整机制。在培养过程中注重因材施教，尊重学生个体的差异性，在能力培养过程中注重举一反三，触类旁通，提高毕业生在新工作环境中的适应能力和职业生涯可持续发展能力。

三、专业能力的培养途径

在明确高职学生专业能力培养原则的基础上，我们从职业教育思想、专业能力目标、实训体系、教学过程、师资队伍、能力测评六个方面对高职学生专业能力的培养途径进行详细的探讨。

（一）坚持设计导向的职业教育思想

专业能力四个递进阶段本质上体现了设计导向的职业教育思想。与传统的以技术为核心的职业教育指导思想不同，设计导向的职业教育指导思想则突出人自身的作用，强调培养的人才不仅要具有技术适应能力，而且要具备更重要的应变能力，能在掌握技术的基础上，综合考虑社会、经济和环境因素，设计、改进和创新生产技术及劳动组织方式（见图 5—1）。坚持设计导向

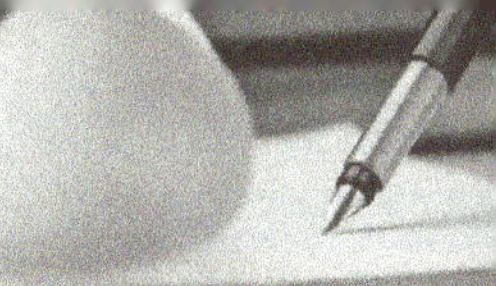

的职业教育指导思想，首先要明确生产技术、劳动组织、职业教育三者之间相互制约和相互影响的辩证关系。在此基础上，将设计导向落实到课程开发、教学模式和教学方法改革过程中。在教学实施中明确岗位角色、改进任务实施方式、注重新技术和新设备的引入；将经济因素、环境因素、企业文化等与专业技能培养环节有机融合，培养学生开阔的职业工作意识；在培养基本工作任务胜任力的基础上，采用多人参与、跨专业合作的形式，让学生完成综合性、创新性、设计性的工作任务，培养学生在开放环境下的辨识、决策和改进创新能力。

图 5—1　适应和应变能力决定职业者的可持续发展

（二）构建纵横兼容的专业能力目标体系

设计导向的职业教育思想要求学生专业能力的培养目标和实现途径具有开放性和兼容性，高职教育与中职教育、本科教育、研究生教育的对接，核心环节是专业能力的对接。构建纵横兼容的高职学生专业能力目标体系，一方面使不同高职院校相同或相似专业学生能进行横向比较和相互借鉴，另一方面实现高职与中职、高职与本科的纵向有机对接。因此，专业能力目标体系应当在“岗位认知—基础操作—工作任务执行—工作改进与创新”这一基本发展框架下，对高职学生在三年中的培养目标进行阶段性的细化和明确，并与中职学生对应专业学生专业能力培养目标进行有效衔接，进而建立某一阶段等值化的对接体系。通过改进与创新能力的培养，与本科及以上更高层次的教育建立资格转换机制，从而以专业能力为核心建立起不同层次职业教育的衔接机制，并为高职学生开辟畅通的职业能力发展通道。

（三）构筑对接现场一线的实训体系

高职学生的专业能力面向职业岗位，其培养过程必然要对接生产现场。应当从三个方面构筑对接现场一线的实训体系。一是根据专业指向的职业岗位要求，结合教学培训特点，由企业专家和学校教师共同设计，建设与生产现场同步并适度超前的实训设施，实现实训环境的现场化；二是依据国家职业标准和行业技能人员能力规范，制定各工种（岗位）的实训大纲、标准化作业指导书和项目考核评价标准，实现实训过程作业的标准化；三是鼓励学生利用课余时间自主参加技能训练，并承接相关职业院校同类专业师资培训和学生技能实训，实现实训基地的开放化。

在校内外实训场地的利用方面，着力推进“三个转变”，即教学形式由原来的理实分离到理实一体的转变；项目形式从单项独立操作为主向综合性、设计性任务转变；场地功能由各自独立运行向多场地整合和集成转变。

（四）完善行动导向的教学过程

行动导向作为职业教育的一种教学范式，突出了对学生行动能力的培养。通过行动导向组织教学，在具体情境中进行小组学习，有利于发展和促进学生的交往互动能力、自我反思和行动调节能力及协作学习能力。同时，突出了学生在教学活动中的主体地位，有助于培养学生全面分析、及时决策和系统化解决问题的能力。实现专业能力的培养，应坚持和不断完善行动导向的教学过程，根据四个阶段专业能力发展的需要，灵活安排学习内容，有效组织学习活动，开展“跨专业”“跨学习领域”教学；结合不同学习领域特点和具体教学条件，灵活采用交际教学、建构主义学习、问题导向学习、基于项目的引导文教学、七阶段协作—反思教学等多种教学方法；充分利用综合性、设计性的任务，师生共同开发专业能力教学案例库、资源库，建立引导文及其使用交流平台；加强校本教材开发，融入行动导向教学理念和形式，实现学生专业能力培养的目标，为他们在职业生涯中可持续发展奠定基础。

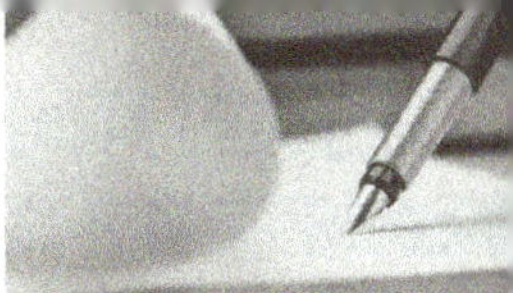

（五）打造职业化的师资队伍

师资队伍是实现学生专业能力培养目标的重要保障。针对专业能力培养的要求，师资队伍培养应当突出职业性、岗位性和实践性。首先要完善教师的准入标准，提高对教师在实践工作时间、工作经验方面的准入标准和要求，如对担任核心课程的老师，应明确其应当具备哪些现场岗位工作经历、技能资格等级和相关成果要求。其次，深化校企合作，创新和完善专业教师培养机制。采用多种途径提高专任教师的技能水平，提高兼职教师的教学能力。如与长期合作行业企业建立企业员工和教师的交流挂职工作机制，完善相关的管理措施、薪酬办法和发展通道；完善教师下现场锻炼考核制度，加大成果评比奖励力度。最后，实行教师岗位管理和动态管理，建立健全“双师型”教师队伍成长和激励机制。通过对教师的科学、全面评价，进行动态管理。通过多种途径，优化师资结构，提升师资业务水平和岗位胜任能力。

（六）开展专业能力的发展性评价

要实现专业能力的阶段递进培养，应当运用科学的测评手段，对学生专业能力掌握情况进行动态性、阶段性的评价，通过能力评价达到指导学生成长，改进培养模式和手段的目的。相对于社会能力和方法能力的测评，专业能力评价具有更明确的指标体系和判断准则。应当立足于综合职业能力的培养目标和设计导向的职业教育思想，建立学生四个阶段专业能力的评价指标体系，综合体现生产技术、劳动组织模式和社会综合效益多方面的要求；设计体现行动导向教学过程、开放性的测评题目，通过学生设计和实现综合性的工作任务，对其专业能力进行全面考查，确定其专业能力发展的阶段，找到差距和不足，开展行动反思和学习指导，通过专业能力培养质量的评价和反馈实现职业能力培养过程的动态监控。

专业能力是支撑个体职业生涯发展的核心要素之一。针对高职学生的专业能力培养，分析了个人的职业生涯成长发展规律，提出了专业能力的四个逐步递进层次。探讨了高职学生专业能力培养的现状及主要问题，按照专业能力培养的四个原则，从六个培养途径进行较详细深入的探讨，为高职学生职业能力的科学培养和职业生涯可持续发展提供了理论方法和实践手段的借鉴。

第二节　高职学生方法能力的培养

在与发达国家的交流和学习中，我国职业教育界主要围绕教学理念、办学模式、教学方法等方面来借鉴完善。虽然方法能力在职业能力培养中的重要性已深入人心，但有关高职学生方法能力的具体内涵及培养途径，还有待进一步加强探讨和实践。如何立足高职教育的人才培养目标，界定与之对应的高职学生方法能力内涵，并探索行之有效的能力提升途径，是当前高职学生职业能力培养需要解决的重要课题。

以专业能力、方法能力和社会能力为主要内涵的职业能力理念，自德国于20世纪90年代提出以来，已得到了职业教育界的广泛认可。在与发达国家的交流和学习中，我国职业教育界主要围绕教学理念、办学模式、教学方法等方面来借鉴完善。虽然方法能力在职业能力培养中的重要性已深入人心，但有关高职学生方法能力的具体内涵及培养途径，还有待进一步加强探讨和实践。从广义的角度，方法能力可以看作一种位置感，是对方向、方位的选择与判断的能力。其核心是创造位置的能力和识别位置并被文化和政治影响的能力。方法能力是一种人类深层次的需求，它包括对位置（价值）的适应性、前景及价值理念的深思熟虑的判断。具体到职业教育领域，方法能力的本质功能是“学会学习、学习工作”①。典型的观点是将方法能力定义为：个人对在家庭、职业和公共生活中的发展机遇、要求和限制做出解释、思考和评判并开发自己的智力、设计发展道路的能力和愿望。特别指独立学习、获取新知识的能力②。我国原劳动和社会保障部在《国家技能振兴战略》中把职业核心能力分为八项核心能力，包括与人交流、数字应用、信息处理、与人

① 姜大源．职业教育学研究新论［M］．北京：教育科学出版社，2009：127.
② 赵志群．职业教育与培训学习新概念［M］．北京：科学出版社，2003：21.

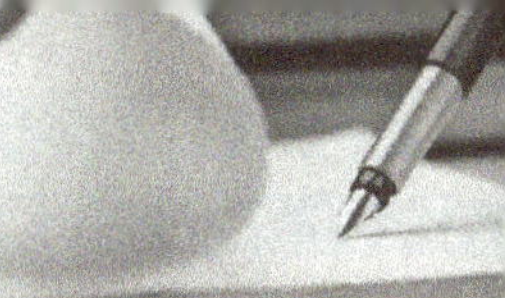

合作、解决问题、自我学习、创新革新、外语应用等，而将自我学习、信息处理和数字应用作为方法能力的主要内容，并开发了专门的训练手册①，该训练手册创新了方法能力培养途径，但局限在一种普适层次的方法能力培养，而没有与具体专业和职业有机结合。如何立足高职教育的人才培养目标，界定与之对应的高职学生方法能力内涵，并探索行之有效的能力提升途径，是当前高职学生职业能力培养需要解决的重要课题。

一、方法能力的培养现状

（一）高职学生方法能力的内涵

与专业能力具有物质承载性和社会能力具有外在展现性相比，方法能力是一种内在的隐性能力，而又对个人的学习和职业生涯产生深刻而长远的影响。笔者认为，研究高职学生方法能力的内涵应着眼于高职教育的职业属性和教学活动的规律特点，并服务于高职教育的育人目标，即建立的方法能力内涵应该可以为高职学生方法能力乃至职业能力的培养和评估指明现实的途径和方向。因此，兼顾职业工作过程的特点和职业生涯的持续发展需要，将高职学生的方法能力定义为五个方面，即工作计划和决策的能力、分析和解决问题的能力、评估和反思行动的能力、独立学习新技术的能力及职业规划和调整的能力，各项能力的含义如下。

1. 工作计划和决策的能力

工作计划和决策的能力是指在面临工作任务或问题时，能有针对性地收集有用信息，明确任务的目标、要点和难点，确定最佳的解决思路和方案，制订合理的工作计划。具体包括信息收集、筛选和整合能力、目标意识、决策能力和计划能力。

2. 分析和解决问题的能力

分析和解决问题的能力是指合理、灵活地运用自身具备的知识和技能，通过分析和综合、有计划有步骤地执行、及时调整和优化等多方面途径措施，

① 童山东．职业方法能力——自我学习、信息处理、数字应用训练手册（初级）［M］．北京：人民出版社，2011.

最终实现既定工作目标或解决问题的能力。分析和解决问题的能力是以专业能力为基础的精神层面的能力，集中体现职业者对专业知识和技能的有效掌控和灵活应用的能力。

3. 评估和反思行动的能力

在职业行动中，能主动对工作过程或工作结果进行客观评价，评估任务完成的质量、效率和综合效益，发现存在的不足，并提出改进和完善的思路方法。评估和反思行动的能力充分体现了职业者的主观能动性和对客观事实的尊重，对自身行动进行全面而客观的评价。

4. 独立学习新技术的能力

独立学习新技术的能力是指在胜任本职工作的同时，能开展迁移性、拓展性的自主学习，掌握新技术、新设备、新工艺的运用，该能力集中体现了劳动者的职业前瞻意识、主动学习意识和创新意识。

5. 职业规划和调整的能力

职业规划和调整的能力是指职业者在学习和工作中，能对自身的职业兴趣、优势特长等主观条件进行准确评估，对客观职业环境变化做出及时响应，动态调整和优化自身职业规划和职业行动路径的能力。

（二）方法能力培养的现状和问题

当前，高职院校育人过程主要关注的是学生的专业能力培养和素质提升，在行动导向教学改革、岗位核心技能培养等方面取得了一定成效，积累了丰富的经验，但相对于专业能力培养，高职学生方法能力的培养还存在明显滞后，具体表现在以下几个方面。

1. 方法能力的内涵认知模糊

在高职领域，对方法能力认知模糊突出表现在教学培养过程中，特别是在课程教学目标的制定时，仍然以关注知识和技能培养为主，这就导致方法能力培养的易缺失和盲目性。在讨论高职学生的方法能力时，人们大多将方法能力等同为方法，即在完成一个具体工作任务中通过技巧和策略的运用，来提高质量和效率，这样局限在工作任务执行过程中来定义方法能力是片面的，只关注了物质性的工具和手段，而方法能力更本质的是内化于心的选择和判断的能力。职业教育的本质是帮助人们获得职业应用型技能型职业的能

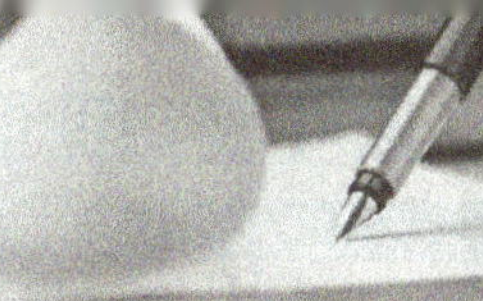

力和资格，因此，高职学生的方法能力应当在完整的职业工作过程和职业生涯中来定义。对职业工作过程而言，方法能力是在工作任务的计划、决策、执行、反馈和评估各个环节中体现的一种能力。对职业生涯而言，方法能力体现为跨专业、跨岗位的学习能力，还包括职业路径的自我调整和优化的能力。

2. 方法能力培养的重要性认识不够

当前，高职学生培养过程中，重点关注的是专业能力和社会能力的培养，即通过行动导向教学、实训实习多种途径提高学生的核心岗位技能，通过丰富课余生活，搭建多种文化素质培养平台，提高学生的社会能力，而有关方法能力对个人成长发展的深层次影响，并没有引起足够的重视。事实上，方法能力是一种基本发展能力，它是劳动者在职业生涯中不断获取新的技能与知识、掌握新方法的重要手段，因此，教育者首先应提高对方法能力的理解和认同，将高职学生方法能力的培养落实到切实有效的行动中，贯穿于职业能力培养的全过程。

3. 方法能力的培养途径不完善

由于教师自身缺乏对方法能力内涵的完整认识，高职学生方法能力的培养还没有建立起系统完整的实践途径。在教学过程中，停留于工作任务执行过程的能力培养，而缺乏从完整职业工作过程和职业生涯发展的角度，进行系统化的训练和跟踪。没有将方法能力培养与专业能力、社会能力的培养有机结合，找到行之有效的方法能力培养载体，从而造成了学生职业能力结构中出现“短板”，发展后劲不足。缺乏针对每位学生的能力结构评估和分析，并以此对学生开展个性化的培养，从而造成学生的创新意识薄弱，创业能力不足。

二、方法能力的培养原则

在对方法能力的内涵界定和培养现状分析的基础上，首先确定方法能力培养的四个原则，即突出职业性、坚持实践性、体现继承性、强调发展性，以此来指导高职学生方法能力培养的具体途径和方法。

（一）突出职业性

职业教育为技术技能性教育，培养技术技能型专门人才。任何职业劳动和职业教育，都是以职业的形式进行的。因此，高职学生的方法能力从内涵界定到培养过程，都应该始终体现出职业性。方法能力的培养应与提高学生对未来特定岗位工作的胜任力相适应，应深入融合到职业工作任务执行的全过程中。

（二）坚持实践性

尽管方法能力本身具有内化于心的主观性，但方法能力的获得和提高主要依靠具体的实践锻炼来实现。实践是认知之本，是将知识转化为能力获得切实体验的重要途径。高职学生方法能力的培养，是在具体的学习实践和工作实践中领会、习得并最终提高的。

（三）体现继承性

与专业能力培养体现的“以岗为纲”原则不同的是，方法能力的获得具有很强的迁移性和继承性（见图 5—2）。高职学生的方法能力本质是“学会学习、学会工作”的能力，因此，方法能力的培养和提高是贯彻整个学习生涯和职业生涯的，在时间跨度上有继承性，在内容维度上有迁移性，同一方法可能适于不同的任务和场合。因此，应重视高职学生学习、工作载体和环境的合理设计，在方法能力的迁移和继承中实现其拓展和提升。

图 5—2　方法能力具有迁移性和继承性

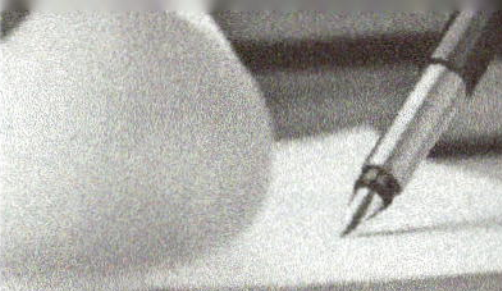

（四）强调发展性

方法能力作为一种能力，必然随着职业者的学习工作积累而不断发展提高，高职学生方法能力的培养，既要以提高核心岗位能力为重点，又要兼顾学生跨岗位、跨行业能力的培养，还要使学生能科学规划职业活动，具备优化职业成长通道的能力。

三、方法能力的培养途径

（一）立足全人教育，优化课程体系

职业教育是能力本位的教育，在突出就业导向的同时，还要坚持以人为本，促进人的全面发展。课程体系的优化是实现职业教育人才培养目标的核心载体和关键环节。高职课程体系的构建应同时考虑社会需求、知识体系和个性发展三方面的要素。我国高职教育在与欧美发达国家的交流和借鉴中，重点是对体现先进生产理念、组织模式和技术革新的岗位核心能力培养模式和方法的消化、引进和吸收，如基于岗位分析提炼典型工作任务，确定学习领域，开发模块化课程。在此基础上形成的高职课程体系反映了以技术技能为主的社会需求和对应的知识需求，而在我国社会、政治和经济的长期进程中传承、演进和积淀下来的人文素养和哲学精神，还缺乏与现有高职课程的有机融合，这就造成了“部分社会需求”和“个性发展”的缺失，最终导致高职课程体系的过度实用化和功利化倾向，培养的学生规格统一、岗位定向且技能局限，缺乏必要的创新意识和可持续发展能力。因此，应当对现有课程体系进行全面而深刻的反思，兼顾学生岗位胜任能力、职业适应能力和全面发展能力来优化高职课程体系。立足具体专业开发方向课程，培养学生对特定职业的岗位胜任能力。立足专业群构建平台课程，培养学生适应多个相关岗位的职业适应能力。立足职业生涯优化公共课程，丰富学生的历史人文素养、哲学思辨能力和科学精神，培养健全人格，提高学生在动态环境和职业生涯中的全面可持续发展能力。

（二）落实教学设计，突出过程培养

尽管方法能力是与专业能力、社会能力有着本质区别的一种能力，但其培养和提升过程是与专业能力、社会能力紧密结合且深度融合的，这是由方法能力的实践性决定的。行动导向的教学过程仍然是实现方法能力培养的重要载体。工作过程是在企业里为完成一件工作任务并获得工作成果而进行的一个完整的工作程序，是一个综合的、时刻处于运动状态但结构相对固定的系统。学生参与学习工作任务的设计和实施应该体现工作过程的完整性和综合性，重点培养工作计划和决策能力、分析和解决问题的能力及评估和反思行动的能力。当前，高职行动导向教学仍然普遍存在重形式、轻落实，重结果、轻过程的现象。首先要对行动导向教学全过程进行阶段性设计，在任务准备、计划、决策、实施、评估等各个阶段建立详细科学的评价标准，来引导学生对行动方向、方位的选择与判断。通过有效辨识和收集信息，分析和归纳重点和难点，掌握对问题类型判断和解决切入点定位的一般方法。掌握不同类型问题的解决流程和关键节点，能协调好整体和局部的关系。树立对行动和结果进行客观评价的意识，能兼顾任务的目标要求、过程效率、社会和环境影响，对行动过程进行辩证而全面的评价反思。另外，在教学进度编排、课程评价方式等方面都要改革完善，为行动导向教学的完整实施提供保障，建立激励机制。

（三）丰富载体形式，培养创新思维

创新是社会进步的强大推动力。创新意识首先提高了思维的开放性，进而增加了个体的主动思考能力和实践革新动力，最终实现行动的整体优化和综合效益提升。高职学生要适应日新月异的技术革新和社会变革，必须具备较强的新技术适应和运用能力。创新思维和创造意识是新技术产生的原动力，同样也是掌握并驾驭新技术的重要条件，在应用实践新技术的过程中又可以进一步激发创新空间。因此，高职院校要在完善行动导向教学的基础上，对开放性和应用性强的专业开展设计导向教学实践，培养学生的创造意识。应在教学过程中鼓励学生开展讨论，通过辩论发言增进交流，活跃思维，培养想象力。建立学习兴趣小组，鼓励学生参与教师创新工作室，参与应用技术

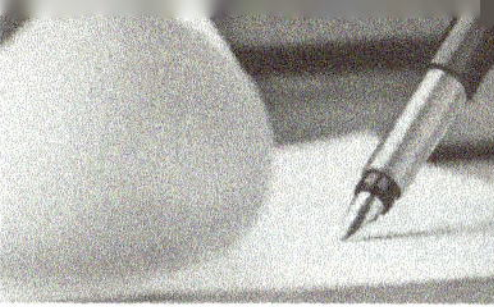

开发过程，提高学生的自信心。通过专题讲座、参观等方式，加强高职学生对本岗位发展动态、新技术新设备应用的跟踪了解。通过校企合作、资源共享，加强学生在全国性职业技能大赛中的参与力度。通过多种形式的载体和平台，培养高职学生掌握和运用新技术的能力，激发学生的创新意识和创业激情。

（四）实施开放性评价，优化成长通道

对职业能力进行科学评价是评估高职教育质量的必要手段。与物化且外显的专业能力不同，方法能力是一种内化于心的隐性能力，很难采用量化的手段单独对其进行评价。因此，需要建立与行动导向、设计导向教学过程相适应的开放性评价方法，对高职学生职业能力进行综合性评价，通过评价反馈促进高职学生专业能力、方法能力和社会能力的提升。

一方面，要实施开放性的职业能力测评。以就业岗位中的典型工作任务为基础，设计职业工作情境中的开放性测评题目，学生通过自主收集信息、论证方案、制订计划、详细设计、检查评估，形成完整详细的任务实施方案，达成任务目标。由专业教师和现场技术专家组成测评小组对学生的方案进行评价，并结合答辩、访谈等途径，对学生综合职业能力进行测评。

另一方面，加强职业生涯规划指导，使学生在自我客观认知的前提下及时调整和优化职业成长路径。通过分阶段、动态性的职业能力评价，为每位学生建立职业能力档案，开展职业能力提升的个性化指导。通过职业能力的开放性评价和职业生涯指导，促使方法能力从学校到社会的迁移，从学习过程到工作岗位的迁移，在继承和迁移中全面提高职业能力。

方法能力是职业能力的重要组成部分。与专业能力、社会能力相比，方法能力在形式上更内隐，又具有明显的继承性和迁移性。在明确高职学生方法能力内涵的基础上，应该从课程体系改革、教学过程优化、创新意识培养、反馈评价多角度加强学生方法能力的培养。本课题建立的方法能力培养原则和途径为高职学生职业能力的培养提供了理论参考和实践借鉴。

第三节　高职学生社会能力的培养

社会能力对于高职学生有着非常重要的意义。具有较强社会能力的毕业生，往往能够胜任多种社会角色，在复杂多变的社会环境中如鱼得水、游刃有余。高职学生良好的社会能力不仅对于高职院校实现人才培养目标具有积极的推动作用，也是其自身实现身心健康发展和提升就业能力的客观要求。

高职教育兼有职业教育和高等教育的双重属性，承担着为社会培养高素质技能型专门人才的重要使命。高职生的职业能力主要体现在方法能力、专业能力和社会能力等方面。目前，对于高技能人才的种种界定中，似乎更多的是从专业技能的角度去理解，另一个重要维度——社会能力，虽有涉及，却没有深入探讨，也没有明确界定。当然，更未形成相关理论体系。社会能力对于高职生而言，是其走向社会、实现由“校园人”向“职业人”成功过渡的重要保障。因此，加强高职生社会能力的培养已经成为高职院校义不容辞的责任。

社会能力的研究兴起于西方社会，始于 20 世纪 70 年代，经过几十年的研究与探索，成果丰硕，但由于涉及领域较多，且研究对象不尽相同，并未形成统一的概念。Ford（1985）认为社会能力是个体在特定的社会情境中，通过恰当的方式，实现适宜的社会目标，并产生对个体发展有积极意义的结果的能力。Sroufe（1983）认为社会能力是个体灵活有效地综合运用环境及自身内部资源，实现积极发展结果的能力。秦启文（2002）将社会能力定义为个体介入、适应、发展、协调和处置社会关系的本领。王同军（2006）将社会能力定义为在一定的职业环境内，有效而适当地与他人进行积极交往以实现工作目标的行为方式。综合国内外研究成果，结合高职生的职业发展特征，我们将高职生社会能力定义为：在一定的职业环境内，为实现某一工作目标，

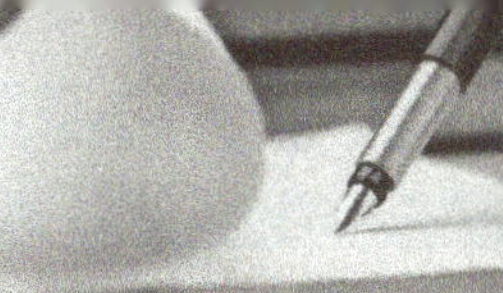

运用已有的知识经验和技能，通过学习、模仿、交流、实践而形成的能带来最大社会适应效能的活动方式。一般包括自我认知能力人际交往能力、语言表达能力、团队协作能力、创新创造能力和完成任务能力等。

自我认知能力——正确认识自我并顺利完成自我管理、自我塑造、自我发展的能力，它是进行清晰的自我定位的基础。包括：认识自己的性格特征，认清自己的优势和劣势，觉察自我的情绪变化、原因等。

人际交往能力——妥善组织内外关系的能力，包括与周围环境广泛联系和对外界信息的吸收、转化能力，以及正确处理上下左右关系的能力。

语言表达能力——在社会交往的各种环境中运用语言进行恰当、得体的表达的能力，包括口头语言表达（说话、演讲、做报告等）和书面语言表达（公文、书信等）。

团队协作能力——在工作过程中通过言语（说话）或非言语（表情、体态、手势）等信息的交流主动融入团队、寻求团队成员帮助、与团队成员互助协作的能力。

创新创造能力——在遵循事物发展规律的基础上，通过对事物的整体或部分进行变革，从而使其得以更新与发展的能力。

完成任务能力——运用所掌握的专业或社会知识，克服困难，达到某一愿望和实现某个目标的能力。

二、社会能力培养的现状

通过对各专业高职学生社会能力的测评数据进行统计分析，结合企业访谈、毕业生回访、社会调研等方式进行了解分析，我们可以总结出当前高职学生社会能力培养具有以下几个特点：

一是高职阶段学生的社会能力得到快速提升。关键能力测评数据显示，当前高职学生社会能力各项指标中整体水平最高的是人际交往能力。这说明相对于封闭单一的中学学习生活环境，大学校园学习生活是开放多元，丰富多彩的，这使得学生的个性爱好得到极大释放。高自主性的学习模式、丰富多样的业余生活、不断扩大的交际圈，使学生的人际交往能力得到快速提升。

二是社会能力存在结构性的失衡。社会能力各项指标中的语言表达能力整体水平是最低的，而语言表达能力是职业者适应工作环境、建构良好人际关系并实现高效工作的必要前提。高职学生语言表达能力水平偏低，反映了当前网络化社会下传统交流方式的弱化，人际交流越来越依赖于手机、e-mail、微信等工具，面对面的交流越来越少。传统的演讲、辩论、讨论会为主的课余活动逐渐减少，学生的参与积极性也普遍不高。高职学生只有消除社会能力结构中的“短板”，全面提升各项素质，才能更好地适应未来多变职场中的各种挑战，获得更多的发展机遇。

三是社会能力培养与教育教学过程的融入度有待提高。现有高职教学过程中，往往强调对专业能力、岗位知识技能的培养，并建立了对接现场工作任务的明确的培养目标，具体到课程单元和教学任务。由于对高职学生社会能力内涵缺乏统一科学的界定，且社会能力本身表现形式的多样化，使得教育教学过程中，缺乏社会能力培养的有效载体，特别是社会能力的培养没有与专业能力、方法能力培养有机结合，相互促进。因此，在科学界定高职学生社会能力核心内涵的基础上，有必要从高职教学理念到具体设计实施过程进行重新反思、创新和完善，使社会能力与专业能力、方法能力得到同步提升。

社会能力对于高职生有着非常重要的意义。具有较强社会能力的高职生，往往能够胜任多种社会角色，在复杂多变的社会环境中如鱼得水、游刃有余。高职生良好的社会能力不仅对于高职院校实现人才培养目标具有积极的推动作用，也是其自身实现身心健康发展和提升就业能力的客观要求。

培养高职学生的社会能力是实现人才培养目标的需要。教育部《关于全面提高高等职业教育教学质量的若干意见》（教高〔2006〕16 号）进一步明确提出：“要针对高等职业院校学生的特点，培养学生的社会适应性，教育学生树立终身学习理念，提高学习能力，学会交流沟通和团队协作，提高学生的实践能力、创造能力、就业能力和创业能力，培养德智体美全面发展的社会主义建设者和接班人”的培养目标。这一目标决定了高职院校既要重视学生专业知识的教育与专业能力的培养，把学生培养成为“技术人”，还应该关注学生的社会能力培养，把学生培养成适应职业需要的“职业人”和适应社会、融于社会、改造社会并能在社会中得到发展的“社会人”。可见，培养高职学生的社会能力是实现高职学生“全面发展”的重要手段之一。

培养高职学生的社会能力是促进学生身心健康发展的需要。相关研究表

明，大学生身心健康与社会能力存在一定的关系。社会能力的强弱能够在一定程度上反映出大学生的身心健康水平。当前，一些高职生在步入社会后，有的因为不被重视或遭受挫折而灰心丧气、意志消沉，甚至自暴自弃，有的因一帆风顺而得意忘形、表现张狂，这些都是心理不成熟、迷失自我的表现，暴露出当代高职学生存在的心理弱点：抗挫折力不强，自控力较差，缺乏正确的自我认识，危机意识、竞争意识较弱等。通过培养高职生的自我认知、人际交往、团结协作等社会能力，使其在社会活动之中磨炼心智，保持良好的精神面貌和社会适应能力，从而根据环境的变化随时调整自己的心态，有效促进其身心健康发展。

培养高职学生的社会能力是提升学生就业能力的需要。目前，大学毕业生的就业压力不断加大且日趋严峻，特别是受国际金融危机影响，其求职就业难的窘况表现得尤为突出。作为培养高素质技能型人才的高职院校，实现以就业为导向的教育目标，最终目的是让高职学生能够“充分就业”，并使其在就业岗位上发挥自己的才智。但现代工业对岗位（群）提出了新的更高的要求，它不仅要求相应岗位从业人员具备相应的知识和技能，还要求该岗位的从业人员具备相应的方法能力和社会能力，也就是说高职毕业生应该具有基本的社会能力，才能适应现代岗位的要求。因此，要想真正应对就业的挑战，提升高职学生的就业能力，必须在全面提升高职生职业能力上下功夫，在强化专业技能培养的同时，加大对高职生社会能力的培养。

二、社会能力的培养原则

高职学生的社会属性和自身特征决定了其不同于一般的社会群体。基于高职院校的人才培养目标，从高职生社会能力的内涵和培养的必要性出发，我们认为对其社会能力的培养应当坚持如下几个原则。

（一）职业性原则

高职教育的本质属性之一是职业性。高职教育注重实际应用，对接岗位或工种的需求培养职业类操作技术人才，直接面向社会，依靠社会，为社会经济发展服务。培养高职生的社会能力，应当根据高职生职业岗位（群）的任职要求，参照相关的职业资格标准，将职业岗位所要求的理论和技能融入社会能力的培养过程之中。

（二）实践性原则

“实践、认识、再实践、再认识”是马克思主义认识论的基本规律。实践是认识之本，是将知识转化为能力获得切实体验的重要途径。与知识传授不同的是，社会能力的培养更强调实践的训练和个性的发展。因为能力培养的过程实际上是一个实践的过程，它不只是单靠灌输方法而实现的。因此，高职学生社会能力的形成和发展离不开实践活动。

（三）自主性原则

所谓自主性，概括地说，就是指人们在认识运动和实践活动中，独立地发现问题和解决问题的性格品质，是人的主体地位的确证。高职院校社会能力培养的主体是高职学生，培养过程中必须唤起他们的主体意识，调动起他们的主动性和积极性，使其能自觉参与社会能力培养的教育活动，主动锻炼提高自身的能力。如仅靠学校单方面的积极性，培养和提升高职生的社会能力是不可能实现的。

（四）差异性原则

社会能力培养的个体性因素很强，不能简单地统一标准，统一要求。对于每一位高职学生而言，他们的兴趣、爱好、能力等各不相同、各有特点。培养高职学生的社会能力不能限定统一的标准和统一的方式，而应该因人而异、因材施教，采取差异化、个性化培养的原则，才能起到应有的作用。

（五）动态性原则

高职生社会能力的培养是一个动态的、发展的过程，而不是静止的、固定的。随着当今经济社会的快速发展，科技创新日新月异，相应地，对高职学生的能力要求也将随之不断地变化，对其社会能力的培养，无论是培养目标、培养模式还是培养方法，都应遵循动态性原则，从而提高培养高职学生社会能力的效果。

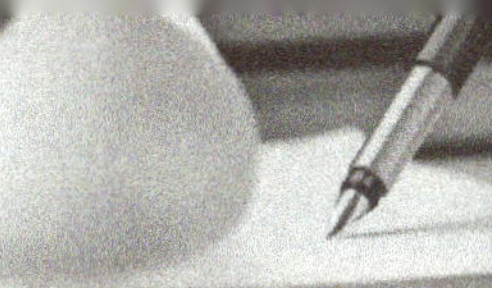

三、社会能力培养的路径

高职学生社会能力的培养过程是一个系统工程，既需要校方循序渐进的引导、强化，也需要高职学生自身日积月累的着意准备与积极参与。有关高职学生社会能力的培养路径，我们可以从宏观策略和微观路径两个层面进行思考和探索。

（一）社会能力培养的宏观策略

在宏观层面，高职学生社会能力培养的策略可简要概括为“123”，即树立一个理念（树立培养高职学生社会能力的理念），把握两个结合（培养社会能力与培养专业能力相结合、培养社会能力与培养方法能力相结合），依托三个平台（课堂、校园、社会）。其中，一个理念是根本，两个结合是重点，三个平台是载体。

1. 树立一个理念

高职院校的建设目前从中央到地方都非常重视，共同认可的发展之路是“以就业为导向，大力发展高等职业教育”。但是，应该说除了专业技能培养已经取得了长足的进步之外，并没有形成注重对其余要素培养的理念和制度保障，包括社会能力的培养。而从高职学生个人发展的层面来看，完成从书本到实践，从理想人格、期望环境水平到现实人格、真实生活水平的转变过程，实现从“校园人”到“职业人”“社会人”的角色换位和心理换位，均体现着社会能力的显著影响。提高高职学生社会能力应该视为高职院校培养高技能人才的重要内容。广大高职院校也应转变教育本位观，在重视高职学生专业知识和专业技能培养的同时，树立起培养高职学生社会能力的理念。如图 5—3 所示。

2. 把握两个结合

在高职学生职业能力的范畴中，专业能力、方法能力和社会能力三者之间的关系应当是互为补充、相互促进的。高职院校培养高职学生社会能力应注重将其与专业能力的培养结合起来。相关研究表明，即使是一般的学生也会面对各种各样的社会问题，在常规课堂中进行社会能力的培养，有助于个体发展。即社会能力的培养应贯穿于高职院校对高职学生知识和技能传授的

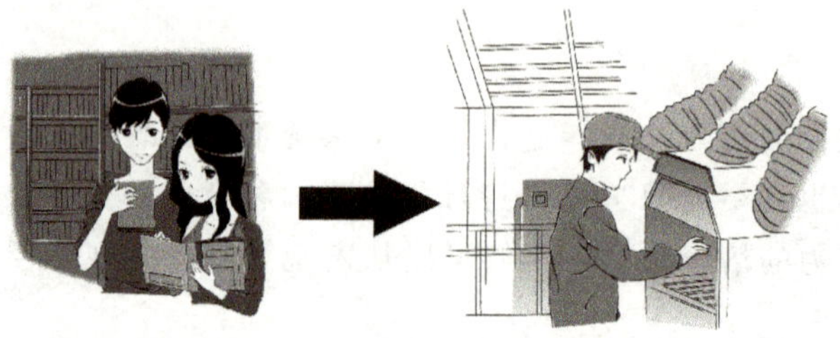

图 5—3 学会从“校园人”到“职业人”的转变

始终。同时，高职院校培养高职学生社会能力还应注重将其与方法能力的培养结合起来，方法能力主要包括终身学习能力、分析与决策能力、收集和处理信息能力等，它是对社会能力和专业能力的迁移，培养高职学生方法能力能使其在遇到新问题时，独立寻找解决问题的途径，把已获得的知识、技能和经验运用到新的实践之中，正所谓“授之以鱼不如授之以渔”。

3. 依托三个平台

高职院校要发挥课堂、校园和社会的载体作用，充分依托校内外资源，着力铸造高职学生的社会能力。通过课堂讲授和渗透，使高职学生对社会能力有着更为理性的认识；通过校园文化的熏陶和校园活动，营造社会能力培养的氛围，使高职学生在学习之余，丰富校园生活，提升综合素质；通过社会实践和社会活动，走出课堂，走出校园，深入社会，使高职学生将知识转化为能力，将能力运用于实践，在不断巩固和提升其社会能力的同时，检验其培养成效。

（二）社会能力培养的微观路径

如果说以上探讨高职学生社会能力培养的策略更多的是宏观方面的概述，下面我们则从“课程教学”“素质教育”“职业习惯”“心理健康”和“校企合作”五个微观层面来阐述其培养的具体路径，也可称为具体措施。

1. 改革课程教学体系

针对高职学生社会能力的需要，高职院校应将社会能力的培养纳入教育目标之中，在培养计划、课程体系和课程设置上注重知识结构的整体优化。如可组织力量编写《高职学生社会能力理论与实践》教材，将其纳入课程教

学体系，使高职学生明确自己应该具备的社会能力并主动学习和实践；可在专业课和实训课教学中渗透相应的社会能力知识，根据高职学生以后所面对的岗位（群），教会学生从事技术领域工作应该遵循的基本准则和应该具有的认知、情绪和行为能力；可充分发挥“两课”教学的主渠道作用，着重塑造高职学生的思想品德和职业素养；可以第二课堂的形式，增开职业精神、社交礼仪、成功学、诚信与感恩教育等与社会能力相关的选修课和专题讲座，以拓宽高职学生的综合知识。同时，在教学方法上，还可通过课堂讨论、合作学习和实践训练等手段，培养和加强高职学生的团队协作能力。

2. 丰富素质教育形式

（1）开展校园文化活动。高职院校应注重校园文化活动对学生综合素质的熏陶作用，紧紧围绕如何使高职学生毕业后最快最好地适应社会这个大环境，建设积极向上的校园文化。通过举办文化艺术节、运动会、各类竞赛、专题讲座等活动，在丰富高职学生校园文化生活和提升综合素质的同时，使其学会与人交往并懂得和谐相处，从而促进和谐的人际关系的发展。

（2）开展社会实践活动。社会实践是高职学生在校学习的重要教育环节，是对课堂教学的重要补充。高职院校应组织学生开展诸如社会调查、科技服务、志愿者行动等社会实践活动，把学生直接推向社会，让学生了解、接触社会，使其在实践中磨炼技能，树立自身的社会公德意识和社会主义公民意识，以提升其社会适应能力。

（3）开展拓展训练活动。拓展训练是一种全新的体验式培训模式，有助于培养学生健康的心理素质、坚强的意志品质、良好的人际关系和团队协作精神。高职院校可根据自身的实际，积极组织学生进行拓展训练，通过训练使学生达到磨炼意志、激发潜能、陶冶情操、完善人格、熔炼团队的目的。

3. 培养职业行为习惯

职业习惯是指职业人在长期、重复的职业活动中逐渐养成的不自觉的行为模式。良好的职业习惯是高职学生从事某一项工作所必备的要素之一，也是其实现职业成功的基本条件。高职院校应注重对高职学生职业行为习惯的训练和培养。

（1）注重职业思想的培养。采取职业意识研讨、职业价值观辩论、职业理想演讲等方式，帮助高职学生树立职业道德和职业精神，明确职业价值取向，坚定职业情操与信念。

（2）注重职业行为的培养。针对不同专业岗位（群）的要求，采取言传身教、组织赴企业学习参观等形式，训练高职学生相应的执行行为、程序行为、观察行为、沟通行为、协作行为等习惯。

（3）注重职业心态的培养。通过趣味性强、内容丰富、形式多样的职业身心训练项目（如模拟招聘会），使高职学生养成良好心态，享受职业所带来的乐趣。

良好的职业行为习惯的养成训练，能够有效提高高职学生的职业素养，从而达到高职学生的零距离上岗与职业要求的无缝对接。

4. 加强心理健康教育

根植于个人品性中的良好的心理素质在本质上是不能够被模仿的，它需要教育者从市场定位的角度加以引导、培养和自我有意识的内化、实践，这是一个内外环境交互作用缓慢发展的过程。如前所述，高职学生的社会能力与心理健康有一定的关系。对于高职院校而言，应加大对高职学生的心理健康教育力度，培养其良好的个性心理品质，促进心理素质与思想道德素质、文化素质、专业素质和身体素质的协调发展。一要加强心理科学知识教育，宣传普及心理科学基础知识，使高职学生认识自身的心理活动与个性特点，认识心理健康的重要作用，树立心理健康意识；二要加强心理调适方法教育，培训高职学生的心理调适技能，授予学生维护心理健康和提高心理素质的方法，使其学会自我心理调适，有效消除心理困惑；三要加强心理异常现象识别教育，教会高职学生认识、识别心理异常现象，了解常见心理问题的表现、类型及其成因，以科学的态度对待各种心理问题，实现心理活动最优化。最终，引导高职学生保持阳光、健康的心态，促使其在步入社会之后“胜不骄、败不馁”，具备一定的心理调适能力。

5. 深化校企合作内涵

校企合作办学培养高技能人才是高职教育的重要手段。但通常的校企合作主要体现在专业技能的培训和实践性教学环节。高职院校应从社会能力培养的视角进一步深化校企合作办学，如可聘请企业相关人员参与课程设计，课程内容除专业技能外应包含培养和提升学生社会能力的内容，从注重学习和具体职业之间的紧密联系转变为强调对社会能力的培养；可聘请企业相关

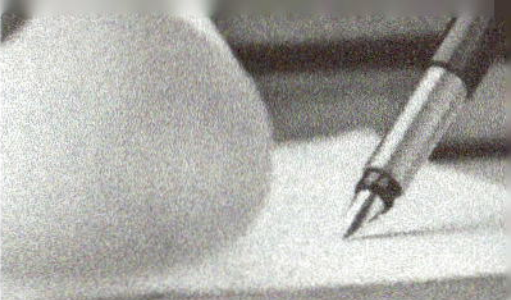

技术人员到校讲学，介绍他们在研究和运用技术过程中体验到的因缺乏沟通、协作而造成的技术失误给企业、社会带来的影响，等等。以上深化校企合作的举措，将会使高职学生的培养更加适应企业的需求，拉近高职学生与“职业人”的距离，利于其社会能力的提升。

综上所述，全面、系统培养高职学生社会能力是一项新的课题，同时也是一个系统工程，我们虽然对其作了一些粗略探讨，但仍然有许多问题需要进一步探索，并有待于我们在实践中不断丰富和完善。可以肯定的是，高职院校对于高职学生社会能力的培养应该贯彻于整个高职教育过程的始终，既要有目的、有计划，又要有实施、有效果，使高职学生尽快树立职业理想，进入职业角色，为成为未来社会所需的优秀“职业人”打下坚实基础。

第四节　基于任务驱动和多元评价的教学案例

本节以课题组成员参与开发的校本教材为例，介绍基于任务驱动的典型教学任务的设计，在教学任务的设计过程中，紧密结合生产现场的应用背景，突出知识、能力和态度的培养。将工作场景认识、现场设备了解，相关专业知识学习、仿真操作运行等环节有机结合，并设计了自评、互评、师评等多元化的学习效果评价。通过基于任务驱动和多元评价的教学过程实施，可以强化学生对于自身职业角色的认知和认同，培养面向真实工作环境完成职业任务的综合职业能力。

一、教学设计案例 A

本教学案例来源于《热工仪表实训》校本教材，针对热工仪表校验过程对工作场地、设备状态、操作规范等方面要求高的特点，设计了任务驱动的教学案例。包括教学目标、任务描述、相关知识、实施工器具和材料、评分标准、项目总结等环节。特别是在“评分标准”中，按照开工前工作准备、工作执行情况、工作完结三个阶段，明确了每一阶段的具体要求，从而对学生完成职业工作任务进行考核评价。通过“项目总结”环节，培养学生对职业行动进行及时有效的反思、总结的意识，这是实现职业能力递进发展的重要前提之一。

学习任务　弹簧管压力表校验

【教学目标】

知识目标：

1、熟悉压力表及校验器的型式和结构。

2、了解压力表的校验方法。

3、了解使用压力校验台的注意事项。

能力目标：

1、能按规范步骤进行正行程和反行程校验操作、读数。

2、能对校验数据进行计算，得出正确的结论。

态度目标：

1、具备负责、严谨和细致的工作态度。

2、在完成任务过程中能主动发现问题、分析问题和解决问题。

【任务描述】

任务：

在活塞式压力校验台上，独立完成被校压力表与标准表的安装，按照规范步骤完成正、反行程校验、读数、计算，得出结论。

相关说明：

本任务是独立操作项目，参考时间为 90 min，包括工器具准备、操作现场检查、操作过程和作业结束。作业工序和工艺规范以《弹簧管式一般压力表、压力真空表和真空表检定规程》（JJG52—1999）作为标准。考核按照评分标准中的作业策划、开工前准备、工作执行情况、工作完结四大部分进行，在完成项目评价后，操作者对工作情况进行全面分析并写出总结。

一、相关知识

（一）弹簧管压力计介绍

弹簧管压力计是最常用的直读式测压仪表，它可用于测量真空或 0.1～

10^3 MPa的压力。弹簧管（又称为波登管）是用一根扁圆形或椭圆形截面的管子弯成圆弧形而制成的。管子开口端固定在仪表接头座上，称为固定端。压力信号由接头座引入弹簧管内。管子的另一端封闭，称为自由端。当固定端通入被测压力时，弹簧管承受内压，其截面形状趋于圆形，刚度增大。弯曲的弹簧管伸展中心角变小，封闭的自由端外移。自由端的外移通过传动机构带动压力计指针转动，指示被测压力。

（二）活塞式压力校验台介绍

压力表的校验主要采用两种方法：比较法和重量法。比较法是将被校压力计（被校表）与标准压力计（标准表）在压力表校验台上产生的某一定值的压力或某一负压下进行比较。重量法是被校表与活塞压力计上的标准砝码在活塞缸内的压力下进行比较。前者用来校验精度在1级以下的各种工业用仪表，而后者用于校验精度在0.5级以上的各种标准表。

校验就是将被校验压力表和标准压力表通以相同压力，比较它们的指示数值，如果被校表对于标准表的读数误差，不大于被校表规定的最大准许绝对误差时，则认为被校表合格。

常用的校验仪器是活塞式压力计，它由压力发生部分和测量部分组成，它的精度等级有0.02级、0.05级和0.2级，可用来校准0.25级精密压力表，也可校准各种工业用压力表，被校压力的最高值为60 MPa，活塞式压力计结构如图5—4所示。

（三）压力表校验方法

1. 压力表校准要求

（1）校准点一般不少于5个点，应包括常用点；准确度等级低于2.5级的仪表，其校准点可以取3个点，但必须包括常用点。

（2）仪表的基本误差，不应超过仪表的允许误差。

（3）仪表的回程误差，不应超过仪表允许误差的绝对值。

（4）仪表的轻敲位移，不应超过仪表允许误差绝对值的1/2。

2. 压力表校验步骤

准备工作：选取标准表，标准表的测量上限一般应不低于被校表测量上限，标准表的允许误差应不大于被校表允许误差的1/3，或者标准压力表比被校压力表高两个精确度等级。

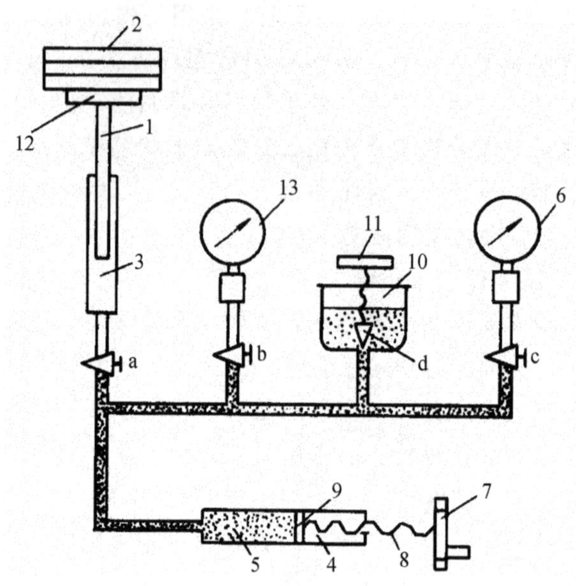

图 5—4　活塞式压力计示意图

1—测量活塞　2—砝码　3—活塞柱　4—手摇泵　5—工作液　6—被校压力表　7—手轮　8—丝杆　9—手摇泵活塞　10—油杯　11—进油阀手轮　12—托盘　13—标准压力表　a、b、c—切断阀　d—进油阀

确定校验点：对于 1.0，1.5，2.0，2.5 精确度等级的压力表，可在 5 个刻度点上进行校验。对于 0.5 级和更高精确度等级的压力表，应取全刻度标尺上均匀分布的 10 个刻度点进行校验。

校验步骤如下：

(1) 检查压力表校验器连接接头垫片的良好情况，安装好并用扳手拧紧标准表和被校表。

(2) 调节地脚螺钉，使水准泡位于正中。

(3) 开启油杯上的针形阀，注入变压器油。逆时针旋转手轮，将油吸入手摇泵内。顺时针旋转手轮，将油压入油杯，观察是否有小气泡从油杯中升起，若有，逆时针旋转手轮，再顺时针旋转手轮，反复操作，直到不出现气泡。

(4) 零点检查，将进油阀和油杯全打开，观看指针，是否在零位。

(5) 密封性实验，关紧油杯上的针形阀，打开两表下的针形阀，顺时针旋转手轮，平稳地升压，使压力上升到被校表的最大压力，其指针应在刻度的终点。在上述最大压力下保持5～10 min，仪表示值应不下降，否则应检查泄漏处。

(6) 刻度校验，以被校表的校验点为准。加压，直到被校压力表指示第一个压力校验点，停止升压（不能超过再降下来），读标准压力表指示值。然后逐一升压，逐一记录，直到被校表达到量程上限，正行程校完后，逆时针旋转手轮，均匀降至零压，平稳地降压进行下行程校验。

(7) 实验中观察指示有无跳动、停止、卡塞现象。求出被校压力表的基本误差、变差、轻敲位移。

二、实施工器具及材料

操作现场准备的工器具及材料见表5—1。

表5—1　　操作现场准备的工器具及材料

序号	设备名称	单位	型号或规格	数量
1	活塞式压力校验	台		1
2	被校压力表	个	1.5级	1
3	标准表	个	0.5级	1
4	活动扳手	把	8寸、12寸各一把	2
5	工作票	张		1
6	校验单	张		1

三、评分标准

序号	操作项目	操作内容	评分标准	标准分
1	开工前的准备			10
1.1	准备工作	1.1.1　校验台、被校表、标准表、扳手等工器具准备 1.1.2　校验单、纸和笔等备品备件准备	1. 工器具等不符合校验要求，每缺一项扣2分 2. 备品备件每少一样扣2分	4

续表

序号	操作项目	操作内容	评分标准	标准分
1	开工前的准备			10
1.2	明确安全注意事项	1.2.1　工作人员着装整齐，精神饱满，注意力集中 1.2.2　工作班成员清楚工作任务，人员分工、安全责任、施工技术措施、风险（危害）辨识和控制措施	1. 开工前工作负责人安全措施交代规范、正确，一处未交代清楚扣3分 2. 工作负责人与工作班成员未互动扣3分。扣完为止	6
2	工作执行情况			80
2.1	准备工作	2.1.1　检查确认安全措施是否已到位 2.1.2　定置摆放：工具按要求整齐摆放在工具垫上，材料、备品备件、机具设备摆放整齐。工作人员根据需要自行选择	1. 未检查确认安全措施是否已到位的扣2分 2. 工具未按要求整齐摆放在工具垫上扣1分 3. 材料、备品备件、机具设备摆放零乱扣2分	5
2.2	安装标准表和被检表	2.2.1. 标准表安装在左接头 2.2.2. 被校表安装在右接头，安装牢固，无渗油	1. 临时借用工具扣2分 2. 安装不牢固，接头有渗油现象扣5分	10
2.3	校验点选择	2.3.1　记录标准表、被校表的量程、型号、精度 2.3.2　确定各个校验点	1. 量程、型号、精度信息记录不全或不准扣2分 2. 校验点选择不正确扣3分	5
2.4	系统严密性检查	2.4.1　缓慢升压至被校表满量程，作系统严密性检查；使用液体为工作介质需要进行系统排气操作	1. 连接操作不规范扣2分 2. 连接错误扣5分	5
2.5	指针平稳性	2.5.1　被校表缓慢升（降）压的过程中（或在示值误差检定过程中），校查被校表指针偏转有无卡涩、跳动现象	指针偏转有卡涩、跳动现象扣5分	5

续表

序号	操作项目	操作内容	评分标准	标准分
2	工作执行情况			80
2.6	指针回零	2.6.1 严密性检查后，缓慢降压至0，通大气压，检查指针是否回零	指针不回零扣5分	5
2.7	正行程校验	2.7.1 缓慢升压至被校表各校验点进行逐点校验 2.7.2 读数和记录方法正确	1. 操作不规范扣2～10分 2. 读数和记录方法不正确扣5分	15
2.8	反行程校验	2.8.1 缓慢降压至被校表各校验点进行逐点校验 2.8.2 读数和记录方法正确	1. 操作不规范扣2～10分 2. 读数和记录方法不正确扣5分	15
2.9	校验结果计算	2.9.1 用校验的数据计算变送器的误差 2.9.2 得出正确的结论	1. 计算方法不正确扣10分 2. 结论不正确扣5分	15
3	工作完结			10
3.1	场地整理	3.1.1 现场清理干净、无遗留物	1. 工器具摆放整齐，安全工器具全部撤离现场。不整齐扣1分 2. 现场无遗留物，场地未清洁、有遗留物每处扣2分	5
3.2	收工点评	3.2.1 进行集中收工点评，收工点评应对现场校验工作中出现的问题、不足进行总结，并提出今后的改进措施	1. 未进行集中点评扣3分 2. 未对现场作业进行评价，未对校验工作中出现的问题、经验和不足进行总结，未提出今后的改进措施每处扣1分	5

四、项目总结

（一）任务完成情况

（二）存在的问题

（三）改进措施

二、教学设计案例 B

本案例以高职市场营销专业学生为对象，针对该专业学生职业能力的要求和培养特点，设计了典型的教学案例。相对于大部分工科专业，市场营销工作有其自身突出的特点，直接面向市场，工作环境和任务极具灵活性，对学生关键能力要求很高，如对市场敏锐的洞察力、人际关系处理能力、表达沟通能力等。因此，按照“以测试教”的原则，即设计典型的职业工作场景和任务，在任务完成过程中接受教师的测评，来达到培养提高职业能力的目标。

营销技能教学案例分为两种类型：设计市场营销方案和制定营销策划方案，每种类型均有 8 道内容不同、形式和难度相同的试题，均是在一个具体的职场案例中进行的。在学习过程中，学生以小组的形式，可以随机抽取一个题目来完成，要求学生在给定的时间完成方案的设计，然后通过小组讨论、教师评阅等方式进行评价总结。从“设计市场营销方案”和“制定营销策划方案”题库中各选一个来介绍。

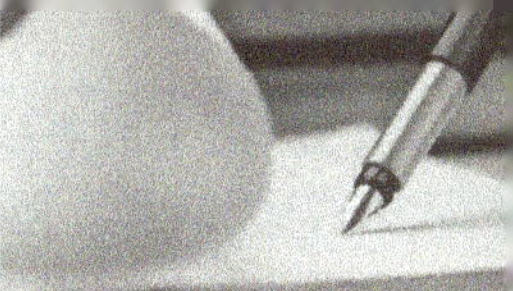

"设计市场营销方案"教学测试题

背景描述

德国麦德龙是世界第一的现购自运制商业集团，世界第三零售巨头。麦德龙于1995年来到中国并与中国著名的锦江集团合作，建立了锦江麦德龙现购自运有限公司。1996年，麦德龙在上海开设了第一家商场，从一开始就取得了惊人的成功，给中国带来了全新的概念。麦德龙是第一家获得中国中央政府批准在中国多个主要城市建立连锁商场的合资企业。麦德龙的到来填补了中国在仓储业态上的空白，中国麦德龙具有许多优势，例如：严格遵守中国法律，向当地政府缴纳大量税款，对员工进行专业培训促进就业及当地经济；同时麦德龙也吸引其他投资促进区域经济；先进的分销系统给予中小企业帮助。麦德龙通过其全国性分销系统将当地产品投入市场的同时吸引着各地顾客。同时麦德龙国际分销系统将中国商品推向国际市场。2001年麦德龙在长沙开设了第一家商场，和长沙目前的其他大型超市相比，它有许多不同之处：首先，它的客户定位是餐馆业、零售便民店、学校、企事业单位等专业客户，只有资格法人才能获得它的会员资格。换句话说，它瞄准的主要是集团消费和中小商店等批量购买者，所以它的销售方式也是以批量销售的量贩形式，并以这种形式来获得相当的价格优势。其次，从商场布局来看，它的结构是目前长沙超市中最为标准的仓储式布局。据了解，在麦德龙经营的1.5万种商品中，长沙的产品大约占30%，主要集中在洗化、烟酒饮料、一般食品和生鲜类。

值得注意的是麦德龙的经营战略从形式上来看是采取的错位竞争（也是它在全世界通行的做法），和其他主要面对普通消费者的超市之间的竞争是相对间接的。但成千上万的中小商家、企事业单位这块"蛋糕"如此之大，如果成功占有这一块市场，众多的中小商家就成为了麦德龙麾下的汹汹"羊群"，和其他超市在极为广泛的市场中争夺份额，这种深层次的竞争带来的市场变化将是巨大的。麦德龙的目标是尽可能接近我们的顾客、供应商、员工，并且在中国进一步发展。

任务要求

麦德龙为了能在湖南市场上具有更明显的竞争优势，计划开展一次针对竞争对手的市场调查，了解市场竞争情况。请根据背景资料设计一份市场调研方案。

实施环境和辅助工具

测试场地配置办公桌或电脑桌 30 张，每张桌子配一台计算机，有网络环境。另配两台打印机。

学生根据抽取的考试试题号，先在桌面上打开“市场营销专业测试题”文件夹，选择并打开所抽取序号的典型工作项目文件夹，接着找到所抽取序号的考试试题。设计的市场调查方案直接做在试卷试题后面，另起一页，不得另外单独作为一个文件。完成后请另存在计算机桌面上指定的文件夹。

任务实施过程

行动阶段一：明确市场调查目的

任务及要求：1. 确定委托方的调查动机。

2. 找出企业迫切需要解决的主要问题。

3. 明确市场调查目的。

行动阶段二：设计市场调查方案

任务及要求：请按照给定的企业及产品市场背景资料，根据调研目的和要求对调研活动进行策划，并撰写出格式正确、内容完整、思路清晰、具有一定可行性的调研方案。其具体内容包括调研目的、调研对象、调研内容、调研项目、调研方法（要求采用问卷调研法）、调研经费、调研组织及人员、时间安排等几部分。并根据调研方案中的调研项目设计一份调研问卷（问卷设计要求包括问卷标题、开头、正文、结尾四个部分，问题数量不少于 15 个，其中开放式问题 1～2 个）。

评分表

二级指标	三级指标	具体要求	评价			
			完全符合	基本符合	基本不符合	完全不符合
岗位认知	表层性	对工作环境能较快熟悉				
		对任务内容和要求有明确的了解				

续表

二级指标	三级指标	具体要求	评价			
			完全符合	基本符合	基本不符合	完全不符合
岗位认知	概念性	能用规范、专业的语言来陈述				
		对重要概念能理解，并能进行实践应用				
	道德性	诚实严谨、方案不违背职业道德与营销伦理				
基础操作	直观性	设计方案内容清晰、信息齐全				
		文字表达流畅、条理清楚、逻辑性强				
		格式规范、文字编排工整清楚				
工作任务执行	目标性	有明确市场调查目的				
		能明确调查事项和调研所需收集的资料				
	方法性	能根据调查项目的难易程度和调查要求选择合适的调查方法和调查工具				
		能确定调研的总体范围和具体单位及调研对象				
		能设计合理可操作的抽样方案				
	针对性	能进行深入细致分析，明确企业面临的现状，找出企业迫切需要解决的主要问题				
		能根据调研目的确定调研内容，设计出实际可行的调研问卷				
	组织性	能对调研做出合理的人员、时间安排和经费预算				
工作改进与创新	经济性	对策划任务需花费的成本能进行有效地估算和控制				
	创新性	能创新市场调查的手段、方式、方法				
总评						

“制定营销策划方案”教学测试题

背景描述

坐落于湖南省长沙市的国家级高新技术产业开发区隆平高科技园的明园蜂业有限公司是集养蜂生产、科研、蜂产品加工与销售于一体的专业蜂产品公司。自1998年成立以来，经过了6年艰苦创业期，2004年开始进入了高速增长阶段，每年以30%以上的速度增长，迅速壮大。2008年，“明园”商标成为全国蜂产品行业内第二个，省内行业内唯一一个“中国驰名商标”。企业相继通过了ISO 9001质量管理体系认证、HACCP食品安全管理体系认证、GMP认证和QS认证，拥有全国首家按GMP标准建设的蜂产品综合加工厂房，建立了“公司+基地+蜂农”的产业化模式，在省内外建立了10多个养蜂基地，打造专业的蜂产品研究所和全国行业内唯一一条由国家商务部资助建设的“蜂产品冷链系统”。

十年来，明园积累了深厚而独特的企业文化。企业定位为“中国蜂产品的专业经营者”，始终坚持“不求最大，但求最好”的经营理念，恪守“禁欺”司训，以“振兴民族蜂业，健康中国人民”为使命，用“行业领先，不断改善”的方针来进行质量管理，企业迅速发展，规模不断扩大。现有产品包括蜂王浆、蜂胶、蜂花粉、蜂蜜、日化品、礼盒和其他蜂产品制品七大系列，上百个品种，在全国拥有专卖店400多家，遍布大江南北。明园以改变中国蜂产品对国际市场的依赖而造福中国蜂农，向国人提供优质的蜂产品而造福国人，创“百年老店”为目标。为了不断满足全国消费者对“明园”优质蜂产品的需求，明园正在实施“百城千店”工程，计划未来3～5年内在全国开设专卖店3 000家，营销网络将延伸到全国各大中城市，届时全国甚至国际蜂产品行业内必将掀起一股红色旋风。

任务要求

假设企业目前欲对湖南市场进行企业形象的宣传以巩固市场占有率，请为其设计一套湖南市场的企业形象广告策划方案，费用控制在80万元之内。

实施环境和辅助工具

测试场地配置办公桌或电脑桌30张，每张桌子配一台计算机，有网络环境。另配两台打印机。

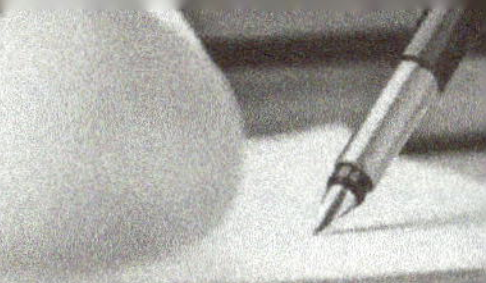

学生根据抽取的试题号，先在桌面上打开“市场营销抽考试题”文件夹，选择并打开所抽取序号的典型工作项目文件夹，接着找到所抽取序号的考试试题。制定的营销策划方案直接做在试卷试题后面，另起一页，不得剪切单独作为一个文件。完成后请另存在计算机桌面上指定文件夹。

任务实施过程

行动阶段一：明确营销策划问题

任务及要求：1. 确定委托方的策划动机。

2. 找出企业迫切需要解决的主要问题。

3. 明确策划主题。

行动阶段二：调查与分析

任务及要求：根据给定的背景资料对目标企业、竞争对手企业产品及广告现状、消费者情况等营销信息进行细致、深入地分析，并能据此来确定明确、具体的广告目标及广告策划思路。

行动阶段三：制定营销策划方案

任务及要求：请按照给定的企业及市场背景资料根据广告方案策划的流程对广告进行策划，并撰写出格式正确、内容完整、思路清晰、具有一定可行性的广告策划方案。其具体内容必须包括封面、前言、市场分析、市场策略分析、广告表现策略、广告媒介策略、广告预算、广告效果的评估等方面。

评分表

二级指标	三级指标	具体要求	评价			
			完全符合	基本符合	基本不符合	完全不符合
岗位认知	表层性	对工作环境能较快熟悉				
		对任务内容和要求有明确的了解				
	概念性	能用规范、专业的语言来陈述				
		对重要概念能理解，并能进行实践应用				

续表

二级指标	三级指标	具体要求	评价			
			完全符合	基本符合	基本不符合	完全不符合
岗位认知	道德性	诚实严谨、方案不违背职业道德与营销伦理				
基础操作	直观性	设计方案内容清晰、信息齐全				
		文字表达流畅、条理清楚、逻辑性强				
		格式规范、文字编排工整清楚				
工作任务执行	目标性	有明确的营销策划目标、主题				
		策划内容始终围绕目标进行				
	方法性	市场分析确切、到位				
		市场定位符合市场实际情况、定位具有竞争力				
		能正确运用营销策略制定策划方案				
		能制定各种意外发生的应对预案				
	针对性	能进行深入细致分析，明确企业面临的现状，找出企业迫切需要解决的主要问题				
		能确定明确、具体、有针对性的活动目标及有吸引力的活动主题				
工作改进与创新	经济性	对策划任务需花费的成本能进行有效地估算和控制，在方案中对成本预算能进行合理的配置				
	创新性	能创新营销手段、方式、方法				
总评						

第六章
课题研究总报告

由国网湖南省电力公司培训中心（长沙电力职业技术学院）主任、院长皮洪琴教授主持的国家教育科学“十一五”规划教育部重点课题——高职院校学生职业能力评价体系的研究，于2010年12月开题，历经3年多努力，圆满完成了研究任务，取得了预期成果。

第一节　研究背景、目标与意义

一、课题简介

围绕高职院校学生职业能力的评价问题，立足于人才培养目标，深入研究职业能力及其评价的内涵，从理论上提出职业能力标准、职业能力现实载体和职业能力判断方法的范式，建立一套与个人职业发展高度对接，学校与企业共同参与实施，体现人才培养和成长规律，可操作性强、阶段性、动态性的高职学生职业能力评价体系。

按照课题整体研究思路和技术路线，对国内外高职教育领域学生职业能力培养和评价的现状进行了系统深入的调研。分析了职业能力形成和发展的规律，以及与未来个人职业发展的内在作用机制。对国外职业能力评价的典型案例进行剖析，提炼成功的经验和做法。

研究了高职学生职业能力及能力评价的内涵。基于综合职业能力观理论，按照学生职业能力与企业人才标准、个人职业生涯发展规律对接的原则，构建了高职学生职业能力三维模型，明确了模型中内容维度、要求维度和行动维度的具体内涵。

构建了高职学生职业能力评价体系。在职业能力建模基础上，建立了体现企业人才标准、体现职业能力发展性、不同专业岗位特性、动态的高职学生职业能力评价体系，涵盖职业能力标准、职业能力的现实载体和基于职业能力标准的判断方法。以三个基本环节为基础，对现有的评价方法进行整合优化，充分发挥企业在评价体系设计、实施中的作用。

开展高职学生职业能力测评应用。运用设计的评价方案，在多所高职院校针对不同专业开展职业能力测评，通过结果分析、跟踪反馈，完善和改进评价体系。

二、研究理论基础

1. 职业发展理论

职业发展理论是从发展的观点来探究职业选择的过程，研究个体职业行为、职业发展阶段和职业成熟的职业指导理论。将职业发展看作非静态的、可变的、持续的过程。从发展、测评、职业适应和自我概念等领域进行系统研究，提出了一系列有关人—职关系的假设，成为职业发展理论的基础。

(1) 个体的能力、兴趣和人格等各不相同，而每种职业均要求独特的能力、兴趣和人格特质。但两者均有很大弹性：一方面，每个人都适合从事多种职业；另一方面，不同的人也可以从事同一种职业。

(2) 个体的职业兴趣、能力、生活和工作环境、自我概念等，随时间和经验而改变。因此，职业的选择和适应是一个持续不断的过程。个人生活阶段的发展可借个人能力和兴趣的成熟及自我概念的发展达成，所以职业发展的过程，即自我概念的发展。

(3) 职业发展过程是个体与环境、自我概念与现实之间的一种折中调和过程，个人的职业形态或发展模式由环境、机遇、个人能力和人格特征等决定。

(4) 工作满意度与其自我概念实现的程度成正比。工作满意度取决于个体的工作与其能力、兴趣和人格特征等的配合度及个体基于成长经验，对自己是否胜任工作的评估。

职业发展理论假设个人会积极地投入社会，寻求某一生涯领域中成员的接受，建立个体对他人的意义。如果个人的独特性与工作世界的独特性相一致，个人就会产生满足和成就感；如果遇到问题，就会激发个体重新抉择。职业发展理论将职业发展视为自我发展的过程，将职业选择的过程视为发展个人职业认同的过程，而“自我”是认同的核心。

2. 综合职业能力观

综合职业能力是指从事某种职业必须具备的，并在该职业活动中表现出

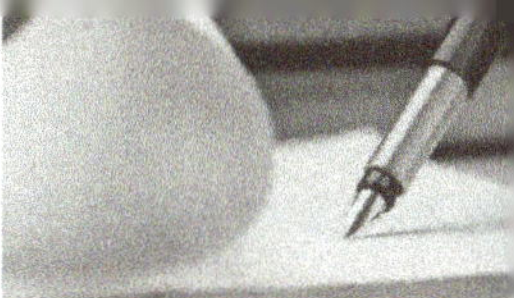

来的多种能力的综合，不是单一的一种能力，也不是一个个毫不相干的孤立能力的机械相加，而是相互联系、相互影响的有机整体，是各种能力的“综合”。从内涵上来讲，它既包括专业能力，如技术操作能力、技术管理能力、技术诊断能力和维修能力，又包括一般能力，如认知能力、表达能力、社会能力、生产能力等，还包括敬业精神、合作能力、意志品质和健康心理等。其中任何一个孤立的能力要素都难以完成职业活动，是劳动者知识、技能和态度等素质要素的整合，是将一般素质与一定的职业活动或工作情景相联系的一种广义的概念。综合职业能力从结构上可分为三个层次：职业特定能力、行业通用能力、核心能力。它们之间可以互相迁移，共同构成一个复杂的素质结构，既包含从长远考虑的个性发展所需的一般素质和能力，也包含指向近期的职业流动的职业能力，通过不同的组合可以完成各种任务。

在综合职业能力观中，职业能力在内涵与外延上具有广泛的概念，它不再局限于具体岗位的专门知识与技能的要求，而被视为多种能力和品质的综合体现，即综合职业能力。综合职业能力这一理念由于既吸收了 20 世纪 70 年代北美兴起的“能力本位”思想，即强调教育的社会性，又弥补了其忽视人的全面发展未能着重个性的片面性，体现了知识经济社会对人的全面素质的要求，因而被世界各国广泛接受。

三、研究目标与内容

1. 研究内容

围绕高职学生职业能力评价体系的构建，开展以下四方面的研究：

（1）调研了解当前我国高职教育领域学生职业能力培养和评价现状。分析职业能力形成和发展的规律，以及与未来个人职业发展的内在作用机制。对国外职业能力评价进行典型案例分析，提炼成功经验和做法。

（2）高职学生职业能力评价的内涵研究。基于新形势下高职教育模式和人才培养目标，建立学生职业能力与企业人才标准、学生未来职业发展的对接模型。以规范的形式明确职业能力标准、职业能力的现实载体和基于职业能力标准的判断方法三个基本环节。

（3）高职学生职业能力评价体系的构建。以三个基本环节为基础，对现有的评价方法进行整合优化，充分发挥企业在评价体系设计、实施中的作用，建立体现企业人才标准、体现职业能力发展性、不同专业岗位特性、动态的高职学生职业能力评价体系，形成可操作性的方案。

（4）职业能力评价体系的实验研究。立足现有高职院校实际，对不同的年级、专业开展学生职业能力评价体系的实践应用，通过跟踪反馈，完善和改进评价体系，在若干高职院校中推广。

2. 研究目的

围绕高职院校学生职业能力的评价问题，立足于人才培养目标，深入研究职业能力及其评价的内涵，从理论上提出职业能力标准、职业能力现实载体和职业能力判断方法的范式，建立一套与个人职业发展高度对接，学校与企业共同参与实施，体现人才培养和成长规律，可操作性强、阶段性、动态性的高职学生职业能力评价体系。

3. 研究意义

学生职业能力的评价是人才评价和高职教育评价体系的关键环节之一。本课题主要研究意义和价值体现在：

（1）通过职业能力评价的内涵研究，从理论上回答职业能力标准、职业能力现实载体和基于职业能力标准的判断方法等一系列基本问题，为职业能力评价体系的构建提供科学的理论基础。

（2）立足于高职人才培养目标，着眼于行业对接和未来职业发展，对现有的评价方法进行整合优化，通过方案设计和实际应用，建立一套科学完善的高职学生职业能力评价体系。

通过本课题的研究真正解决当前如何对我国高职学生的职业能力进行科学评价这一现实难题，对丰富和完善高职教育评价体系，实现人才培养战略目标具有重要的理论意义和应用价值。

4. 研究假设

（1）通过现状调研，典型案例分析，结合我国高职教育的现实和特点，明确高职学生职业能力评价体系的三个基本环节，形成严谨的理论规范。

（2）通过理论创新和实践验证，形成完善的、可操作的、有推广价值的高职学生职业能力评价体系。

5. 核心概念

（1）职业能力。职业能力是个体将所学的知识、技能和态度在特定的职

业活动或情境中进行类化迁移与整合所形成的能完成一定职业任务的能力。从能力涉及的内容范围上，分为专业能力、方法能力和社会能力。

(2) 评价体系。评价体系是由学校组织，学校和企业共同制定、实施，以高职学生个体为对象，包含职业能力标准、职业能力的现实载体和基于职业能力标准的判断方法三个基本环节，对学生职业能力状态和水准做出判断的一套评价机制。

第二节 研究思路、方法与创新

一、研究设计

1. 研究思路

(1) 在认真学习德国“双元制”模式、澳大利亚 TAFE 模式等典型案例的基础上，结合我国职业教育特点，系统分析和研究职业能力培养、高职教育理论、考核评价机制、企业人才标准等，为本课题研究提供理论支撑。

(2) 建立高职学生职业能力与企业人才标准的对接关系，研究学生职业能力与毕业生未来职业发展之间内在隐性的关联作用机制，提炼出职业能力标准、职业能力的现实载体和职业能力的判断方法三个构成职业能力评价体系的基本环节。

(3) 将学生职业能力评价推及实践，研究能对学生职业能力进行科学评价的现实描述、执行机制和操作要件。建立学校组织，企业与学校共同参与实施的评价运行机制，明确双方在每一评价阶段的具体任务和目标。

(4) 以若干专业和班级为实验对象，将新的评价体系运用到高职不同的培养阶段，通过反馈和调整，进行阶段性总结，加以完善。

(5) 通过理论和实验研究、总结和推广，最终形成一套科学规范的高职学生职业能力评价体系。

2. 实施方式

考虑到本课题研究内容多，任务重，难度大，围绕总课题的研究目标、内容和思路，将总课题划分为八个子课题，以院级课题的形式立项，确定各子课题负责人、具体研究内容和验收标准，分阶段实施。

总课题负责人制定各子课题的研究实施方案，把握研究进度，协调和解决实施中的问题，各子课题负责人由总课题组成员担任，具体落实子课题研究任务，接受总课题组考核验收。

在各子课题实施的基础上，形成总课题的研究报告，相关研究成果的汇总、完善、发布和应用，接受全国教育科学规划领导小组对本课题的验收评估。

二、研究对象

以我国高职学生为对象，研究高职学生职业能力的通用模型，建立详细的能力指标体系，设计出高职学生职业能力评价的实施方案。

在实证研究中，选择长沙电力职业技术学院、武汉电力职业技术学院、江西电力职业技术学院三所高职院校，开展职业能力测评应用。选择生产类（热工检测与控制技术专业、火电厂集控运行专业）、建设类（高压输配电线路施工运行与维护专业）、管理类（供用电技术专业）、服务类（市场营销专业）四大类专业为测评对象，分别设计和应用职业能力测评方案，收集测评数据，形成评价分析总结报告。

三、研究方法

1. 文献研究法

阅读有关职业能力、高职教育考核评价等方面的文献，总结研究和应用的现状、问题和趋势。

2. 调查研究法

采用问卷、访谈、观察、测量等方式进行典型案例分析。

3. 实验研究法

对实践试点中的典型过程和现象进行分析研究，寻找规律或产生问题的根源。

四、技术路线

1. 调查研究（2010 年 7—12 月）

(1) 制订调研活动计划。

(2) 完成国内外典型案例分析。

(3) 结合资料文献查阅，形成调研报告。

2. 高职学生职业能力评价的内涵研究（2011 年 1—7 月）

(1) 基于关联分析、归纳推理、教育心理学等原理和方法，建立学生职业能力与岗位能力要求的关系模型，按高职学习进度对职业能力标准进行分级、细化和论证。

(2) 提炼与职业能力标准对应的实现载体，进而确定根据能力标准对现实载体进行判断的方法。撰写研究论文。

3. 高职学生职业能力评价体系的构建（2011 年 8—12 月）

基于职业能力评价的内涵研究，确定与高职不同学习阶段对应的具体评价模式，以及每一模式的权重分配原则，突出学校与企业的共同参与和协作，通过集成和创新形成优化的职业能力评价体系。撰写研究论文。

4. 高职学生职业能力评价体系的实验研究（2012 年 1 月—2013 年 12 月）

(1) 选择试点对象，对新的评价体系进行实验验证。

(2) 通过效果跟踪改进完善评价体系，形成完整的实施报告。

5. 完善和总结（2014 年 1—8 月）

(1) 对职业能力评价体系进行完善和提升，使其科学化、规范化和系统化。

(2) 撰写课题总结报告，形成专著，完成验收。

五、创新点

1. 高职学生职业能力评价体系的理论创新

对职业能力成长过程进行阶段性划分，并与高职学生三年的培养进行阶段性对接，从而确立职业能力标准、职业能力的现实载体和职业能力的判断方法这三个构成评价体系的基本环节，在理论上形成范式。

2. 高职学生职业能力评价体系的实践创新

突出职业能力评价体系的实践特性，基于我国高职教育的现实条件，着力于职业能力评价体系的实验研究，实现其应用和推广价值。

第三节 研究发现或结论

一、高职学生职业能力三维模型的构建

高职学生职业能力评价面临的首要挑战，是如何建立一个跨专业的能力结构模型。课题组以职业发展理论和综合职业能力观为主要理论依据，按照“体现行动导向的高职教学理念、体现高职学生职业成长和发展的客观规律、实现科学性与实用性的统一”三个原则，在国内首次构建了高职学生职业能力的三维模型。

从内容维度、要求维度和行动维度对高职学生职业能力模型进行设计。内容维度体现职业生涯的发展阶段，要求维度反映职业能力的不同水平，行动维度明确职业能力的具体范围。内容维度和要求维度体现了职业成长发展的阶段性、规律性，突出了当前的高职教育教学主流理念。行动维度兼顾了专业能力的阶段性发展特征和跨专业能力的界定。

1. 职业能力三维模型的整体结构

在分析总结国内外职业能力研究成果的基础上，结合我国高职教育的现实情况，建立了高职学生职业能力的三维模型。遵循高职学生职业能力成长发展的规律性，将四个职业发展阶段作为能力模型的“内容维度”；基于实用主义的解决思路，确定职业能力模型的“要求维度”，即四个能力等级。围绕本职工作所需的基本职业能力和跨专业的关键能力，建立职业能力的“行动维度”，即能力指标体系。

2. 内容维度——职业发展阶段

我们基于“在高职领域建立可以适合不同专业的通用职业能力模型”这一目标，以能力发展理论为依据将四种典型的职业生涯角色，即入门者、提高者、能手和专家作为模型的内容维度，确定对应四个不同职业发展阶段的能力等级和能力范围。

入门者作为高职学生职业发展的第一个阶段，要求对职业和岗位有较全面的认知，系统掌握所需的职业定向知识和概况知识，并培养一定的职业认

同感。提高者则掌握了系统性的、关联性的职业知识，能掌握使用专业工具所需的知识和技能，完成功能性的操作，并能在具体的职业环境中完成简单的工作任务。能手则已经具备在特定的职业环境中完成系统性、流程性的工作任务，能开展规范化、标准化的操作，并具备处理一般故障的工作能力。专家是个人职业发展的最高阶段，其积累了丰富的实践工作经验，精通所从事职业岗位的知识和技能，在高质量完成工作任务的基础上，能对工作进行改进和创新，提高工作的经济性、公益性，成为企业专家和行业名家。

内容维度的确定主要考虑三个方面，一是符合人的职业发展内在的逻辑规律，鉴于我国高职学生的实际条件和市场人才需求，高职阶段应当实现从入门者到能手这三个阶段的职业成长，而“专家”这个等级则是毕业生正式走上工作岗位后的职业成长目标；二是围绕这四个典型的职业工作任务来探讨能力标准和等级，紧扣当前我国高职教育改革和发展的趋势，与行动导向教学理念紧密结合，可以通过职业能力标准界定、能力评价为高职教育教学方法改进提供科学依据；三是突破了传统的高职学生技能等级划分，立足于综合职业能力的界定和评价。现有高职院校一般按初级、中级、高级、技师、高级技师五个职业资格等级来界定学生的职业能力，片面强调学生的专业能力，缺乏对社会能力、方法能力的评价。以四个职业发展阶段作为能力模型的内容维度则为全面界定学生的专业能力、方法能力和社会能力创造了条件。

3. 要求维度——职业能力等级

以上确定的高职学生到职业者的完整职业生涯中四个能力发展阶段，在能力要求上呈现整体递进的特征。考虑到职业能力评价的对象是高职学生，因此，在能力要求维度上，我们重点研究高职三年学习中学生应该达到的能力水平，也就是职业能力级别。因此，我们可以确定四个不同的能力等级，作为能力的要求维度，即表识能力、工具性能力、过程性能力和设计能力，这四个能力等级主要对应入门者、提高者、能手这三个角色，当高职学生正式走上工作岗位后，其职业能力在实践中不断提高和完善，最终成为该领域的技术技能专家。

（1）表识能力。表识能力是高职学生职业能力的第一级，也就是作为“入门者”需要达到的能力水平。主要内涵是培养认知能力，即职业意识培养、岗位的认知、工作环境的认知、基本知识和原理的认知、基本工具的识别，具备一定的职业道德意识、质量意识和安全意识。

（2）工具性的能力。工具性的能力是高职学生职业能力的第二级，是职业能力形成和提高的过程。要求具备专业工具的规范操作能力，能实现与职业工作无关的功能，并具备初步的跨专业能力，即关键能力。

（3）系统性的能力。在这一能力级别，学生能立足实际工作环境和生产过程，完成流程性、系统性的工作任务，在工作任务执行中体现出较强的跨专业能力即关键能力。能在任务执行过程中，与同事合理沟通和配合，处理任务执行中的技术细节和技术难点，协同完成工作任务。

（4）设计能力。随着新技术、新设备、新工艺的广泛应用，环保、经济、节能等公益意识在全社会的普及和增强，对现代职业技能人才知识、能力和素质提出了更高的要求，要求职业工作者在胜任岗位工作的基础上，更好地适应技术改造和提升，能跨专业、跨行业考虑工作过程带来的环境影响、社会影响，这就必然要求具备工作的设计创新能力。设计能力从社会与可持续发展的角度，对职业工作任务进行反思、改进和优化，从而兼顾生产效率、经济效益和社会效益，实现综合效益的最大化。

4. 行动维度——职业能力范围

在明确高职学生职业发展阶段和能力等级的基础上，我们进一步确定高职学生职业能力的范围，即能力模型的行动维度。高职学生职业能力范围包含基本职业能力和关键能力两大方面，作为职业能力的 2 个一级指标。基本职业能力又包含岗位认知、基础操作、工作任务执行、改进和创新 4 个二级指标。从实用性和可操作性的角度，确定了 10 个三级指标。关键能力包含专业关键能力、方法关键能力、社会关键能力 3 个二级指标。通过开展用人单位人才标准调研、专家访谈和毕业生回访，全面了解我国职业人才标准、高职教育现实条件和高职学生特征，最终确定了对应二级指标的 12 个三级指标。

在建立指标体系的基础上，可以进一步明确各级指标的内涵和实现评价的现实载体，采用科学的方法确定指标的权重，从而实现职业能力模型到职业能力测评模型的演变。

5. 模型中三个维度之间的作用和关系

高职学生职业能力模型的三个维度，即内容维度、要求维度和行动维度，

完整地描述了一个职业者从学习者到职业者、从校园人到社会人的角色转换和能力发展过程。内容维度、要求维度和行动维度具有各自明确的内涵，从不同的角度来描述个体的职业能力。三个维度呈现既相互独立的，又相互补充和相互支撑的关系。

（1）内容维度与要求维度的关系。内容维度与要求维度的关系，就是从职业生涯角色抽象化到能力要求具体化的转换关系。内容维度从职业者角色定位出发进行界定，体现出个体在职业生涯阶段发展的一般规律，但内容维度四个角色的描述又是相对抽象的。建立能力要求维度则实现抽象能力到具体要求的转变，能力要求维度中的四个能力等级与四个职业角色具有本质的对应关系，但并不完全等价。也就是说，在我们的课题研究范畴内，能力评价的对象是高职学生，主要关注的是通过高职三年培养所要达到的能力目标。因此，针对高职学生确定的表识能力、工具性能力、过程性能力和设计能力这四个能力级别的具体要求，与个人职业生涯发展的四个角色的具体要求并不是严格对应的，而主要对应入门者、提高者和能手这三个角色。

我们还可以从具体职业实践和高职教育目标的角度来考查两种维度的关系。在能力内容维度中，四个职业角色在现实职场中并没有严格的界限，相邻两种角色之间，往往存在一定的能力交集。另外，在企业人力资源管理中，员工的分类、职级、薪酬分配往往有一系列详细的制度来匹配，而不是简单地分为这四种角色。但这并不表明以上四种角色的划分是脱离实际的，对于绝大多数职业和岗位，员工职业成长的路径恰恰都是遵循这一发展规律的。而在要求维度，我们定义四个能力等级，则可以从高职学生人才培养目标和市场人才需求的角度出发，来明确每个能力等级所包含的具体能力内容和要求，这些内容和要求尽量和现实岗位需求对接，但不完全等价。比如，通过测评达到“设计能力”等级的学生，我们认为其基本达到了“能手”这一职业角色所要求的核心知识、技能和素养，但该学生毕业后刚走上工作岗位时，并不能直接作为“能手”的角色，来承担相关职责和任务的，还必须经过岗位培训、岗位适应阶段，才能逐步胜任更高层次的工作任务。另外，“设计能力”和“创新能力”同样是“专家”这一职业角色的核心能力要求。而“专家”所需要的能力，都是在长期的工作实践中反复锻炼、总结和提升，经过千锤百炼才可以获得的，仅仅通过高职三年的学习和培养，是不可能产生职场中的“专家”的。

(2) 要求维度与行动维度的关系。要实现职业能力的培养和评价，我们必须从现实行动的角度来考查职业者，这就是模型的第三个维度，即行动维度，从要求维度到行动维度，则实现了能力要求具体化到职业行动现实化的转变。行动维度的建立，将能力培养直接和职业教育的具体过程和内容关联起来，解决了“如何培养职业能力”的问题。行动维度包括的基本职业能力和关键能力两个一级指标，是在国内外职业教育界得到广泛认可且在职业教育中大力推崇的。但基本职业能力和关键能力的具体内涵，即二级指标和三级指标，还没有统一的标准，因此成为课题组重点关注并力求突破的问题之一。为对职业能力行动维度进行科学而具体的界定，我们采取实证研究为主要方法，紧密结合高职教育现状、发展趋势、行业和企业需求，选用科学的调研、分析和统计工具，最终确定了高职学生职业能力行动维度的各级指标内容和权重。

要求维度的每个能力级别均覆盖了行动维度的各级能力指标，但不同的能力级别对应各级能力指标的要求范围和水平是不同的。比如，作为“入门者”，其基本职业能力的“岗位认知”是必备的能力，而对于“能手”而言，除了具备“基础操作”“工作任务执行”能力之外，还必须具备一定的“工作改进和创新”能力；同样，能力级别越高，其在职场中对专业关键能力、方法关键能力和社会关键能力的要求也就越高。从要求维度到行动维度，使教师站在一个完整的职业发展视野，来审视自身的教学育人活动，有助于教师更好地进行教学的宏观和微观设计。对于学生而言，则可以对自身能力水平进行清晰定位，并对自身的学习培养过程进行更有效的诊断和改进。

(3) 行动维度与内容维度的关系。从职业能力的行动维度到内容维度，是高职培养阶段与个人职业生涯建立对接的过程。行动维度和内容维度的建立，彰显了高职教育的开放性和终身教育的必要性。我们可以看到，一个人的职业能力培养和发展，不仅要从学校教育获得，还在毕业后漫长的职业生涯中不断完善和提高。对高职学生如此，对于其他类型和层次的学生也是如此，职业生涯发展伴随的能力积累和提升，是所有劳动者在适应世界和改造世界过程中所遵循的共同规律。职业教育的开放性意味着职业教育在具体设计和实施中应该更注重对接个人未来的职业发展方向，更关注职业教育与学

历教育、技能训练与技术研究之间的关联性和互补性。

需要指出的是，行动维度中基本职业能力和关键能力的具体表现形式是有差异的。基本职业能力按职业工作过程特点划分为岗位认知、基础操作、工作任务执行和工作改进与创新，这样既与职业行动要求紧密结合，又便于相关测评工具的开发和有效实施。关键能力则是按内容划分为专业关键能力、方法关键能力和社会关键能力。这是因为关键能力具有普适性和可迁移特点，在测评工具和测评方法上和基本职业能力是不同的。从不同的角度来划分基本职业能力和关键能力的行动维度，既符合这两类能力的自身特点，又考虑到能力测评的可操作性和有效性，这恰恰体现了职业能力模型构建中要求的“兼顾科学性和实用性”基本原则。

高职学生职业能力三维模型的构建，体现了职业教育发展的最新理念和未来趋势，揭示了个人职业生涯发展与具体能力要求的对应关系，实现了高职人才培养宏观目标与高职教育教学微观设计的有机对接，反映了职业能力培养的阶段性、动态性和发展性的本质特点。有助于职业教育者加深对职业教育和人才成长规律的理解，有助于职业教育实现过程的改进和完善。职业能力模型的建立，为进一步设计职业能力测评方案，开发科学的测评工具，实现高职学生职业能力的有效评价打下了坚实基础。

二、高职学生职业能力指标体系的实证研究

在构建高职学生职业能力模型的过程中，如何科学确定指标权重并对指标进行无量纲处理，是需要解决的一个关键技术环节。确定能力模型中各级指标及其权重，是将职业能力理论模型向实践应用转化的必要环节。针对高职学生职业能力指标体系的构建，基于实证研究的思想，通过调查、访谈、问卷咨询等多种形式，确定职业能力模型的各级指标，科学界定了各个指标的权重，并进行了深入的统计分析，为高职学生职业能力模型的构建和职业能力测评应用打下了基础。

我们的实证研究以构建高职学生职业能力指标体系为目标，首先建立了基本职业能力和关键能力对应的二级指标和三级指标，然后确定各级指标的权重。在指标体系的建立阶段，主要通过指标的初选、专题访谈、专家咨询不断完善和优化以最终确定各个指标。在指标权重的确定阶段，遴选并建立

以各类企业（行业）技术专家、管理专家、职教专家、高校教师为成员的专家库，采用德尔菲法，通过问卷调查的形式来确定各级指标的权重。

1. 能力指标体系的整体结构

（1）指标初选。通过分析总结国内外职业能力的最新研究和应用成果，结合我国高职教育的现实情况，将基本职业能力和关键能力作为高职学生职业能力的 2 个一级指标。这两个一级指标兼顾了工作过程和个体发展的双重需要，符合“新职业主义”职业能力开发的原则，即职业能力开发不仅关注个体的工作技能，还重视人的全人教育和生涯发展，为个体和其未来的职业架起一座桥梁，实现个人职业生涯的可持续发展。

在确定高职学生职业能力一级指标的基础上，从社会、企业对高职学生职业能力的主流要求及变化趋势视角，构建了高职学生职业能力的二级和三级指标体系。其中，与基本职业能力对应的包括岗位认知、基础操作、工作任务执行、工作改进与创新 4 个二级指标，与关键能力对应的包括专业关键能力、方法关键能力、社会关键能力 3 个二级指标，并初步设置了与二级指标对应的 30 个三级指标。

（2）指标修订和确定。初选指标确定后，研究小组通过对 2008—2012 届高职毕业生的跟踪调查，走访电力、机械、金融、信息和服务等行业企业，召开专家座谈会，咨询招聘单位等多种途径开展访谈和调研。先后跟踪毕业生 300 名，走访企业和招聘单位 20 多家，咨询企业、科研院所和高校专家 30 人，对初选指标体系进行增删、合并和修改，对二级指标进行了充分的论证，并将三级指标调整为 22 个，从而得到高职学生职业能力指标体系。

2. 能力指标权重的咨询界定

确定职业能力的各级指标后，需进一步将职业能力的定性评价用定量的形式表征出来，最终确定高职学生的职业能力等级，必须要科学界定各个指标的权重。本课题组采用德尔菲法（专家小组法或专家意见征询法）来确定职业能力各级指标的权重。德尔菲法采用问卷的方式向专家匿名征求各指标在整个评价体系中的重要性程度，专家对各指标权重进行打分，然后由问卷发放者回收问卷，并对结果进行汇总，整理之后将汇总后的结果作为参考资料发给每位专家，专家再次填写问卷，问卷发放者回收问卷并汇总结果，然

后再把汇总结果作为参考资料发给各位专家，专家再次填写问卷，多次重复这一过程，直到各位专家意见基本一致为止，从而获得各评价能力指标单元的权重。

指标权重咨询活动遴选了30位专家，分为企业技术专家、企业管理专家、教育工作者（职教专家和高校教师）三类。30位专家来自于生产类、管理服务类、教育和研究类等三大类行业中的8种企业，分别为电力建设企业、发电企业、供电企业各4人，机械企业4人，通信企业2人，金融企业2人，服务企业2人，职教研究所4人，高校骨干教师和管理者4人。课题组先后开展了三轮指标权重咨询，完成了一级指标和二级指标权重的确定。在咨询过程中，为保证遴选专家意见的独立性、客观性，确保权重的科学度，各个专家单独得到一份咨询问卷，独立提交答案，并保持咨询环境的稳定性。

3. 能力指标权重的统计分析

（1）一级指标权重分析。课题组对30位专家提交的答卷进行统计，结合层次分析法（AHP）的运用，求得三大类企业对基本职业能力和关键能力的要求权重。生产和建设类企业分别为66%和34%；服务和管理类企业分别为29%和71%；开发和研究类企业分别为49%和51%。通过对来自生产和建设类、管理和服务类、开发和研究类三大类企业（行业）技术专家、企业管理专家、教育工作者（职教专家和高校教师）给出的指标权重进行统计分析，可以发现咨询结果有以下几个特征。

特征一：职业能力的要求呈现明显的行业差异性。

第一类是生产类企业，包括电建企业、发电企业、供电企业、制造企业，这一类企业平均的权重为66%和34%。可见对于生产型企业，毕业生的基本职业能力要求明显高于关键能力，这主要是因为生产企业中，劳动者多与设备、流程作业打交道，必须熟知设备结构，严格执行工作标准和操作规程，有很强的专业性、操作性、规程性。

第二类为管理服务类企业，包括通信企业、金融企业和服务企业，这一类企业的平均权重为29%和71%。这与第一类企业的结果呈现明显的反差，对关键能力要求的权重达到了71%。可见，在服务类和管理类的企业，往往需要员工之间能相互配合、沟通、协作才能完成工作任务，劳动者要求具备较强的人际关系处理、沟通、协调能力。

特征二：同类企业（行业）内部不同专家意见具有较高的一致性。

我们对每一类企业（行业）咨询的对象都包括技术专家和管理专家两类，通过统计发现，同一类企业（行业）内部，技术专家和管理专家给出的两个指标权重比例很相近，如发电企业 2 名技术专家给出的平均权重分别为 70%、30%，另外 2 名管理专家给出的权重分别为 65%和 35%，两者相差仅为 5%。这说明在同一企业，对某一职业能力的要求具有明显的倾向性和较高的认同度，也证实我们遴选参与本次咨询的专家具有较高的代表性，给出的答案比较科学。

特征三：教育工作者更多的是考虑学生职业能力的均衡发展。

第三类是开发和研究类单位，包括职教研究所和高职院校，这类单位的平均权重为 49%和 51%。相对于前两类企业，第三类单位对基本职业能力和关键能力的要求权重大致相当，没有明显的差异，高校和研究单位从事的是学生教育培养相关的工作，在培养过程中强调学生的专业能力和综合素质均衡发展，在搞好学业的同时积极参与社会实践锻炼，这符合以人为本的教育理念。大学生的全面发展，有利于提高社会适应能力，实现职业生涯可持续发展。

（2）二级指标权重分析。对咨询结果进行汇总和统计，得到表 6—1 所示的三大类企业（行业）专家提交的问卷结果统计情况。通过分析我们可以看出，对于不同类型的企业（行业），在高职学生职业能力二级指标的要求上，同样具有明显的行业特征。如第一类企业对“基础操作”“工作任务执行”两个指标百分比很高，说明对基本职业能力的要求很高。而对第二类企业，“社会关键能力”一项达到 31%，这与第一阶段咨询中，该类企业专家重视“关键能力”是相吻合的。通过对二级指标的权重咨询，我们可以很清晰地了解不同行业对于职业能力的各个二级指标的具体要求。

通过遴选不同企业（行业）专家参与本次问卷咨询，我们科学确定了高职学生职业能力模型中一级指标和二级指标的权重。了解了不同企业（行业）对高职学生职业能力的需求特征，这有利于我们明确当前高职学生的就业环境和特点，更好地把握行业特点，从而培养高职学生的职业能力，为社会输送更多的高端技能型人才。

表 6—1　　三类企业（行业）专家二级指标的咨询结果

权重 单位	岗位认知	基础操作	工作任务执行	工作改进与创新	专业关键能力	方法关键能力	社会关键能力
生产和建设类企业（第一类）	13%	17%	24%	12%	12%	11%	11%
服务和管理类企业（第二类）	6%	7%	8%	8%	18%	22%	31%
开发和研究类企业（第三类）	12%	14%	13%	10%	20%	18%	13%

三、高职学生职业能力评价方案的设计

在职业能力模型构建的基础上，设计了完整的高职学生职业能力评价实施方案。通过建立行业、企业主导，职业院校参与的评价认证模式，提高认证的权威度；对接真实职业工作环境和工作要求，实施开放式评价；对接个人职业生涯发展规律，实现阶段性、发展性和动态性的评价。

（一）职业能力评价的整体方案

1. 职业能力评价组织结构

借鉴德国等发达国家职业能力评价模式，结合我国高职办学模式和市场特点，组建多元主体的职业能力评价委员会。即以行业为界限，选拔现场技术专家、企业管理专家、职业教育专家和职业院校骨干教师，共同组成职业能力评价委员会。如图 6—1 所示。

按以上思路和框架建立的职业能力评价委员会，在开展职业能力评价设计和实施中的职责包括以下几个方面：

（1）针对某一行业某一类工种职业能力要求，对照已经建立的高职学生三维职业能力模型的各级指标体系，建立具体的能力标准。

（2）制定详细的基本职业能力评价方案。

（3）制定详细的关键能力评价方案。

（4）组建职业能力测评工作小组，并对测评工作进行管理、指导和培训。

（5）对各阶段职业能力评价结果进行最终的审查和认定。

(6) 开展定期的工作总结和研讨，开展市场调研，对职业能力评价技术体系和实施方案进行动态优化。

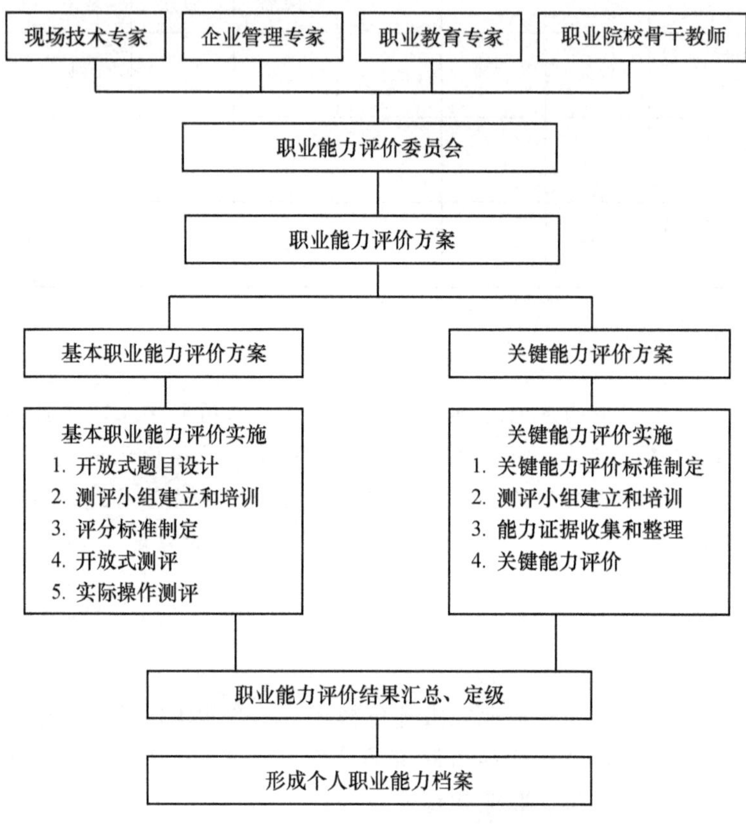

图 6—1　职业能力评价整体方案

2. 基本职业能力评价方案

基本职业能力是学生胜任岗位工作必须具备的核心能力，与高职阶段的专业知识学习、技能操作和现场实践等过程紧密相关。国内外先进的职业教育理念和成功的教育案例都表明，基于工学结合的培养模式和典型职业工作任务驱动的教学范式，可以最大限度促使职业院校与企业现场的对接，提高知识、技能到岗位工作能力的转变效率。因此，基本职业能力的评价，也应当在典型工作任务的实施中进行考查。按照这一总的指导原则，如何设计评

价的工具、评价的标准和组织实施的具体过程，则是基本职业能力评价的技术重点和难点。

针对高职学生基本职业能力评价，我们设计了“校企参与，同模多段”的评价模式。即学校和企业共同参与基本职业能力的评价设计、组织和实施过程。将开放性方案的设计和实施作为基本职业能力评价的核心工具，在不同的测评阶段均采用内容同类、难度相当、形式相同的测评题目，体现“同模”特征。由职教专家、骨干教师和企业专家组成的测评小组，负责开发若干套测评题目，在高职三年中，确定几个时间节点来测评。“校企参与，同模多段”的基本职业能力评价模式，可以确保测评工具始终体现典型工作任务的要求，通过学生不同阶段的测评结果，对基本职业能力的培养和提高状况进行纵向的发展性评估。

开放性是测评题目最突出的特征，也是与传统的标准化考试、课程考核和技能鉴定最本质的区别。开放性试题是向学生给定一个典型职业背景下的完整工作任务，要求学生独立完成调研、信息收集、方案制定、计划、执行、反馈等环节的完整实施方案设计，形成书面的成果。在此基础上，针对任务完成中的关键操作，在实训场地或现场工作平台上完成操作。测评小组分别对设计方案和实际操作进行评判。该项评价涉及多方面的技术措施，包括测评题目的选择和开发、评分点的制定、评分等级（分值）的确定、测评环境设计和过程组织、评分小组的培训、测评可信度和准确度保障措施等。需要指出的是，开放式测评除了对与岗位工作密切相关的基本职业能力进行评价外，在一定程度上还反映了学生的沟通能力、协调能力、职业道德、社会责任意识等多方面的素质，也就是学生的一部分关键能力。

3. 关键能力评价方案

与基本职业能力载体相对明确、评估相对直观不同的是，关键能力具有内隐、可迁移、载体多元等特点，高职学生从入学前，就具备一定的方法能力和社会能力基础，在高职学习的三年中，校园文化、专业训练、社会实践和素质培养，都会对学生的关键能力形成潜移默化的影响，但同一种能力可以通过多种途径和方式来表现。关键能力的自身特点和培养规律，要求对其评价不适合采用单一的工具或手段来实现，而应该根据学生不同阶段的教育成长环境和个人身心状况，采用差异化的评价方法。另外，在关键能力的评价过程中，我们不能忽视被评价者自我认知意识和认知能力对提高评价结果准确度和可信度的作用。换言之，关键能力的科学测评，应是建立在合理的测评工具基础上，由包括被测评者本人、班级、教师和测评专家多元主体共同参与的一个有机协作过程。

基于以上考量，我们建立了高职学生关键能力“多元主体，多模交互”的评价模式。即在测评途径的设计上，分别设计基于参与和互动过程、基于专项量表、基于能力证据收集三种模式，不同的年级阶段，采用某一种模式为主、其他模式辅助和有机结合的方式，来对学生关键能力进行测评。在基于参与和互动过程的测评模式中，通过设计和开展学生参与、师生互动式的活动，由评价者根据学生的表现进行评判；在基于专项量表的测评模式中，运用国内外人力资源测评的典型量表，对学生语言运用、自我认知、交流协调等专项能力进行测评；在基于能力证据收集的测评模式中，建立专业关键能力、方法关键能力、社会关键能力的证据列表，如学生考取的计算机、英语等级证书，参加社会实践的成果，获得的相关荣誉等，在高职不同的学习阶段进行统一收集、确认和登记，由多元主体进行测评。

在测评主体的选择上，将学生本人、班级、辅导员和任课教师、测评专家小组作为四级主体，每个主体运用相应的测评标准，对照学生的具体能力表现或证据进行评价。对不同主体赋予不同的测评结果权重，综合得到学生最终的关键能力评价结果。

“多元主体，多模交互”的关键能力评价模式，体现了当前我国高职教育和人才培养过程的特点，即高职教育在进行专业教学改革的同时，越来越重视学生综合素质的培养，丰富的校园文化、社会实践活动为学生搭建了良好的素质拓展平台。因此，建立与之对应的能力评估体系是非常必要的，既可以对学生的职业能力进行全面评价，又可以将评价转化为激励机制，形成以评促培的良好循环。

4. 评价阶段和内容划分

根据人的职业成长阶段性规律，高职学生职业能力评价突出体现阶段性、发展性和动态性。所谓阶段性，就是对应高职学习三年的不同学习阶段，分别在大一、大二、大三开展职业能力评价；所谓发展性和动态性，即通过对学生不同阶段的能力水平评价，详细了解每位学生的能力结构、优势和劣势、能力变化情况，为每位学生量身打造能力发展的建议和计划，达到帮助学生成长的目的。

在高职学习期间，先后在四个时间节点开展与职业能力有关的测评。对第一学期的学生，尚处于大学环境适应和角色转换阶段，因此，重点开展对学生的职业兴趣、职业认同感和专业认同感测评。通过掌握每个学生的相关背景信息，有利于对其高职的学习和培养进行个性化的引导。

第三学期开展第一次职业能力评价，由学校职教专家、专业负责人、骨干教师，以及企业技术专家共同参与，开展基本职业能力开放性测评，基于参与和互动过程的关键能力评价和基于专业量表的关键能力评价。

第五学期开展第二次职业能力评价，同样由学校和企业共同参与，完成基本职业能力开放性测评和基于证据收集的关键能力测评。通过两次能力测评，纵向对比每位学生的职业能力发展水平，通过具体能力的结构分布，找出薄弱环节，进行针对性的指导。

第六学期，学生主要开展毕业设计和顶岗实习，结合这一阶段的培养任务，对毕业设计和顶岗实习的组织模式、内容和标准进行全面改进和完善，突出企业在顶岗实习考核中的主导作用，落实相关的管理制度和考核评价标准，兼顾企业生产需要和学校育人目标，对毕业生的岗位适应和胜任能力进行全面考查和评估。以促使毕业生从学习者到职业人的转变，提升其岗位胜任能力和职业发展能力。

5. 评价结果审查和认定

职业能力评价是一项系统工程，需要高校、企业和社会的多方参与，以及教师、学生、职教专家和企业专家多种角色的通力协作配合。从理论研究到实践应用的每个环节都需要严格把关，才能保证评价的科学性、准确性和实用性。能力评价结果的认定、归档和利用同样是一项严谨的工作。对开展的职业能力背景信息测评和三次职业能力评价的结构，需要建立完备的测评数据，进行汇总和分析。评价小组针对评价结果确定学生的能力等级，并为每位学生建立了职业能力档案，将测评的过程资料和结论信息统一汇总。职业能力评价结果数据的主要价值体现在三个方面：一是作为学校教学质量阶段性评估和教学改革完善的重要决策信息；二是作为对学生职业能力培养和成长发展开展个性化咨询和指导的依据；三是作为学生求职就业过程中用人单位考查选聘的参考依据。

（二）基本职业能力评价

基本职业能力是和岗位工作紧密联系的，是职业者胜任岗位工作，实现职业成长的必备能力。基本职业能力的评价，应当基于典型工作任务的驱动，采用开放式测评和实际操作相结合的方式，完成信息获取、方案制定、实施、评价等各个环节任务，实现最终工作目标。在这一完整的职业行动中对基本职业能力进行有效评价。

1. 开放式测评题目设计

评价小组对每个专业开发了若干套测试题目，都是源于该专业就业岗位的典型工作任务，在难度和要求上相当。在职业能力测评的三个阶段均采用这两套题目作为测评工具，目的就是更好地了解学生职业能力发展的阶段性变化，提高测评的科学性。因此，开放式测评体现了任务驱动，也体现了设计导向，是最新职业教育理念的反映。

2. 评分点的要素和结构

10 个三级指标即为 10 项评分指标，每项指标又包含若干个评分点。评分点由现场专家、专业骨干教师组成的评价委员会讨论和论证确定，评分者可以按照这些评分点对被试者完成的解决方案进行评分。另外，涉及实际操作的环节，按照现场工作规范及要求，对测试者的操作步骤、动作规范、体现的工作态度、沟通合作能力、操作结果（产品）进行现场综合评判。按照这一指标体系，可以进一步制定每一套测试题目的详细评分表。

3. 开放式测评组织实施

（1）参评人员的组织和准备。参评人员包括被试者和测评组织、实施人员。为确保职业能力测评的顺利进行，被试者（即学生）在高职入学时就由职业能力评价小组进行登记备案，确定每个专业的测评人员名单。本课题组开展职业能力评价应用的对象主要是电力职业院校各专业学生，包括热工检测及控制技术、火电厂集控运行、热能动力设备及应用、供用电技术、电力营销等涉及电力生产、建设、管理和服务不同岗位的专业，我们希望通过不同专业的职业能力评价进行相互比较，并在不同院校的同类专业之间进行测评，以横向对比。

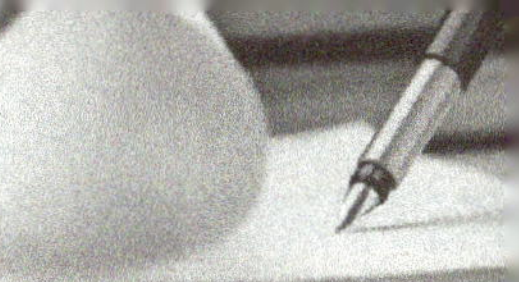

在测评实施过程中，主要由企业专家、专业负责人、骨干教师组织评价实施小组，负责评价过程各个具体工作环节的实施。在每次测评前，实施小组召开专题会议，明确测评任务、分工和职责。试题开发小组在开放式题目设计中，联合学校、企业专家共同参与，反复论证，确保题目的科学性，最大限度反映岗位工作要求。

(2) 场地和设施准备。基本职业能力评价以开放式方案设计和实际操作相结合的方式进行。开放式方案设计一般在学校一体化教室组织。实际操作在学校提供的实训场地和相关设备上进行。用于测评的场地保持良好的环境，并有相关的主题电子屏，营造良好的氛围。实操场地则尽量做到设备、工具摆放与现场对接，让被试者有充分的工作角色体验，更好地参与到任务执行过程中。

(3) 评价过程的组织实施。每个开放式方案设计一般为 3 h，学生可以现场携带参考资料、利用网络查找信息，但必须是独立完成的。在这一过程中，测评人员（教师）只负责现场组织和时间提示，而不直接介入学生的行动。实际操作是事先确定的，且与设计方案中的任务实施环节紧密相关的，学校提供相关的操作平台和设备，学生独立完成操作，测评人员与学生一对一进行全程跟踪和评判。

（三）关键能力评价

与基本职业能力容易在典型工作任务中测评不同的是，关键能力是一种隐性、可迁移、载体多元化的能力。专业关键能力、方法关键能力和社会关键能力的测评应该随高职学生的不同成长阶段和能力培养状态，相应采取不同的评价途径和工具，以提高测评的准确性和科学性。课题组通过对我国高职人才培养模式和培养过程特点的调研分析，结合国内外最新的人才培养和质量评估理念，设计了三种典型的关键能力评价模式。三种模式的界定以关键能力证据表现方式的差异性作为主要区分点，对不同的能力证据表现方式采用相应的评价手段。

1. 基于参与互动过程的关键能力测评

基本职业能力主要体现在完成典型职业工作任务过程中，同时，这一任务完成过程也需要相应的关键能力，如沟通、协调、评估等。但关键能力的体现方式往往是多元化的，现实中各种形式的参与式、体验式、互动式的活动，是检验和评估个人关键能力的重要载体和方式。

基于这一视角，我们不难发现，对于大一阶段的学生，尚处于大学环境适应、角色转型和职业方向探索阶段，且学生普遍具有较强的探知尝试热情和主动参与意识，因此，本阶段的关键能力测评可以重点通过设计特定的参与和互动过程，通过学生的参与和互动表现，对照系统而有针对性的测评指标，由测评小组对学生表现进行主观评判。在具体的设计实现方式上，可以学生职业生涯规划设计为主线，通过学生个人参与职业认知、专业认知、职业生涯规划等活动，在和同学、老师的交流互动中展现多方面的能力和素质。还可以策划组织主题辩论、演讲、无领导小组讨论等多种活动，来检验和培养学生的语言表达、协调沟通、组织领导等多方面的能力。

2. 基于专项能力量表的关键能力测评

高职学生进入大二阶段时，由于有了一年的学习培养和生活体验，各项能力和素质得到明显的提高。对自身的学习方式、思维和行为习惯、技能训练体验、生活感知、社会交往经验等都有比较明确的自我认知和判断。因此，针对人际交往、学习技能、自我认知等方面的能力，可以通过采用专门的测评问卷进行评价。测评问卷主要采用选择性问题方式，由被测者根据自身判断给出答案，建立与不同的答案对应的量化分值。由于问题在整体布局结构和答案选项的设计上都具有内在逻辑性，即每个问题和每个答案选项，客观上都代表该项能力在某一方面的水平高低。因此，测试完成后，测评小组可以统计出学生某一专项能力所得的总分，由实际得分所在的区间，可以判断该项能力的水平。

决定这种测评模式应用成效的关键因素之一是问卷本身的设计是否科学合理。在研究和应用中，我们主要从两个方面来考虑和解决这一问题：一方面，借鉴国内外人力资源管理和建设中用到的典型的测试问卷或量表，这些测评工具经过专业人员的开发、反复应用和改进，具有较高的可信度和科学性。另一方面，考虑到现成的测评工具针对性不强，没有体现高职教育过程和高职学生自身的特征条件，我们对现有工具进行改进，尽量加入体现高职教学和育人过程的背景信息，体现学生的角色特征和态度情感因素。通过借鉴、引用和改进一系列措施，提高关键能力专业量表测评的可信度和效度。

3. 基于证据收集评判的关键能力测评

根据已有绩效来判断能力水平，是实现关键能力评价的重要途径。高职学生进入大三阶段，已经完成了大部分专业基础和专业核心课程学习，参与了各种技能实训，并进入现场生产实习、顶岗实习过程。同时，大部分学生通过参与学生会、共青团和社团锻炼、参与学校和班级开展的社会实践及各类素质教育活动，得到了多方面的体验和锻炼，并积累了相关的成果。因此，对大三阶段高职学生的关键能力测评，适合以收集的相关能力证据为基础来实现。

我们围绕高职学生关键能力的绩效证据，设计了覆盖专业关键能力、方法关键能力和社会关键能力 3 个二级指标、12 个三级指标的能力证据收集表，明确了各个指标对应的能力证据收集范围。按证据的性质划分，关键能力证据包括客观证据和主观证据两大类，如专业关键能力中的“普适性能力”的证据，以英语、计算机运用和信息处理能力为主，学生获得的英语、计算机等级证书，则是客观证据。而对于社会关键能力中的“自我认知能力”，则通过学生的自我总结和评价，结合同学和老师的评价来体现，即为主观证据。

对已收集的形式多样、层次各异的具体能力证据，采用什么标准对不同的证据进行评价，得到量化的结论，是另一个技术难点。对此，课题组建立的关键能力测评专家小组，采用综合考查和评判的方式，来建立关键能力证据评价的标准。一是用人单位对毕业生的能力要求，调研和访谈企业人资部门和企业专家，收集不同行业、企业对学生各项关键能力的具体要求；二是基于高职素质教育模式和素质培养水平的现实考量，对现阶段高职学生素质教育的典型模式、途径和关键能力培养的目标要求，确定在校生各项关键能力的典型绩效列表。通过综合以上两方面的因素，建立关键能力证据评判的参考标准，以兼顾评价的准确性和统一性。

在能力证据收集的基础上，设计了基于证据收集的关键能力四级评价模式。一级评价为学生本人自评；二级评价由班级干部、学生代表建立测评小组对所有学生进行集中评价；三级评价由辅导员和任课教师组成测评小组进行集中评价；四级评价则由测评专家小组来实施。各级评价结果具有不同的权重，一级至四级评价结果所占权重分别为 0.1、0.1、0.4、0.4。在具体评价过程中，各评价主体针对制定的评价参考准则，对各级指标给予优、良、中、差四个等级，然后将四个等级换算成标准分值，结合权重统计出每位学生最终的关键能力评价结果。

4. 关键能力测评结果的量化统计

基于参与和互动过程、基于专项能力量表和基于证据收集的三种关键能力评价方法，在高职三年不同的学生阶段有选择、有侧重地使用。关键能力采用“定性评价，定量转换”的方式。这一方法的基本思路是，对于不同的评价模式，对应关键能力二级指标和三级指标的评价均采用等级制，根据能力标准将各项具体能力证据定性评价为“优”“良”“中”“差”四个等级。为对学生职业能力进行更直观的认识，且有利于比较和分析，需要将这一系列定性结论转换为定量结果，因此，“优”“良”“中”“差”分别赋予对应的标准分值，这样每一个三级指标均得到一个确切的得分，然后将同一个二级指标下的各个三级指标得分取平均值，即得到二级指标的结果。最后，根据三大行业对专业关键能力、方法关键能力和社会关键能力的不同要求权重，得到学生关键能力的总评价结果。

（四）职业能力的综合评价

职业能力评价的最终目的是通过多种工具和方法的运用，收集每个被测评者的能力数据，最后将实测数据汇总，得到其达到的职业能力级别。根据职业能力测评等级，为个人更好地实现能力培养和职业发展提供咨询和指导，为学校反思、改革和完善职业教育过程提供决策依据及行动指南。按照我们已经建立的高职学生职业能力三维模型，将个人职业生涯发展过程的职业能力由低到高划分为四个级别：

能力级别 1：表识能力

能力级别 2：工具性能力

能力级别 3：过程性能力

能力级别 4：设计能力

对基本职业能力和关键能力两方面能力的评价过程中，有学校、企业、教师和学生本人多种角色参与，技术手段上同时包含客观评价和主观评价，因此，可以使评价结果尽可能真实反映学生的实际能力水平。能力从本质上来讲，是一个不能量化的对象，而只能进行近似评估。因此，高职学生职业能力

定级按照“定性对应定量、区段对应等级、分评结合总评”的思路来实施。

定性对应定量——无论是基本职业能力开放性测评，还是关键能力的测评，评分小组在评定时，都是首先对照评价标准，对各级指标能力水平进行定性评价，即给出不同的等级。为了对能力等级进行定量描述，将各个定性结果转换为对应的分值，采用加权和或平均值等方法，得到各级指标的定量得分，从而为能力定级提供基础。

区段对应等级——由于定性到定量的转换，客观上会损失评价过程的部分真实信息，而这是难以避免的。从现实的角度来看，一个人的能力水平也很难确切地对应到某一个分值，而是一个有模糊边界的区段。所以，对基本职业能力、关键能力和最终的职业能力定级时，都是通过将能力得分划分为若干区段，分别对应若干个等级。按这一思路，我们将基本职业能力按照岗位认知、基础操作、工作任务执行、工作改进与创新四个递进水平划分为 4 个得分区段，分别对应 D、C、B、A 四个等级。类似地，将关键能力得分也划分为 4 个区段，分别对应 D、C、B、A 四个等级。综合基本职业能力和关键能力评价结果，得到职业能力的总得分，同样划分为 4 个分值区段，分别对应表识能力、工具性能力、过程性能力和设计能力四个能力等级。

分评结合总评——按照由总体到局部的思路确定职业能力评价的总体方案，而实施过程中，则从局部开始，分类评价，最后得出职业能力的总评结果。这样，通过职业能力测评，可以分别得出每位学生的基本职业能力等级、关键能力等级和职业能力等级。这样设计和实施的一个显著优点是，评估者以更全面地了解被测评者的能力水平和结构，如职业能力的总体表现、具体能力结构中的强项和弱项，从而找到优势和主要问题所在，更好地开展能力培养的咨询指导。

当基本职业能力水平确定后，根据关键能力的得分确定最终的职业能力级别。关键能力对应表识能力、工具性能力、过程性能力、设计能力四个能力级别，分别有对应的达标分值。只有当基本职业能力和关键能力都达到某一职业能力级别所需的分值时，才认定被试者具备了某一级别的职业能力，作为最终的职业能力评价结果。

在确定职业能力总评结果时，重点考虑了不同行业对职业能力要求在结构和水平上的差异性，通过权重区分来界定三大类行业的职业能力评价结果。在职业能力指标体系建立和实证研究中，课题组分别面向这三大类行业筛选、邀请了一批企业管理专家、技术专家、职教专家、骨干教师组成咨询专家小组，通过多轮问卷和访谈，最终确定生产和建设类、管理和服务类、技术和研发类三大类岗位对员工的基本职业能力和关键能力的要求权重。据此，我们可以最终确定各个专业学生职业能力评价的加权结果。

四、高职学生职业能力评价应用

1. 职业能力评价应用概况

为增强课题研究的实证性，实现职业能力评价的应用，2011 年 10 月至 2013 年 10 月两年间，课题组在长沙电力职业技术学院、武汉电力职业技术学院、江西电力职业技术学院 5 个不同的专业开展了职业能力测评应用。选择生产类（热工检测与控制技术专业、火电厂集控运行专业，共 600 名学生），建设类（高压输配电线路施工运行与维护专业，共 200 名学生），管理类（供用电技术专业，共 180 名学生），服务类（市场营销专业，共 220 名学生）四大类专业为测评对象，收集了大量的测评数据，通过测评应用检验职业能力评价方案的有效性，进一步完善能力测评的相关环节。

表 6—2 所示为热工检测与控制技术专业在三所院校实施的职业能力评价方案。在长沙电力职业技术学院 2010 级和 2011 级学生中实施了两次完整的职业能力测评，在 2011 级新生中还开展了职业兴趣和职业认同感测评。受到客观条件限制，武汉电力职业技术学院和江西电力职业技术学院只实施了一次测评，但对于开展校级测评的对比研究而言，可以提供必要的数据。

为进一步增加实验数据，开展对比分析，在完善职业能力测评工具和实施方案的基础上，2013 年 10 月，由 7 名课题组骨干成员组成的测评专家小组，到武汉电力职业技术学院、江西电力职业技术学院开展了学生职业能力测评。应用相同的测评工具，先后完成了开放性方案设计和关键能力测评。与系部负责人和专业骨干教师开展座谈，收集学生和老师对职业能力测评方案和实施过程的反馈意见和建议。在职业能力跨校测评过程中，得到了相关学校的大力支持和通力配合，老师和学生都表现出很高的参与兴趣，这大大鼓舞了课题组成员开展研究和应用的信心和热情。

表 6—2　　热工检测及控制技术专业职业能力评价整体方案

测评范围	测评对象	测评时间	测评内容
长沙电力职业技术学院	热工检测及控制技术专业（2010 级）60 人	2011 年 10 月	第一次职业能力评价 1. 基本职业能力测评（开放性方案设计和实施） 2. 关键能力测评（基于参与和互动过程的测评；基于专项能力量表的测评）
		2012 年 10 月	第二次职业能力评价 1. 基本职业能力测评（开放性方案设计和实施） 2. 关键能力测评（基于能力证据收集的测评）
		2011 年 9 月	1. 职业兴趣测评 2. 职业认同感测评
	热工检测及控制技术专业（2011 级）65 人	2012 年 10 月	第一次职业能力评价 1. 基本职业能力测评（开放性方案设计和实施） 2. 关键能力测评（基于参与和互动过程的测评；基于专项能力量表的测评）
		2013 年 10 月	第二次职业能力评价 1. 基本职业能力测评（开放性方案设计和实施） 2. 关键能力测评（基于能力证据收集的测评）
武汉电力职业技术学院	热工检测及控制技术专业（2011 级）80 人	2013 年 10 月	1. 基本职业能力测评（开放性方案设计和实施） 2. 关键能力测评（基于能力证据收集的测评）
江西电力职业技术学院	热工检测及控制技术专业（2011 级）75 人	2013 年 10 月	1. 基本职业能力测评（开放性方案设计和实施） 2. 关键能力测评（基于能力证据收集的测评）

2. 测评结果统计和分析

通过收集三所院校的测评数据，课题组对学生职业能力测评结果进行了集中评分和统计，并确定了每个学生各项职业能力指标的得分、职业能力的等级等关键数据。为了解学生职业能力水平和结构，并对开发的各项能力评价工具效度进行检验，开展了多种角度和多种方式的测评结果统计分析。

数据分析包括：学生职业兴趣类型和职业认同感程度的群体分布特征；个体职业认同感与职业能力的关系度；基本职业能力水平纵向对比；关键能力水平纵向对比；基本职业能力与关键能力各二级指标水平分布的群体特征；群体职业能力水平的分布特征、纵向对比；个体职业能力纵向对比分析和分布结构；职业能力与学业成绩对比分析。

针对2010级和2011级学生开展的职业能力评价应用，涵盖了基本职业能力测评、关键能力测评及职业能力的总评和定级。在对实测数据全方位分析的基础上，测评专家小组建立了该专业职业能力评分定级的完整方案，最终得到了学生在第三学期和第五学期的职业能力评价结果。在开放性测评题目开发、评分标准制定、组织实施、评分小组培训方面，课题组依照规范的流程严谨实施，尽量提高测评工具的科学性和测评结果的可靠性。不可否认的是，对于基本职业能力、关键能力的定级分值区间划分，以及四个职业能力等级对应的分值区间划分，并没有绝对统一的标准，因而在一定程度是存在主观性的。但从实测数据的对比分析效果来看，这并不影响我们开展职业能力评价预定目标的实现。通过标准的统一性、工具的等价性和评价时间的纵向性，可以有效评估被测群体的整体职业能力水平、观察职业能力在高职各阶段的变化提升情况，以及掌握每位学生职业能力在微观层面的结构和水平，无论是从促进学生成长和发展的角度，还是从改进和完善高职教育教学过程的角度，我们构建和实施的职业能力评价体系都是够用且有效的。

3. 职业能力评价方案的信度和效度分析

评价是对某一特定对象的考查和评估，尽量给出客观真实的结论。一个评价工具的有效性和合理性，主要可以从信度和效度两个方面来考查。在高职学生职业能力评价体系的研究和实践中，我们从评价的目标定位、模型的构建、指标体系的确定、测评方案的设计、技术和组织措施制定等方面开展了研究、论证和评估，以最大限度地提高职业能力评价的科学性，达到评价的目的。具体而言，以下四个方面的考量或措施可以确保高职学生职业能力评价体系具有较高的信度和效度。

一是明确的评价目标定位。评估工具的价值很大程度上体现为评估目标的定位和目标实现的程度。在职业能力的评价方面，国内外诸多典型的案例都有各自不同的评价目标。如德国 KOMET 评价、PISA 国际学生素质评价等，这些都是采用标准化的测评工具和测评过程，对学生的能力现状进行评估和国际比较。国内每年一度的职业院校技能大赛则是对同类专业办学水平、学生技能掌握程度的一种重要评估手段，以此加强院校合作，分享先进的办学经验，实现共同提升。

本课题组研究和建立的高职学生职业能力评价体系，其目标定位在三个方面：第一，对接国际最新的职业能力开放性评价理念和典型模式，通过开放性、多元化能力评价体系的构建，为我国高职学生能力评价和办学质量评估逐步对接和融入国际比较研究打下基础。第二，体现当前我国高职教学模式和育人过程，通过职业能力的阶段性评价，为教学模式改革和教学过程完善提供决策依据。第三，通过对职业能力的发展性评价，为学生成长提供“私人定做”的咨询与指导，进一步优化育人过程。基于以上目标，我们在构建高职能力评价体系的过程中，需要打破传统封闭式、标准化测试方式的局限，引入最新的基于典型工作任务，体现全人教育理念的开放式测评思路。不能完全照搬国外的经验和做法，而是要结合当前我国高职教育现实条件和特点来实施。通过开放式方案设计和实施、多种方式的关键能力测评，不仅可以检验学生知识和技能的掌握情况，还可以跟踪学校素质教育、社会实践等育人过程对学生成长的影响，掌握这两方面的信息有利于对高职院校育人环境和育人过程进行整体评估，从而为教育决策者、设计者和实施者提供更直接、更全面的参考信息。同时，针对不同年级学生采用的差异化评价工具，可以提高能力评价的针对性和有效性。在评价结果中，涵盖了个人的基本职业能力、关键能力和职业能力总评结果，使学生更全面而客观地认识自己的优势和不足，获得个性化、具体化的成长建议。

二是充分的能力建模理论依据。明确高职学生职业能力的内涵要求是实现能力评价的必要前提。我们在构建职业能力模型及各级指标体系的过程中，充分借鉴了国内外职业能力评价的最先进理念和典型成果，并充分结合我国高职教育的定位、基本理念、发展方向、市场人才需要等现实背景，充分发挥学校和企业两个角色在能力评价中的作用，最终确定高职学生职业能力的内容维度、要求维度和行动维度。基于职业发展理论和综合职业能力观构建的职业能力三维模型体现了最新的职业教育理念，较好地契合了教育现实与市场需求，符合国家职业教育的定位和育人目标。职业能力的三级指标体系构建过程中，指标的设置、权重的确定都充分发挥了教育专家、行业企业专家的作用，结合高职教育的目标定位、培养模式和培养过程来综合考虑。所以，职业能力模型和指标体系构建的科学性，是保证具体的能力测评方案合理性的重要前提和基础。

三是系统而科学的评价工具设计。为实现基本职业能力的评价，确定了针对典型职业工作任务的开放性试题，要求学生自主进行开放性方案的设计，完成关键环节的实施。试题的设计凝聚了职教专家、骨干教师、现场专家的集体智慧，既确保任务与现场岗位高度对接，且具有典型性，又体现任务驱动、行动教学的过程特点，提高学生参与方案设计和实施的积极性和主动性。方案设计的完整性体现了实际工作中对职业者能力全方位要求的现实；操作环节的典型性则体现了实际岗位中对核心工作技能的要求；整个测评过程的开放性，则符合现实工作和环境的灵活多变性。将职业者的开放态度、创新意识、责任和环保理念等新职业观提升到应有的高度，贯彻于职业能力培养的整个过程中。

四是科学的评分信度检验。开放式测评作为一种典型的主观性试题，为全面测评学生职业能力状态提供了一种有效途径。但开放式测评题目最大的困难是评分误差比客观性测评试题大，如何评判开放式试题评分的可信度，并提高评分者评价结果的可信度，是基本职业能力评价必须解决的一个技术问题。同样，在三种关键能力评价方式中，也需要对评分可信度进行评估。在开放式方案评分和关键能力评价过程中，课题组对评分小组成员的选拔严格把关，并开展充分的评分前培训，通过对轮试评和评分信度检验，确保评分结果保持优良的可信度。

根据本课题评分方案的特点，并参考国内外相关的研究经验，我们采用

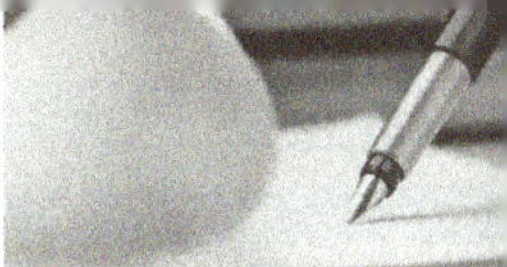

$Finn_{just}$系数作为计算评分者信度的标准。当被试者之间的差别相对较大而对被试者的观测值间方差相对较小时，可以认为评分结果是可信的。$Finn_{just}$系数假定介于0.0～1.0。其中，0.0表示评分者的评分结果之间不存在任何联系；而1.0表示评分者之间既有相同的平均值也有相同的方差，实际中基本不可能达到1.0。按照这一规律，数值越接近1.0，表明评分结果的评分者信度越高。$Finn_{just}$系数在0.5～0.7表示及格，大于0.7表示良好。对本评价方案而言，当$Finn_{just}$系数较高时才表明评价方案有满意的评分者信度，因此，我们界定0.7以上的$Finn_{just}$系数作为满意的信度指标。课题组对各专业开放式测评方案的评分者信度进行计算，所有测评方案的$Finn_{just}$系数都高于0.7，且得到的结果很稳定。在课题组完成三所院校大规模测评应用后，对三所院校实测数据进行评分者信度检验，长沙电力职业学院$Finn_{just}$系数为0.71～0.77，武汉电力职业学院$Finn_{just}$系数为0.65～0.70，江西电力职业学院$Finn_{just}$系数为0.61～0.68，均达到满意或优良。通过实测数据分析可以看出，评价方案的评分者信度能达到满意的效果，在技术上可以保证职业能力评价的信度和效度。

第四节　研究的突破性进展与社会影响

一、研究的突破性进展

1. 在国内首次以高职学生为对象，系统性开展职业能力评价相关的理论、技术与方法研究，得出了一系列重要的结论，实现了高职学生职业能力评价体系的创新和完善。

2. 基于综合职业能力观和职业发展理论，构建了高职学生职业能力三维模型，明确了模型中内容维度、要求维度和行动维度的内涵及相互关系。

3. 基于实证方法和理论分析相结合的思路，构建了详细的高职学生职业能力指标体系，明确了一级、二级、三级能力指标的组成和权重，职业能力指标体系兼顾了职业人才培养目标的共性和不同类别岗位的差异性。

4. 基于开放式、动态性和发展性评价的原则，构建了完整的高职学生职业能力评价方案。以开放性方案设计和实施为主要途径实现基本职业能力测评；以基于参与和互动过程、基于专业量表、基于能力证据有机结合，实现关键能力评价；通过“定性对应定量、区段对应等级、分评结合总评”实现职业能力综合评判。

5. 面向生产类、建设类、管理类、服务类四大类高职专业，在三所高职院校五个不同专业开展了较大规模的职业能力评价应用，取得了大量实测数据并开展了深入分析，形成了较完善的高职学生职业能力评价实施方案。

二、成果的社会影响

（一）专著

职业能力评价理论与实践．北京：中国劳动社会保障出版社，2014.

（二）发表论文

1. 皮洪琴．高职学生专业能力的培养．职教论坛，2012（21）：58-61.

2. 皮洪琴．高职学生社会能力的培养．职教论坛，2010（36）：57-60.

3. 皮洪琴．高职学生方法能力的培养．职教论坛，2014（录用）.

4. 李福东，皮洪琴，曾旭华．高职学生职业能力模型的构建．职教论坛，2012（30）：53-56.

5. 曾旭华，皮洪琴，李福东．高职学生职业能力指标体系构建综合评价方法探讨．职业技术教育，2012，33（17）：9-13.

6. 曾旭华，李福东，皮洪琴．高职学生职业能力指标体系构建实证研究[J]．职业技术教育．2012，33（31）：29-33.

7. 李福东，曾旭华．国内外职业能力评价研究和应用．中国电力教育，2012（12）：34-36，47.（《人大复印资料》检索）

8. 曾旭华，李福东．高职火电厂集控运行专业人才培养模式研究与实践．职业教育，2013，（4）：70-73.

9. 曾旭华，李福东．基于职业能力培养的高职实践教学目标体系研究[J]．中国电力教育．2011，（2）：115-116，118.

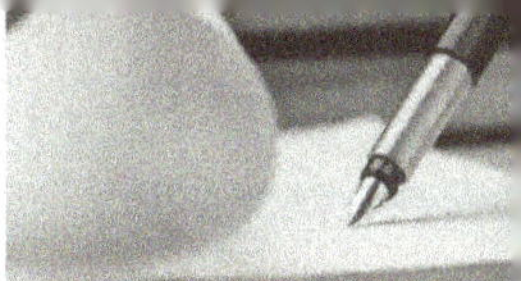

（三）获奖

1.《高职学生职业能力评价指标体系及综合评价方法的研究》获 2012 年湖南省教育改革发展成果一等奖。

2.《高职学生职业能力模型的构建》获 2012 年湖南省教育改革发展成果二等奖。

第五节　研究存在的问题和研究设想

一、研究中存在的问题

第一，本课题还需进一步加强职业能力评价体系在制度和机制层面的研究。职业能力评价体系的构建，是一个涉及教育学和心理学理论、社会和教育环境、相关政策和制度、技术路径、保障措施等多个层面、多个维度的复杂系统工程。只有统筹兼顾各种因素开展立体化的研究和应用，才能最终实现对人才评价质量的科学评价，实现高职人才培养过程的闭环管理。本课题虽然在高职学生职业能力内涵、能力指标体系构建、评价方案设计等方面做了大量的研究工作，并开展了较大规模的职业能力评价应用，实现了职业能力评价体系的理论创新和技术方法创新。但受到多方面客观条件制约，针对职业能力评价体系中的制度创新和设计的研究还不足。

第二，职业能力评价应用还有待进一步深化和拓展。课题组在校内外针对生产类、建设类、管理类和服务类高职学生分别开展阶段性、动态性的职业能力评价应用，对学生群体职业能力测评数据进行多角度的对比分析，有助于教育者和课题组挖掘实测数据背后反映的教育现实层面的信息，从而增强高职教育质量评价的科学性，为学生成长和教育教学改革提供咨询建议和决策依据。但在后续的研究和应用中，还需进一步完善相关的测评工具、细化和优化测评组织实施流程。同时，需将校内评价延伸到学生毕业后的职业发展跟踪，形成学校评价与企业在岗评价的相互衔接。例如，跟踪该专业毕业生未来一段时间的就业情况，收集体现毕业生成长的相关数据，如岗位变化、薪酬变化、工作满意度等，这样有助于了解学生在大学阶段培养的职业能力与未来岗位工作、职业发展之间的关联度，并将企业的用人标准、培养和评价制度、措施有效融入学校教育过程。

二、研究设想

在现有研究的基础上，课题组还将重点从以下三个方面进行探索：

第一，进一步梳理国内外在职业能力评价方面的最新成果，跟踪当前国内职业教育宏观和微观重大改革和发展趋势，系统研究高职人才培养质量评价的理论和方法。

第二，深入研究德国等发达国家第三方技能评价的组织、制度和措施，形成高质量的调研报告，完善我国职业技能第三方考核鉴定的组织模式和具体实施方案。

第三，在当前国家高度重视职业教育的大环境下，需要基于现有研究基础，考虑政府教育主管部门、行业协会、社会机构等组织的作用，对我国高职领域职业能力评价的制度、政策开展系统研究，借鉴德国、美国等发达国家的成功经验和做法，完成我国高职领域职业能力评价体系从政策、制度到理论、技术和方法的完整设计，通过科学有效的能力评价促进高职人才培养质量的整体提升。

第七章 专家访谈录

通过职业能力评价的理论创新和实践尝试，实现了对高职学生职业能力培养的动态跟踪和科学指导，推动了高职教学改革和人才培养过程的完善，为高职人才质量评价创新了思路和方法。为拓宽研究思路，提高实证研究的科学性和实用性，在本课题的研究过程中，我们先后邀请和拜访了来自教育领域、不同企业和行业的专家，就课题本身关注的焦点和难点进行了深入的探讨，收集了很多有价值的观点、意见和建议。专家们从不同的角度和层面提出的诸多真知灼见，对我们开展研究和应用起到了很大的启迪作用，确保了课题研究朝着正确的方向进行，最终取得了预期的目标和效果。鉴于此，我们选取了九位有代表性的专家，将访谈内容整理成稿，与广大读者朋友们分享。

职教专家访谈

赵志群 北京师范大学职业教育与成人教育研究所所长，中国职业技术教育学会理事

1. 职业能力的内涵是什么？

首先，职业能力是从事某一具体职业要求具备的能力，与学历层次并没有直接的联系。职业能力主要强调的是一个“职业效度”问题，即能完成职业的一项工作，能做哪些事。关于职业能力的定义，并不是最新的提法就是好的，这里没有绝对和唯一的定义，只要是符合客观现实，并可以促进教育发展的提法就是有意义的。不同国家、不同时代和不同的教育制度、社会环境下，对职业能力的理解是不一样的。美国、德国等对职业能力的研究较早，形成了自己的理论和方法体系，我国在这方面的研究起步较晚。从严格意义上说，职业能力反映的是人的认知特征，要实现对其准确的评价是非常困难

的。在教育界，教育的目标是促进人的发展，教育学讲的职业能力是 competence，高等院校应当从这一角度开展职业能力评价的研究。现实中，目前较多的是从与企业人力资源管理和开发角度进行的研究。企业一般关注的是员工能完成什么工作，即人的“绩效”（performance）问题，企业描述的员工能力往往也是一种“表现出来”的能力，即绩效。人力资源管理理论将人作为一种与水、电等相似的特殊的“资源”，根据企业不同岗位需要来对员工进行最优化的配置。还有从心理学角度开展的研究，其优点是技术手段要求高、科学性强，但研究结果对教育过程的设计没有产生直接的影响。也有社会学家对此开展研究，如“关键能力”就是社会学家提出来的一种典型理论。总而言之，不同的国家和教育环境下，对职业能力的定义不同。在研究和应用中，应该参考相对权威、经过时间验证的理论与方法，而不一定是最抓眼球的提法。

2. 什么是职业能力评价？评价、考试、鉴定三者有何区别和联系？

“评价”是一个大的概念，“考试”适用的范围则小很多，“测评”包括测量和评价两个部分，即先采用特定工具进行测量，然后对测量结果进行评价。“（技能）鉴定”是在我国常用的一个概念，其包括对知识和技能的考试，与考试没有本质的区别。因此，“评价”是一个总括的概念。“考试”“鉴定”都是具体的评价方式。

针对职业能力评价，我们用的是“诊断”（diagnostics），而不是“测量”（measurement），因为人的心理认知特征没办法精准测量，而只能进行大致的评价，就如医生通过把脉来判断身体状态一样。普通教育的 PISA 测评方案是基于 measurement 设计和实施，而我们关注的是对职业能力的“诊断”。

还有一个重要的概念是评估。在汉语里，评估和评价的含义类似。一般来讲，评估分为科学评估和参与式评估。科学评估是运用科学的指标进行评估，但在实际操作中我们发现，即使制定出再好的标准指标，在评估时还是会有问题，还会存在不足。比如，我们评价一个学校的教学设施，按照评估指标，拥有 400 m 跑道的学校比拥有 300 m 跑道的学校在这一项指标评估中得分高，但 400 m 跑道学校培养的学生就一定比 300 m 跑道学校的学生优秀吗？显然不一定。这说明，以具体指标进行的评估存在固有的缺陷。职业教育多元评估就是典型的参与式评估，如企业、学生、学校、家长代表不同的利益诉求，从不同角度来对教育进行评估。多元评估中由于多方参与，观点

更全面，但是其指标不一定更科学。目前，教育评价的问题很大程度上出在评价方式上，因此，开展针对高职教育质量的多元评价是有必要的。

关于职业能力评价的难点，我们可以从评估的发展脉络中来分析。美国有一本社会管理名著——《第四代评估》，把第一代评估称为“测量”，第二代评估称为“描述”，第三代评估称为“判断”，第四代评估称为“建构”。第四代评估是基于建构主义的能力促进活动，即建构一种能力，通过类似组织学习的理念，以促进能力的发展为目的。从关心评估打多少分，到重点通过评估来促进发展。

3. 职业能力评价在整个高职人才培养质量体系中有何地位和作用？

职业能力评价可以作为促进职业能力发展和教学改革的一个工具。评价的目的是找到教育和教学中存在的问题，从而改革课程和提升教育质量。需要强调的是，评价只是众多促进教育发展和教学提升工具中的一种，绝对客观的评价是不存在的。目前，在职业教育中开展能力评价，应该注重实际的效果和作用。

4. 在设计和实施过程中，职业能力评价应包括哪些技术要素？国内外有哪些典型的职业能力评价模式或方法？

开展职业能力评价首先要有能力模型，可以说，能力模型是建立评价能力的“尺子”的基础。能力模型如何构建呢？通常有两种思路：一是完全通过计算得到，用大量数据来建立，这种思路对能力模型构建来说并不现实。二是“设计”一个模型，这里模型既要满足心理测量学要求，也要符合所有相关理论的要求。能力测评涉及很多学科的知识和工具。一个有说服力的模型要能用该领域现存的、公认的科学理论来解释，因为理论是“被实践证明了的正确的假设”。

在能力模型构建方面，科学的模型是按心理学和教育统计学构建的。职业能力评价体系的设计和实施均有统一的规范，首先要构建能力模型，能力模型要满足信度和效度的要求，具有科学性。其次是基于模型的能力测验，即诊断。能力不能直接看到，但可以通过某种方式反映出来。通过大规模的测量方法，可以实现能力评价。

测评工具的信度和效度需要检验。一般通过两轮测试，第一轮是小规模测试，如 18 个学生参与测试，找到测评方案中存在的问题，进行改进和完善。第二轮是大规模的预测试，一般要有几百人参与，能力模型的效果包括内容效度、结构效度和下标关联效度。下标关联效度的检验，是将新的测评工具与多个现存测评工具的测评结果来比较，通过多个结果对比来检验新工具的有效性。

有关职业能力的理论大致可以分为三种：第一种是行为主义的能力观，也称基于任务的能力观，这是企业最初应用的能力理解。第二种是基于一般特征的能力观，其基础主要是心理学理论，如通过智商测量来找到聪明人士的一般特征。这种能力观的缺点是不符合多元智能理论。第三种是综合的职业能力观，认为人的能力发展有一般规律，但与特定的职业领域相关，如对电工和营销的方法能力会有不同的要求。我们之所以不主张行为主义的能力观，是因为现代社会高素质人才更注重动脑的能力，而不仅仅是动手操作。在操作技能方面，机器可能做得比人更好。按照综合职业理论，人的职业发展是通过完成“发展性任务”，遵循能力发展的逻辑规律，教学过程基于工作过程，并以设计为导向。

德国的 KOMET 能力模型及其测评方案是当前很有代表性的职业能力测评工具，其理论基础是综合能力观。据此，不同的能力等级划分遵循人的能力成长规律，有实证研究来支撑。在 KOMET 测评方案中，开放式测评题目的构建反映了能力的“领域特殊性”原则。多元智能理论决定了人的能力结构是因人而异的，即能力具有“领域特殊性”特点。如弹钢琴的能力不能迁移到数学学习上，反之亦然。另外，能力评价只有在大规模测评中才有价值。能力评价对传统的技能鉴定是一种补充，因为现场环境和生产过程很难搬到测评中，这就使单一的技能鉴定存在局限性。总之，职业能力评价体系的构建，首先是通过去情境化，来构建可比较的能力模型，然后是基于特殊的职业情境来进行测评，具体的测评方法和途径遵循相关的心理测量技术原则。

5. 能力评价与能力培养的内在联系，相互作用机制是什么？

能力评价的目的是促进能力的培养，通过测评结果，对教育体系、课程和教学过程中存在的问题进行分析。按照 KOMET 职业能力测评方案的思路和途径，我们对教学设计进行改革和完善，将能力测评中的 40 个指标直接应用到教学设计中，借此来设计学习任务，这在实际应用中取得了很好的效果。目前，广东省部分职业院校在这方面的改革和应用走在前面，做得较好。很

多老师在参加了测评工作后，开展多方面的教学改革。世界技能大赛的题目和形式与 KOMET 能力测评题目是相同的。如广东参与这类教学改革的学校和学生经过新的教学模式的培养，在世界职业技能大赛中成绩明显提高。基于能力评价思路的教学设计对老师的要求很高，必须有团队的力量来开发和实施。

6. 当前，我国高职学生职业能力培养存在的主要问题及对策？

按照 KOMET 职业能力测评对我国职业院校的学生进行能力测评，测评结果不很理想，有些院校的整体表现还不如南非，更无法与德国等发达国家相比。但广东的职业院校，特别是技师学院学生在测评中表现相对较好，这与职业院校的老师的企业实际经验有直接的联系。根据最新的国际排名，我国的竞争力指标“新技术的可用性”在世界排名第 107 位，这在某种程度上也反映了职业教育的质量问题。对于高职院校而言，职业能力测评的研究和应用，重点应该是进行实践探索，通过实践改进完善促进学生职业能力培养的方式方法，将职业能力评价作为一种工具，促进学生的能力培养和发展。

欧阳河　中国职教学会常务理事
原湖南省教科院职成教研究所所长

1. 职业能力的内涵是什么？

职业能力是胜任某一项职业工作的能力，包含知识、技能和态度三个方面。德国提出的专业能力、方法能力和社会能力的表述，具有其特定的社会和教育背景。知识、技能和态度三者是并列的关系，这一分类得到了国际的认可。知识属于认知层面，技能属于动作层面，态度属于情感层面。美国于 1999 年提出职业能力包括四个方面：知识、技能、态度、胜任力。胜任力是前三者的行为统筹。因此，我们培养的职业教育学生应该以这四方面的能力为目标。胜任力是在具体的工作实践中表现出来的能力。不同国家对高职学生的描述定位是不一样的，如德国更强调学生的实际工作能力，其对高职学生的要求是“要能带领六个员工完成工作”，具备这种能力才是合格的高职学生。由于胜任力是在实际工作中表现出来的能力，对于职业教育而言，更具有现实意义，因此，可以认为职业教育应该是一种胜任力本位的教育。

2. 什么是职业能力评价？评价、考试、鉴定有何区别和联系？

职业能力评价是对评价对象是否具备某一职业能力的判断。考试是一种传统的评价方式。鉴定则主要是由各行业开展对员工技能水平的考查。目前，我国与国外在职业能力评价制度、方式方面都有差异。德国、英国由第三方对学生职业能力进行评价，独立颁发证书，其职业教育实施“单证书制度”，即学校不颁发文凭，学生完成学业后由第三方进行职业资格考试，通过后获得资格证书。我国职业教育实施的是“双证书制度”，即学历证书和职业资格证书。学生在完成学历教育后，参加技能鉴定获得相应工种的职业资格证书。技能鉴定包括应知和应会（即理论知识和操作技能）两方面。我国的职业资格证书在组织形式上也是第三方实施，但在实施过程中还不具备完全的独立性，往往由职业院校老师组织实施，其客观性和公正性还有待提高。目前在我国职业教育领域实施单证书制度还不具备现实条件，因为学历证书在我国人事制度中有很重要的作用，绝大部分用人单位对学生都有学历要求。

一个完整的教育评价体系应该包括三个维度的内容：第一个维度是从教育学角度来评价教育目标是否实现，学生是否达到职业能力培养的目标。第二个维度是绩效评价。通过比较教育投入与产出的关系，来评价教育的真正效果。绩效评价是目前我国教育中相对缺乏的。学校往往讲做了多少工作，而忽视工作的结果考查。比如示范院建设往往强调投了多少资金、建了多少实施场地、开了多少精品课程等，而这些投入和改革的教育教学效果如何，没有建立具体的指标，缺乏充分的数据统计和对比分析。第三个维度是关键群体的满意度。即调查学生、雇主（用人单位）、社区（行业）这三个利益相关的群体对教育的满意度。

3. 当前，我国高职学生职业能力培养存在的主要问题有哪些？有何解决对策？

高职学生职业能力的培养是一个系统的工程，应该包括标准设定、课程开发、培养实施、培养评价四个方面，目前我国职业教育在这四个方面都有待改进和完善。

第一个环节是职业标准的设定。国家应建立完整统一的职业框架，目前，我国的从业资格包括初级工、中级工、高级工、技师和高级技师五个等级，而职业资格只有一个级别，如会计师、律师、医生，职业资格和从业资格没有完整的对应和统一。另外，职业资格和学历资格也没有对应关系。标准化是教育现代化的重要体现，欧盟、澳大利亚等发达国家都建立了完整的职业框架和国家层面的职业标准。如英国建立了2万多个职业标准，每三年更新一次，按照国家的职业标准就可以进行课程开发和人才培养。与发达国家相比，我国建立的部分职业标准还只是概要性的描述，还不详细和完善。

第二个环节是课程开发。近年来国内职业院校通过重点专业建设、精品专业建设在课程开发方面做了很多工作，取得了一定的成效，但还需进一步完善。国外在课程开发中有一个“职业能力表现的标准”，实质上就是课程的评价标准。

第三个环节是培养实施。职业能力培养必须在真实职业环境中，因此要在企业中实施，有企业的支持。如果仅仅开发好了课程，但没有实施的条件和平台，也不能达到培养效果。因此，高职院校还要进一步促进校企合作，国家出台校企合作相关的制度保障，这是目前我国职业教育中亟须加强的。

第四个环节是培养评价。通过评价来检验培养效果，找到培养过程存在的问题，通过评价对学校形成一种督促和压力，来促使学校不断完善教育过程，提高育人质量。目前，我国教育评价，如职业资格证书实施还不能保证评价的质量。

职业标准设定、课程开发应该由政府牵头组织力量来实施，建立国家层面的统一的职业标准和课程开发体系，而不是每个职业院校各自为政，缺乏统一的标准。

邓泽民　教育部职业技术教育中心研究所师资资源研究室主任，
中国职业技术教育学会副秘书长

1. 职业能力的内涵是什么？

在我国职业教育理论与实践过程中，要全面理解职业能力的内涵。首先，职业能力是能够胜任一定职业任务的主观条件之一，直接影响着职业活动的效率；其次，职业能力是各种职业活动中所需的多角度、多层次能力的整合；

再次，职业能力是个体多种基本能力在不同职业领域的升华和应用；最后，职业能力是个体所具有的能力在生产、建设、管理、服务等职业活动中的具体体现。因此，可以认为，职业能力是个体将所学的知识、技能、态度在特定的职业活动或情境中进行类化、迁移与整合所形成的能完成一定职业任务的能力。

2. 在高职教育质量评价中为什么要实施“多元评价”？实施职业能力评价的难点是什么？

多元评价包括评价内容、评价主体、评价标准的多元，在国外发达国家教育领域，注重阶段性评价，兼顾过程评价和结果评价，特别对于职业教育，应该重视结果评价。之所以强调多元评价，就是不能单凭传统的考试，以分数论英雄，而应放在具体的职业情境和职业工作任务的实施中来考查学生的实际能力。

实现科学的能力评价，一直都是教育研究和应用的难点，应加强对现有的研究成果和应用情况的调研，在充分了解和深入理解的基础上，结合国内教育的实际来开展。科学的能力评价对于提高高职教育质量是十分重要的，完整的评价体系应包括能力标准、评价过程和评价方法等环节和要素，还需要相关的制度、物质支撑。

3. 当前，我国高职学生职业能力培养中存在的主要问题有哪些？有何解决对策？

可以说，当前我国高职教育领域存在的问题都是基本问题，包括课程、教学、教师、设备等方面。课程是教育最核心的环节之一。教师对课程设计本身不熟悉，对如何开发课程、设计课程缺乏系统的学习和培训，直接影响教学质量，制约教育的提升。据统计，目前我国高校教师中，有三个月以上系统学过课程设计的教师还不到1%。国家在课程设计方面的支持力度和投入都有待加强，缺乏相关的专业人员来系统地开发课程。在德国，其国家层面职教研究机构中有大量研究人员是专门来开发国家课程标准的，不同层次和类型的学校则负责课程标准的具体实施。而我国是各自开发，缺乏统一的标准和规范，质量不高。

在教学设计方面，没有针对具体的办学层次、专业差异来合理开发，甚至存在高职院校和重点大学对同一门课程执行相同课程标准和教学计划的现象，这显然是不合理的。应重视教育类型与课程类型的比较，同一门课在不同学校和不同教育对象中，其区别是什么，要区分清楚。另外，应增加高校、研究机构的自主权，精简审批事项，使资金和精力能用到实处，解决教育领域中的重点问题和关键环节。

在一个合理的人才环境中，学术精英、工程精英、技术精英、技能精英应该都能找到各自的发挥空间，在适合的领域和岗位发挥其作用。应提高教师的待遇，使他们能安心工作，在很多发达国家，教师和医生是社会的精英职业群体，入职门槛高，待遇也较高。

在职业教育领域，教学设备和教学师资都应加强与企业、与现场的对接。职业学校教学设施在设备标准、功能开发方面还有很大的提升空间，加强与企业的对接才能提高学生的技能培养水平。一种有效的途径是建立对接企业现场的工业开放中心，24 h对学生开放，目前在国内部分职业院校中已有成功案例。职业院校在师资队伍引进中，应重视对其实际行业工作经历、实践动手经验的考查。通过建立相关的准入制度，使企业专家有机会到高职院校全职任教。如在沈阳，企业中的技师就可以直接到高职院校任教，但目前绝大多数高职院校师资仍然是从高校毕业生中引进，教师走的依然是从“学校”到“学校”的职业路线，要改变这种局面，需要对高职院校教师用人制度和招聘政策进行改革和完善。

在实际教学过程中，绝大部分教师对“一门课程如何设计，一堂课如何组织，为什么要这样实施”这个基本问题没有理性的分析和思考，导致教师对授课缺乏目标性。其实，学校层次不同、对象不同，具体的教学方法也不同。在具体教学设计和实施中，教师应该加强理性思考、反思和总结。

4. 职业能力评价与课程开发、课程教学之间有何内在联系？

课程的本质与价值规定着课程目标、课程内容、课程组织、课程实施和课程评价等问题的基本取向，理清我国职业教育课程本质观和价值观的发展脉络，对指导我国职业教育课程理论研究与改革实践都具有重要意义。实际上，实践导向的职业教育课程模式、过程导向的职业教育课程模式、能力本位的职业教育课程模式的课程本质是一个，那就是活动或者说是职业活动。职业活动成为我国职业教育课程本身所固有的，决定其课程性质、面貌和发展的根本属性，所以我国职业教育课程的本质是职业活动。

现代职业技术教育课程理论的研究存在着两种截然不同的范式，即“技术范式”和“人本范式”。“技术范式”课程在历史上曾经起到过一定的积极作用，但随着人类进入知识经济时代，“技术范式”的课程研究存在着明显的局限，不符合人的个性发展需要，具有较强的功利主义倾向。作为“以就业为导向、以能力为本位”的高职教育，应该树立“以人为本”的理念，摒弃“技术范式”课程，采用“人本范式”课程，即课程理论研究应注意培养学生终身学习的能力、职业发展的能力、创新创业的能力和团队合作的能力。

课程开发最重要的是对人本身的研究，课程开发首先应该研究“培养什么人”的问题，然后才研究“用什么培养人”的问题。在“大课程论”中，关注的是课程内容、课程目标、课程实施、课程评价，这其中实际上就包括了能力评价。在课程实施中，包括课程改革和教学两个环节。西方国家普遍把教学放到课程中来研究，形成“大课程论”；以前苏联为主，包括中国，流行的是“大教学论”，即包括教学目标、教学内容、教学实施、教学评价，是将课程放到教学中，所以称为“大教学论”。除了“大课程论”和“大教学论”，也有很多研究和应用是将两者分开来探索的，从而形成“课程与教学论”。

企业专家访谈

曾宪权　中国大唐集团湖南分公司人力资源部主任

1. 近年来，国内企业在用人制度和员工选聘标准方面有哪些普遍性的调整和变化？导致这些变化的主要原因是什么？

用人制度和选聘标准是企业人力资源管理的重要组成部分，具体到不同的行业和企业，以及同一企业在不同发展阶段，人力资源相关政策和制度都是动态调整变化的。用人制度与企业人力资源使用的效率和质量息息相关，并最终影响到企业发展战略目标的实现。因此，单位在员工需求计划制订和具体招聘过程中，会综合考虑企业短期发展需要和长期发展目标，在用人政策使用上原则性和灵活性有机结合，使员工能在合适的岗位上尽快成长起来，实现企业利益和自身价值的同步提升。

近几年来，因高校连续扩招使大学毕业生数量激增，2014 年全国高校毕

业生首次突破700万人，在有限的用人市场下，形成了空前的就业压力。在这一环境下，各类企业的招聘政策和标准也发生了明显变化，毕业生进入事业单位、大型国企的门槛越来越高。以国有大型发电集团为例，近年来在毕业生选用标准方面出台了一些新的调整政策，最主要的变化是提高了学历门槛，如主要招收本科一批、行业院校的专业对口的应届毕业生，且要求毕业生“四证”（毕业证、学位证、英语四级和计算机二级）齐全；限制招收本科二批、三批毕业生；除适量招收集控运行、焊接技术等特殊工种的专科毕业生，绝大多数岗位都不招收专科毕业生。企业的招聘制度也不断规范，提高招聘的透明度和公平性，从用人计划制度审核，到招聘信息发布、报名、资格审查、笔试、面试和考核等环节都越来越规范。

导致这些变化的原因是多方面的，一方面，毕业生总量连年增加，造成就业市场供需明显不平衡，企业在就业市场有很大的选择余地，大学生要获得一个理想岗位的就业机会，往往面临激烈的竞争。同时，企业会综合考虑毕业生专业素质、综合素质、学历层次等多个因素，来找到最适合某一岗位的人才。另一方面，社会公平的诉求日益提高，舆论监督的压力越来越大，使用人单位，特别是大型企业更加注重招聘制度的公开、规范、透明、公正。客观上讲，企业招聘制度的规范和用人标准的提高，有利于促进高校人才培养模式改革和教学过程优化，提高人才培养的质量。

2. 在新进员工选聘中，单位最看重的是毕业生哪几个方面的能力？对应生产类、管理类、研发类员工，其能力要求有哪些差异？

不同的行业和企业，以及同一企业的不同岗位，对员工的知识和能力要求都各有侧重。以大型发电企业为例，在新员工选聘中，重点关注毕业生的以下三方面能力：

（1）学习能力。学习能力很大程度上体现在其大学学业成绩上，因此，绝大多数用人单位在招聘时将成绩作为一个重要依据。毕业生在校学习成绩一定要好，这不仅反映毕业生的学习能力，更反映毕业生的学习、工作和生活态度。

（2）心理素质。当代独生子女较多，存在不同程度心理障碍、不善于沟通与交际的学生越来越多，而在职业中讲究团队合作、与人沟通，各用人单位都比较关注毕业生的心理测试。

（3）动手能力。发电企业是一个生产单位，所有毕业生招聘到企业都是要到生产现场动手干活的，吃得苦、能干事、肯干事、干成事，才能受到用人单位青睐。

3. 在专科生（高职生）、本科生、研究生这三类毕业生中，从市场需求和单位用人标准的角度，您认为他们在知识、能力和素质方面各自有哪些优势和劣势？

总体上说，专科生和本科生在学习能力和学习态度上还是存在较大的差别。专科生之所以只考上专科，本科生之所以考上本科，这不是偶然的。

毕业生走上工作岗位后，首先是要正确定位，随着高校扩招，大学生不再是仅凭一纸文凭就能在社会立足的，只有具备真才实学和较高的综合素质，才更有机会谋到理想的职业和岗位。其次要调适心理，能正确认识现实与理想之间存在的差距。走上工作岗位后，还必须做到努力学习和务实工作。走入职场后会发现，在学校学的知识是远远不够的，需要再从实践和社会中不断学习积累，提升自己。务实是一种非常重要的职业态度，也是个人在职场上安身立命的根本，要从最基层、最基础的工作做起，练好基本功。

一般的大学本科毕业生和专科生，在职业发展上差别不大。企业用人的时候，很少考虑你是从哪里毕业的，关键还是看在实际岗位上的表现。当然，对于名牌大学的毕业生，用人单位一般还是会另眼相看，可能会给予更多的锻炼机会，安排到一些重要且发展空间大的岗位。

4. 从个人职业发展和公司用人需求两方面综合考虑，您认为当前大学生最需要培养和提高的能力是什么？

在目标和期望方面，员工和企业是存在差异的。对员工个人而言，很关注个人的待遇、发展及自我价值的实现程度；而对企业而言，企业的盈利、发展、获得最大综合效益是最重要的。最佳的人力资源管理目标应该是实现员工个人和企业发展的双赢。因此，作为走上岗位的大学毕业生，应具有最重要的两项能力（素质）：一是学习能力，二是敬业精神。

学习能力既关系到个人胜任岗位能力及职业发展，又关系到企业生产经营开展和战略目标的实现。学习能力强的员工，才能快速捕捉和掌握新技术、新方法，才能迅速适应复杂多变的职业环境，从而走上职业发展的快车道。敬业精神是最重要的一种职业品质。无论立足什么岗位，从事什么工作，都

应保持高度的敬业精神，认真对待每一项工作和任务，简单的事情重复一千遍，就是不简单，平凡的事情坚持一千次，就是不平凡。

5. 对生产一线员工在职业能力（专业能力、方法能力、社会能力）培养方面有哪些典型举措？有哪些阶段性的培养计划及对应的具体措施？

一线员工的工作积累和锻炼对于其个人长远发展及单位发展非常重要。除了个人的敬业、努力，企业也需要针对具体岗位要求和个人实际情况，采取有效的培养、激励措施，加快一线员工的培养。以发电企业为例，对生产一线员工的培养，首先是职业养成教育，培养员工敬业爱岗、沉得下来、学得进去、脚踏实地的作风；其次是在岗培训，实行职业导师制，签订师徒合同，明确师徒权责并与绩效挂钩；最后是定期开展技能竞赛、专业调考等促进员工自学，对于大赛优胜选手予以较高荣誉，重奖重罚，激励员工不断提高自身素质。

6. 校企合作在培养技能型人才方面发挥着重要作用，您认为在校企合作培养人才的过程中，企业具有哪些优势？可以发挥哪些作用？可以采取哪些有效做法？

校企合作急需加强，前景广阔。在学生培养上，学校应主动了解用人单位的需求，实行有针对性的培养；在科研合作上，学校应深入现场，把实验室的成果变成实实在在的效益创造。企业主动与学校沟通，可缩短毕业生适应社会、适应工作的时间，可把企业的实际需要、时间经验与高校的理论研究、试验成果紧密结合，提升企业效益。

当然，要实现校企合作，企业和学校领导层的共识和努力是非常关键的。应通过校企双方高层的沟通，达成合作共识，签订合作战略协议，制订和推进具体的合作计划。在合作过程中，还需要双方在政策完善、经费保障、组织保障、动态管理等方面做到实处。

黄贵云　中能建湖南省火电建设公司人力资源部主任

1. 贵单位及所在行业近年来在毕业生选用标准方面有哪些变化？导致这些变化的主要原因是什么？

在高校扩招和就业压力持续增加的大环境下，用人单位的招聘政策和用人标准发生了很大的变化，大学生的就业观念、求职态度、求职准备也需要相应调整，提高社会适应能力。作为电力建设企业，近年来在毕业生选用标准方面也有变化，最突出的变化是更加侧重于学生对企业文化的认同，对施工企业工作性质的理解，更加强调对学生吃苦耐劳、勤奋好学的品质要求。

之所以如此重视毕业生对企业文化的认同，主要原因有两个方面：一是选取认同企业文化、理解施工企业性质的毕业生，意味着补充了能扎根于电建事业的新鲜血液，意味着这些毕业生长期服务于电建施工企业的可能性比较高，有助于企业降低员工离职率，保持员工队伍稳定，减少技能人才流失；二是认同施工企业文化，愿意在电建行业寻求职业生涯发展的毕业生更能积极主动地通过各种渠道提升自我，促进自身全面发展，这对于企业优化人才结构，加强人才队伍建设大有裨益。

2. 贵单位对生产一线员工在职业能力（专业能力、方法能力、社会能力）培养方面有哪些举措？有哪些阶段性的培养计划及对应的具体措施？

在一线员工的职业能力培养方面，单位主要采取了以下措施，进行阶段性的培养和提升：

（1）入职培训。公司在生产一线员工上岗之前，会集中组织进行入职培训，旨在让员工了解企业经营业务、企业文化和掌握上岗必备的基础知识，帮助员工尽快适应职业环境，加快身份转型。

（2）师带徒培养。生产一线员工上岗后，所属部门将按照公司管理要求为其配备一名工作经验丰富、技能水平较高的师傅，提供一对一指导，促进其技能水平不断提升。

（3）不定期专业技能培训。公司将根据生产经营需要和年度培训规划不定期组织生产一线员工进行专业技能培训，以强化技能经验传授和技能水平更新。

（4）技能比武。公司工会不定期组织专项技能比武，以比代练，同时激发员工自发提升专业技能的积极性，也起到了传播高精尖技艺的作用。

3. 您认为在新进员工选聘中，单位最看重的是毕业生哪几个方面的能力？对应生产类、管理类、研发类员工，其能力要求有哪些差异？

作为用人单位，在选聘新进员工过程中，首先看重的是员工的态度和学

习新事物、新知识的能力，即对企业认可的程度、是否好学进取。

(1) 对生产类员工最看重吃苦耐劳的品质，其次看重学习能力，再次看重沟通能力和专业知识素养。

(2) 对管理类员工最看重沟通能力，其次看重学习能力和专业素养。

(3) 对研发类（技术类）员工最看重专业素养和学习能力，其次看重沟通能力。

4. 在专科生（高职生）、本科生、研究生这三类毕业生中，从市场需求和单位用人标准的角度，您认为他们在知识、能力和素质方面各自有哪些优势和劣势？

(1) 专科生（高职生）的优势在于求职要求相对较低，绝大多数人能充分认识到自己起点的不足，更能客观审视自己；动手能力相对要强。劣势在于理论基础相对薄弱，知识储备相对不足。

(2) 本科生的优势在于具备一定的理论基础，知识面较宽。劣势在于不管是理论知识还是动手实操能力都处于中等层次，加上高等学历条件，一旦心态失衡或求职定位失准就容易造成高不成低不就的尴尬局面。

(3) 研究生的优势在于理论素养较高，理论研究较为深入，对事物的纵深分析思考能力较强。劣势在于眼光较高，目标期望值高，动手能力相对较差，吃苦耐劳能力相对较弱。

5. 从个人职业发展和公司用人需求两方面综合考虑，您认为当前大学生最需要培养和提高的能力是什么？

首先要培养和提高的当属学习能力。当今世界日新月异，周围环境瞬息万变，唯有变化是永恒不变的，也唯有不断学习才能适应不断变化着的环境，才能确保在生活和职场都不被淘汰。

其次需要加强职业素养提升，包含自动自发意识的训练和养成。大学生进入职场后，应该督促自己形成“主动做事，主动把事做好”的良好工作习惯，这是让大学生自己时刻保持工作竞争力的重要法宝。

6. 在员工职业能力和工作业绩的考核方面，贵单位针对不同岗位类型的员工出台和实施了哪些制度？有哪些做法和经验？

(1) 在人力资源建设方面，主要实施以下制度：

针对员工职业能力和工作业绩的考核，公司目前的制度有《内部二级机构负责人业绩考核与薪酬管理办法》《中层管理人员管理补充办法》《员工教育培训管理标准》《公司用工管理标准》《绩效管理和班组劳动定额管理办法》等，应不断提高制度的规范性、科学性和系统性，提升人力资源管理效率，挖掘人力资源潜力。

(2) 具体做法和经验包括：针对管理岗位和研发（技术管理）岗位，设有试用期满考核，年度考核，合同到期前定期考核；专题培训结束后还有针对培训内容设置的考试，作为专题培训效果的检验。在公司即将实行的全员绩效管理中，将对包含管理和研发（技术管理）在内的所有岗位员工实施月度绩效管理；针对生产类岗位，设有年度考核，合同到期前定期考核，专题培训结束后设置考试，对培训效果加以检验；针对公司中层管理人员，在一年一度年度的职代会上还组织全体职工代表对其进行民主测评，作为中层管理人员年度工作业绩的考评。

7. 校企合作在培养技能型人才方面发挥着重要作用，您认为在校企合作培养人才的过程中，企业具有哪些优势？可以发挥哪些作用？可以采取哪些有效做法？

校企合作通过学校和企业双方优势互补、资源共用、成果共享，有利于提高学校人才培养质量，提升企业员工队伍整体素质，加快企业技术改造和产品升级。在校企合作培养人才过程中，企业较为突出的优势是有完整的人才训练平台，根据生产经营实际状况提炼出的人才能力培养需求，有构建人才培养长效机制的实战经验。此外，企业作为人才需求方，从与校方不同的视角，能看到和发现一些学校所不能发现的人才培养突破口或切入点，为学校完善教学内容，改进教学方法，优化实训环境提供帮助。

在校企合作过程中，学校可以采取的有效做法包括：参照企业生产经营状况，建立仿真（或尽可能接近企业生产实际）技能培训空间；聘请企业管理精英来开展职业素质方面的思想教育讲座，聘请来自现场的高级技能大师进行定期实操演示和技能指导，企业人员与学生面对面的交流，可以实现学校和企业的无缝对接，缩短学生的认知差距，提高心理认同度和学习兴趣。

8. 在专科（高职）学生的培养方面，您认为学校应该从哪些方面来改进或加强，以提高专科（高职）毕业生的整体素质？

(1) 提供实验平台，锻炼实操能力。因为专科（高职）院校以培养技能人才为目标，动手能力是专科（高职）毕业生必备的职业条件。

（2）重视理念灌输，让学生真正认可职业技能的重要价值。通过专题课程教学、榜样人物案例分享、技能基地参观学习等渠道加强职业技能的宣贯，让学生摒弃眼高手低、好高骛远的陋习，树立“三百六十行，行行出状元”的观念，苦练职业技能，深耕蓝领事业。

（3）强化思想教育，培养学生坚毅的品质和好学的习惯。精神的力量是无穷的，对行为有着巨大的推动作用。坚毅的品质有助于毕业生在职业生涯中不屈不挠，朝着目标坚定前行；好学的习惯有助于毕业生主动寻求自我素质的不断提升，时刻保持强劲的竞争力，更好地实现职业生涯理想。

刘平　广东国华粤电台山发电有限公司副总经理

1. 贵单位及所在行业近年来在毕业生选用标准方面有哪些变化？导致这些变化的主要原因是什么？

我公司机组容量大，机构精简，对员工综合素质要求较高，同时由于宏观政策对节能环保的要求日益严格，火力发电企业面临的市场竞争更加激烈，对员工的能力提出了更高要求。越来越侧重于毕业生以下三个方面的素质：

（1）更加注重毕业生的综合素质。包括正向的价值观、稳定的心理素质、适当的专业能力、成熟的社会融入能力等。

（2）更加注重自我约束和持续的学习成长能力。包括自律、规范的行为，在工作实践中自我学习、自我完善、自我提升的能力。

（3）更加注重解决实际问题的专业创新能力，能够将所学理论知识与实际工作结合起来，应用到实践工作中，创新性地解决实际问题的毕业生。

2. 贵单位对生产一线员工在职业能力（专业能力、方法能力、社会能力）培养方面有哪些举措？有哪些阶段性的培养计划及对应的具体措施？

（1）探索形成了系统的技能人员培养目标。毕业生毕业后1～2年达到初级工水平，3～4年达到中级工水平，5～7年达到高级工水平，8～12年达到技师水平。

（2）建立了标准化的技能人员培训指引和标准。形成了标准化的专业、工种、岗位技能培训大纲、指引和配需标准。

(3) 建立了配套应用机制。将员工职业能力与职业生涯规划、岗位晋升、技能晋级、绩效评价、岗位资质关联，利用机制拉动员工做实岗位、提升技能水平。

3. 您认为在新进员工选聘中，单位最看重的是毕业生哪几个方面的能力？

(1) 优良的个人品质。

(2) 良好的团队协作能力。

(3) 敢于拼搏、吃苦耐劳的精神。

(4) 扎实的专业技能。

(5) 不断创新的意识和能力。

4. 在专科生（高职生）、本科生、研究生这三类毕业生中，从市场需求和单位用人标准的角度，您认为他们在知识、能力和素质方面各自有哪些优势和劣势？

专科生：掌握基本的实际生产技能，实际动手能力较好，但理论基础比较一般，进一步深造有难度，一般来说比较务实，是一块“质地良好的石头”。

本科生：掌握了基本的学习新知识和分析判断问题的能力，学习的东西以理论知识为主，应用性不强，就业后要补充学习实践经验，一般都比较眼高手低但潜力较大，是一块“没打磨过的玉”。

学历 \ 优劣势	优势	劣势
专科生	知识更贴近企业实际，动手能力较强，踏实、肯干、较为稳定	知识面相对较窄，学习和钻研能力不足，综合素质（全面性）偏弱
本科生	知识面较为全面，可塑性较强，综合素质较为全面	所掌握知识的系统性不强、认识不够深刻，存在一定好高骛远、眼高手低的情形
研究生	知识扎实专注，能力较强，视野开阔，认识深刻，专业性强	知识较为脱离企业实际，动手能力偏弱，期望值较高，流动性较高

硕士研究生：掌握了较强的学习能力和初步的研究方法，学习的东西以理论和实验方法之类的知识为主，应用性较强，但一般方向较为狭窄。一般来说比较有探究精神，作风也比较严谨，是一块“初步打磨过的玉”。

5. 从个人职业发展和公司用人需求两方面综合考虑，您认为当前大学生最需要培养和提高的能力是什么？

从近年来公司招聘过程和新员工的实际岗位表现，当前大学生的以下四方面能力是比较欠缺的，是需要重点培育和提高的：

(1) 学习能力。

(2) 心理承受能力。

(3) 表达能力。

(4) 诚实守信的品质。

6. 在员工职业能力和工作业绩的考核方面，贵单位针对不同岗位类型的员工出台和实施了哪些制度？有哪些做法和经验？

建立员工资质管理制度。明确岗位资质标准和职业能力认证标准，为岗位晋升、培训与发展等工作提供依据，引导员工做实本岗位，促使员工资质能力与岗位要求相匹配。

建立全员技能评价机制。每年组织全员技能评价，技能评价结果与技能工资调整关联，有效落实技能工资晋级的激励政策，引导员工主动学习，提高岗位技能。

建立以责任制为基础，综合计分卡、360度评价、关键事件评价、目标评价等科学评价手段的绩效评价制度。评价结果应用于绩效工资，发挥绩效导向作用，激发了员工的积极性和创造性。

7. 校企合作在培养技能型人才方面发挥着重要作用，您认为在校企合作培养人才的过程中，企业具有哪些优势？可以发挥哪些作用？可以采取哪些有效做法？

要深化校企合作，实现校企共赢，应重点加强两方面的工作。

一是完善合作机制。成立由双方参与具体运行的机构，安排一定的专职人员和固定场所，搭建一些合作平台，完善深度合作的各种机制和制度设计，努力把企业运行与办学诸要素有机结合起来，形成一个具有特定功能的利益共同体，整体推进校企深度合作，达成互利共赢的合作目标。

二是拓展合作领域。校企双方要加强合作互动，以经营的理念进一步拓展合作领域，这也是校企深化合作的现实需要。从企业方面看，可以借助高职院校的信息与技术支持，进行新技术成果的转化；选择优秀的高职教师对企业职工进行继续教育，提升技术工人的素质；在学生学习、实习过程中考查未来员工，降低人力资源录用成本；通过企业文化与校园文化的融通渗透，提高员工队伍的忠诚度等。

8. 在专科（高职）学生的培养方面，您认为学校应该从哪些方面来改进或加强，以提高专科（高职）毕业生的整体素质?

职业院校的性质和定位决定了其培养的学生是直接面向生产、建设和管理企业一线岗位的，因此，职业院校应加强与现场的对接，根据现场人才需求来设计、落实职业人才的培养。建议重点从以下三方面来改进和加强：

（1）重视人才市场与用人单位的调研。通过调研了解行业发展变化，了解企业最新的用人政策、用人标准、新技术、新设备、新流程，为学校人才培养方案优化、课程体系完善提供参考依据。

（2）为学生提供系统科学的素质能力评估工具。当前，国内高校在学生的考核评价方面，主要采用的是针对课程的考试考核，重点考查学生对专业知识和技能的掌握情况。而对于大学生的素质培养情况和素质水平，还缺乏系统而科学的测评手段，并没有引起足够的重视。因此，职业院校需要针对学生的素质能力，如思想素质、团队意识、社会责任意识、沟通表达能力等课程外的素质能力进行科学准确的测评，在测评的基础上加强个性化的指导和有重点的培养。

（3）借鉴案例分析和小组讨论的教学方法培养学生。职业教育与本科、研究生教育目标是有根本区别的。在教学方法上，应更注重与应用、生产现场的对接，将来自现场的实际案例引入课堂，开展案例分析和小组讨论，提高知识技能学习的针对性，提高学生的实际动手能力，使他们毕业后能更快地适应工作岗位。

王飞　大唐华银株洲发电有限公司工会主席

1. 贵单位及所在行业近年来在毕业生选用标准方面有哪些变化？导致这些变化的主要原因是什么？

大唐华银株洲发电有限公司属于央企下属单位，在毕业生选聘制度和标准方面，近年来呈现标准逐步提高、程序进一步规范的趋势。如毕业生选用基本要求是本科以上，其中重点优先考虑“211”和“985”院校毕业生。集团公司对于偏远地区（如内蒙古、新疆等地）毕业生要求略宽，大专以上即可。用人标准越来越严格，以前照顾部分职工子弟就业的一些做法也已经全部取消。造成这些政策变化的主要原因来自两个方面：一是社会对央企的监督力度越来越大，用人“三公”问题也越来越突出；二是市场竞争也很激烈，企业必须引进优秀人才才能确保自身的核心竞争力。

2. 贵单位对生产一线员工在职业能力（专业能力、方法能力、社会能力）培养方面有哪些举措？有哪些阶段性的培养计划及对应的具体措施？

对于生产一线员工，主要进行了班组建设、管理制度、工作流程、检修工艺、运行操作及相关初步理论方面的培训，以实用为主。对每个岗位均有相关的岗位标准要求，如学历、技能等级或技术等级、资格证书等，若未达到要求，工资等级下调使用，并要求限期内持证上岗。对车间或部门，要求全员持证上岗率达到95%以上。每年均根据上级要求及车间或部门提出的培训需求，制订年度培训计划，明确时间、培训项目、参加人员、达到目标、奖惩等内容。

3. 您认为在新进员工选聘中，单位最看重的是毕业生哪几个方面的能力？对应生产类、管理类、研发类员工，其能力要求有哪些差异？

在新员工招聘中，首先看重的是毕业生在专业课程方面的成绩和实习方面的表现。另外，在交流过程中，要观察毕业生的性格特征和表达能力、沟通能力。

进入单位后，最看重的是责任心和协作能力。对生产类员工，要求具备基本的电力生产理论知识和初步的现场技能知识、安全防护知识。能服从安排、融入团队、完成本职工作，协助他人完成相关工作；对管理类员工，一般大部分从生产中选拔，小部分需要特定知识的，在外部选聘（如会计师等)，要求了解电力生产过程，具备基本的协调、沟通能力；对研发类员工，目前电力生产中没有专门针对此类进行外部选聘，一般是在现场技术攻关中发现。

4. 从个人职业发展和公司用人需求两方面综合考虑，您认为当前大学生最需要培养和提高的能力是什么？

首先需要培养对事业的责任心，其次应该培养在一线吃苦耐劳的能力，最后应加强与他人相处和协作的能力。

5. 在员工职业能力和工作业绩的考核方面，贵单位针对不同岗位类型的员工出台和实施了哪些制度？有哪些做法和经验？

在职业能力方面，除了上面提出的持证上岗的要求和考核外，公司每两年针对生产现场开展了各个不同专业的首席工程师和首席技师评选，让有能力的员工脱颖而出，给予荣誉称号，配套相关奖励，并作为职位晋升的优先参考依据。同时，要求其在两年内带出 1 名以上徒弟，解决 1～2 个本专业生产现场的技术难题。

6. 校企合作在培养技能型人才方面发挥着重要作用，您认为在校企合作培养人才的过程中，企业具有哪些优势？可以发挥哪些作用？可以采取哪些有效做法？

在校企合作方面，企业在技能培养、现场协作、安全防护、沟通协调等能力培养方面具有实战优势。学校可以采取集体组织学生勤工俭学的方式参与企业的集中检修工作或有关项目，实地全过程参加现场工作，学习现场技能。

7. 在专科（高职）学生的培养方面，您认为学校应该从哪些方面来改进或加强，以提高专科（高职）毕业生的整体素质？

首先，在教材的实用性方面，应该予以改进，目前我国主力机组均为 300 MW 以上的亚临界、超临界机组，全部采用集中控制，教材上的老式机组、老式控制系统均已过时；其次，在有关技能方面，新工具、新材料和新工艺的更新速度比以前更快了，需要结合当前现场应用，更新教材内容。

钟汉强 中广核大亚湾核电运营管理有限责任公司人力资源部人事处长

1. 贵单位近几年来是否从我院（长沙电力职业技术学院）录用过毕业生，您对这些毕业生在单位工作以来的表现有何整体评价？

长沙电力职业技术学院是我国高职教育优秀院校的代表之一，和中广核有着悠久的合作历史，也是我们为数不多的几所一直都进行招聘的专科院校之一，这些年每年都在贵院录用毕业生。这些毕业生在我单位的工作表现整体良好，和同期同资质人员比较属于较为优秀的群体，个别人已经脱颖而出成长为技术骨干和班组领头人。

2. 贵单位及所在行业近年来在毕业生选用标准方面有哪些变化？导致这些变化的主要原因是什么？

随着社会的发展，择业的机会呈现出多元化态势，企业招人的标准也在不断调整和优化。中广核在毕业生招聘方面坚持原有选人原则的基础上，引进了业界普遍采用的测评技术——SHL公司的Verify测评工具，更加重视引进人才的忠诚度和动力适配性。

3. 贵单位对生产一线员工在职业能力（专业能力、方法能力、社会能力）培养方面有哪些举措？有哪些阶段性的培养计划及对应的具体措施？

可以说，中广核本身就是一所大学，招聘的毕业生只是符合基本条件的“半成品”。公司针对各类员工建立了完整的培训体系，执行培训、考核、授权和聘岗的管理体系，主要包括外部岗前培训、入厂安全综合培训和在岗培训三个阶段，各个阶段都有完善的培训大纲、培训任务书和考核大纲。

4. 您认为在新进员工选聘中，单位最看重的是毕业生哪几个方面的能力？对应生产类、管理类、研发类员工，其能力要求有哪些差异？

在新员工招聘中，我们主要关注应聘者如下几个方面的能力：语言表达能力、逻辑推理能力、空间想象力和决策能力，当然不同岗位的应聘者考查的侧重点会有所不同，同时对于社会化的基本能力会有较高的要求，比如团队协作能力、抗压能力和学习能力等。

5. 在专科生（高职生）、本科生、研究生这三类毕业生中，从市场需求和单位用人标准的角度，您认为他们在知识、能力和素质方面各自有哪些优势和劣势？

这三类学生都是市场所需要的人才，正是因为他们知识能力上的差异满足了企业不同的需求，所以各有优势。在中广核，专科生已经覆盖到旗下的各类型电能（核电、水电、太阳能和风电）生产企业，遍布一线岗位，以运行现场操作员和维修一线技术工人为主，从事着电站的生产准备、调试、运行、维修等各方面的工作。目前人员结构大体上是大专生占15%，本科生占75%以上，还有约10%的研究生，所以就业主体仍然是本科生，但从管理难度上讲，专科生更加稳定，诉求较易满足，学历越高流动性越大。

6. 从个人职业发展和公司用人需求两方面综合考虑，您认为当前大学生最需要培养和提高的能力是什么？

当前，大学生最需要培养的是自我管理和学习新知识新技能的能力。自我管理，首先是对大学学习、生活的合理安排和自我约束。另外，加强对个人职业生涯的规划，制定科学的短题、中期和长期发展目标。

7. 在员工职业能力和工作业绩的考核方面，贵单位针对不同岗位类型的员工出台和实施了哪些制度？有哪些做法和经验？

公司执行全员绩效管理 TOP 行动，结合每年的个人绩效计划，引导员工承接部门战略任务，激发员工的积极性和创造性，努力提高个人能力完成工作业绩，好的绩效会有好的待遇激励，好的发展机会和培训深造机会。

8. 校企合作在培养技能型人才方面发挥着重要作用，您认为在校企合作培养人才的过程中，企业具有哪些优势？可以发挥哪些作用？可以采取哪些有效做法？

校企合作是优势互补、互利互惠的合作，这方面的合作空间非常大，简单就教和学两方面谈谈看法。企业身在市场感受着顺应着市场的变化和要求，所以有市场优势，企业的用人选人标准可以为学校的教学提供方向性的借鉴，企业要接受政府和行业的各种监管监督，其对行业的发展方法也是最先知晓的，可为学生的能力提升提供参考和指引。另外，企业文化也是企业的一大优势，可以利用交流平台为学生提供就业指导和职业规划方面的社会活动，为就业做好准备。

9. 在专科（高职）学生的培养方面，您认为学校应该从哪些方面来改进或加强，以提高专科（高职）毕业生的整体素质？

高职学生的培养最主要的是做好定位，教和学都要明确方向，就是面向

生产一线，他们未来的工作岗位就在生产现场，高级蓝领，技能型人才。所以基础扎实的专业知识、良好的行为习惯和较高的职业素养构成了高职学生的基本素质，也就是要把学生培养成动手能力强、愿意扎根专业和尊重自己选择的新产业工人。

廖静　中国建设银行湖南株洲分行人力资源部主任

1. 贵单位及所在行业近年来在毕业生选用标准方面有哪些变化？导致这些变化的主要原因是什么？

在毕业生选用方面主要突出以下变化：一是招生范围由过去省名校转为全国重点院校招生，不定岗校园招聘中加大了全国名校、海外留学生招聘比例，定岗校园招聘由三本转向二本；二是招生生源由本科重点转为本科与研究生并重，加大研究生录用比例；三是招生专业由过去单一金融、会计专业向市场营销、国际金融、会计、计算机、工程造价类、外语小语种等领域扩展。

导致这些变化的主要原因就是应对金融市场的变化。随着中小股份制银行的强势进驻，再加上网络金融的渗透，国有股份制银行迎来了新一轮挑战，为应对银行同业竞争的需要，银行急需复合型综合性人才，要求专业知识功底深厚、有一定发展潜力、有较高金融服务水平的综合性人才作为银行未来市场的主导者。

2. 贵单位对生产一线员工在职业能力（专业能力、方法能力、社会能力）培养方面有哪些举措？有哪些阶段性的培养计划及对应的具体措施？

一线员工主要采用一对一师徒带班指导制模式进行定向培养。主要分为三个阶段：一是集中学习阶段（30 天左右），省、市、基层一线三个层面进行培训，掌握柜面服务基本技能和银行从业人员内部控制风险要点；二是到网点一线跟班实习（1 年），选派师傅全程辅导，全面熟悉银行所有柜面业务，建立师徒指导日志，每周、每月、每季、半年、全年辅之具体培训计划并定期检查通报，提高培训实用性及效果；三是以考代训，建立激励约束机制。要求新入行人员在一年内取得会计人员从业资格证、上岗证（全国统考）、柜员等级证等。1年见习期结束后进行转正考试，不合格者不予转正，工资薪点不予提升。

3. 您认为在新进员工选聘中，单位最看重的是毕业生哪几个方面的能力？对应不同岗位，其能力要求有哪些差异？

新进员工选聘中主要考查毕业生的综合能力，主要表现为：较强的逻辑分析能力，较好的口头表达能力，良好的沟通协调能力，敏锐的市场洞察力，工作责任心强，具有团队协作和吃苦耐劳精神。特别是客户经理岗位，市场营销能力方面尤为关注，有一定的社会资源优先招录。

4. 在专科生（高职生）、本科生、研究生这三类毕业生中，从市场需求和单位用人标准的角度，您认为他们在知识、能力和素质方面各自有哪些优势和劣势？

随着市场经济的发展，社会对人才的需求讲求实际和功利，企业在人才选择时首先考虑的不是学历，而是应聘者自身的素质和能力。就工作能力方面来说，不能简单地用专科、本科、研究生来衡量。大多专科生（高职生）实践能力较强，谦虚谨慎，善于学习，脚踏实地，吃苦耐劳，适应力较强，有较强的组织和管理能力；劣势就是学历不高。而本科生、研究生专业知识较强；劣势就是好高骛远，眼高手低，心浮气躁，需在基层一线磨炼，在恶劣的市场竞争环境中能力提升较快。

5. 从个人职业发展和公司用人需求两方面综合考虑，您认为当前大学生最需要培养和提高的能力是什么？

从往年招录的大学生入职工作情况来看，主要表现在以下几个方面：一是缺乏奉献精神，动力不足，背离了职业人才最基本、最核心的要求。如工作不踏实，学习能力低，缺乏理想目标，趋向于实用主义，功利实惠意识较强，敬业精神匮乏。二是专业基本功不扎实，专业素质不高，实干能力欠缺，被动应付现象比较突出，主动参与能力较差，工作上不能独当一面，缺乏解决问题的能力。三是团结协作意识较差，责任心不强，不敢担当。与同事相处不善交流，性格孤僻，自制能力差，不善交往，缺乏宽容，心理比较脆弱，一旦受到挫折容易产生心理障碍。

而用人单位需要实用型的综合性人才，大学生虽有一定的专业知识但不够精通，不能将理论知识与实践有机结合起来，思维不活跃，缺乏开放性，发展潜力有待提高。需要培养大学生吃苦耐劳的坚韧意志，敢于担当的良好品格，在沟通协调能力、心理素质适应能力、团队合作精神、市场洞察力诸方面加以提升。

6. 在员工职业能力和工作业绩的考核方面，贵单位针对不同岗位类型的员工出台和实施了哪些制度？有哪些做法和经验？

主要有工作业绩考核办法，与员工年度考核挂钩。坚持量化考核为主、定性评价为辅的原则。将员工考核等级分为优秀、称职、基本称职、不合格四个档次，并与干部考核、员工职务晋升、绩效工资挂钩，体现责权相称、客观公正，注重实绩。

7. 在专科（高职）学生的培养方面，您认为学校应该从哪些方面来改进或加强，以提高专科（高职）毕业生的整体素质？

企业对人才的需求是动态发展的，人才培养需要与时俱进。专科（高职）学生的培养是为社会培养高素质高技能人才，是一种以能力培养为主线，以就业为导向的教育。可以针对教学实际与企业实施一对一的人才培养计划，培养服务一线需要的应用型高技能人才。一是培养的岗位针对性要强，需要坚持以就业为导向，以能力为主线，与企业共同合作开发课程，根据职业岗位的任职和专业技术发展水平要求，培养具有一定专业基础理论知识，较强岗位实践操作技能的人才。二是在注重校内实习与实际工作一致性的同时，需进一步加强对学生情商素质的提升。情商是心理素质培养的基础，将情商教育融入大学课程中，开设就业心理指导课程，重视学生的心理健康教育，教导学生先做人后做事，锻炼他们坚韧的品格、良好的沟通协调能力和合作意识；敬业奉献精神，树立良好的职业道德素养，适应入职后的就业市场变化，以提高专科（高职）毕业生的整体素质。